Springers Lehrbücher der Informatik

Herausgegeben von
o. Univ.-Prof. Dr.-Ing. Gerhard-Helge Schildt
Technische Universität Wien

Springer-Verlag Wien New York

Axel Pinz

Bildverstehen

Springer-Verlag Wien New York

Univ.-Ass. Dr. Axel Pinz
Institut für Automation
Technische Universität Wien, Österreich

Satz: Reproduktionsfertige Vorlage des Autors

Gedruckt auf säurefreiem, chlorfrei gebleichtem Papier – TCF

Mit 168 Abbildungen

ISSN 0938-9504
ISBN-13: 978-3-211-82571-6   e-ISBN-13: 978-3-7091-9358-7
DOI: 10.1007/978-3-7091-9358-7

Vorwort

Bildverstehen, Bilder und die ihnen zugrundeliegenden Szenen mit den darin vorkommenden Objekten verstehen und beschreiben, das bedeutet aus der Sicht der Informatik: Sehen mit dem Computer – 'Computer Vision'.

Das Buch behandelt neben wichtigen Merkmalen des menschlichen visuellen Systems auch die nötigen Grundlagen aus digitaler Bildverarbeitung und aus künstlicher Intelligenz, sodaß vom Leser kein Vorwissen auf diesen Gebieten vorausgesetzt werden muß.

Im Zentrum steht die schrittweise Entwicklung eines neuen Systemmodells für Bildverstehen, anhand dessen verschiedene „Abstraktionsebenen" des maschinellen Sehens, wie Segmentation, Gruppierung und Aufbau einer Szenenbeschreibung besprochen werden.

Das Buch bietet außerdem einen Überblick über gegenwärtige Trends in der Forschung, sowie eine sehr aktuelle und ausführliche Bibliographie dieses Fachgebietes.

Ich möchte hier einigen Personen danken, die, sei es durch persönliche Unterstützung und Zuspruch – Gitti, Gretel und Renald – oder durch fachliche Kritik dazu beigetragen haben, daß dieses Buch zustande kommen konnte. Herr Prof. Schildt hat mich sehr in meinen Bemühungen unterstützt und auch den termingerechten Abschluß des Projektes gefördert. Dr. Horst Bischof hat zum Entstehen von Abschnitt 4.6 (Neurale Netzwerke) beigetragen und das Manuskript korrekturgelesen. Die Ideen einiger Kolleginnen und Kollegen mit denen ich wissenschaftlich zusammenarbeite – DI Renate Bartl, Dr. Peter Datlinger und Doz.Dr. Werner Schneider – haben in Form von Anwendungsbeispielen aus Medizin und Fernerkundung Eingang in das Buch gefunden.

Ich halte seit 1986 an der TU Wien regelmäßig Lehrveranstaltungen zum Thema „Bildverstehen", aus denen im Laufe der Zeit das vorliegende Buch entstanden ist. Nicht zuletzt danke ich allen meinen Studenten, von denen ich viel gelernt habe, und deren in den Laborübungen entstandene Bilder das Buch an vielen Stellen hervorragend illustrieren (besonderer Dank an Johann Petrak und René Weichselbaum).

Nahezu alle Bilder sind mit dem KBVision Softwarepaket (siehe Anhang A) erzeugt worden.

Wien, im Februar 1994   Axel Pinz

Zum Geleit

Die neu entstandene Lehrbuchreihe „Informatik" soll dem Studierenden wie auch dem Anwender im Berufsbereich einen möglichst umfassenden Überblick über das Fachgebiet der Informatik geben. So enthält die Reihe bisher Bände zur Einführung in die Informatik, wie auch zu den erforderlichen mathematischen Grundlagen.

In diese Reihe wurde nun neu das Lehrbuch „Bildverstehen" aufgenommen, das eine sehr gute Übersicht zu diesem Fachgebiet darstellt. Nach einer Einführung werden die Grundlagen der Bildverarbeitung vorgestellt. Zusammen mit den notwendigen Grundlagen aus dem Bereich Artificial Intelligence wird in ein Systemmodell für das Bildverstehen eingeführt. Verschiedene Bildobjekte, ihre symbolische Repräsentation und das daraus abgeleitete Bildverstehen wird detailliert und didaktisch gelungen dem Leser präsentiert.

Damit stellt das vorliegende Werk einen wesentlichen Beitrag zu der bestehenden Fachbuchreihe „Informatik" dar. Wir erhoffen uns eine positive Aufnahme durch die Leserschaft, freuen uns aber auch gleichermaßen über Korrekturhinweise und Verbesserungsvorschläge.

St. Andrä, im März 1994   Gerhard H. Schildt

Inhaltsverzeichnis

Kapitel 1

Einleitung

Zwei Hauptmotive waren für mich ausschlaggebend, dieses Buch zu verfassen. Zum einen hat mich die jahrelange Beschäftigung mit Bildverstehen sehr fasziniert. Im Lauf der Zeit konnte ich feststellen, daß es sich um eine äußerst umfang- und facettenreiche Disziplin handelt. Es fiel mir schwer, mir einen Überblick zu verschaffen. Ich vermißte eine grundlegende, einführende Darstellung und begegnete stattdessen vielen Werken, die das Gebiet aus einer sehr speziellen Sicht darstellen, sowie einer Unzahl wissenschaftlicher Publikationen. Bildverstehen bewegt sich im Grenzbereich sehr vieler Wissensgebiete – Digitale Bildverarbeitung, Mustererkennung, Künstliche Intelligenz, Kognitionswissenschaften. Dies führt zu einem weiteren Ansteigen der Literaturflut. Insbesondere in deutscher Sprache war kein Lehr- und Überblickswerk vorhanden.

Die zweite Quelle dieses Buches war die Vorlesung „Bildverstehen", die ich an der TU Wien halte. Diese Lehrveranstaltung und das dazu verfaßte Skriptum sind die eigentlichen Eltern des Buches. In den an die Vorlesung angeschlossenen Übungen haben die Studenten die Möglichkeit, ihre eigenen Bilder mitzubringen, zu bearbeiten und zu „verstehen". Sehr viele Bildbeispiele stammen aus diesen Übungen. Es haben also nicht nur die Erlebnisse der Studenten, sondern auch ihre Bilder Eingang in das Buch gefunden. In gewissem Sinne kann ich sagen, daß ich dieses Buch „von meinen Studenten gelernt" habe.

Meine eigenen wissenschaftlichen Arbeiten und Ergebnisse meiner Diplomanden finden ihren Niederschlag in weiteren Bildbeispielen. Es wird von bildverstehenden Systemen zur Interpretation von Farb-Infrarot-Luftbildern und von neuralen Netzwerken zur Klassifikation von Objekten sowie von der Auswertung medizinischer Bilddaten des menschlichen Auges berichtet werden.

In der Hoffnung, daß ein potentieller Leser das Buch ganz vorne oder ganz hinten „anliest", beginne ich mit einem Monolog an den Leser. Im Epilog werden die wesentlichen Inhalte des Buches in Bezug zu aktuellen Forschungsthemen gestellt und es wird eine Art „Negativliste" von Themen, die auch zu Bildverstehen gehören, in diesem Buch aber *nicht* ausführlich behandelt werden konnten, diskutiert.

1.1   An den Leser

Warum halten Sie dieses Buch gerade in der Hand und blättern es durch? Werden Sie es lesen? Vielleicht können Sie mit dem Titel – Bildverstehen – noch nicht viel anfangen und wollen einfach Ihre Neugier befriedigen. Bildverstehen, was ist das eigentlich? Man könnte sagen: *Den Inhalt eines Bildes, das auf diesem Bild Abgebildete, erkennen.* Doch was soll man als Inhalt bezeichnen? Oft kann man versuchen, *Objekte* zu lokalisieren und zu benennen. Manchmal wird es vielleicht gar keine Objekte geben. Eventuell erscheint auch eine *Beschreibung* der ganzen abgebildeten *Szene* sinnvoller als eine Auflistung von Objekten. Jedenfalls sollte man zwischen dem Bild selbst und der *Szene*, von der das Bild aufgenommen wurde, unterscheiden. Meist hängt die gewählte Vorgangsweise von der speziellen *Anwendung* und den gewünschten Ergebnissen ab. Der Begriff Bildverstehen wird aus dieser Sicht noch näher beleuchtet und abgegrenzt werden.

Sind Sie Informatiker und wollen Sie sich mit Bildverstehen näher vertraut machen? Das Buch bietet eine facettenreiche und gut lesbare Einführung aus der Sicht des Praktikers. Eine Vielzahl von Beispielen mit ganz unterschiedlichen Bildern wird Ihnen einen Eindruck über den Stand der Technik, mögliche Anwendungen, aktuelle Entwicklungen und Probleme vermitteln. Wenn Sie sich mit Künstlicher Intelligenz beschäftigen, werden Sie erstaunt sein, in welch mannigfaltiger Hinsicht sich Bildverstehen – es geht hier oft um *ganzheitliche* Aspekte – von anderen Bereichen wie beispielsweise Expertensysteme oder Sprachverstehen, unterscheiden kann. Für Spezialisten aus dem Bereich der Digitalen Bildverarbeitung und Mustererkennung können die Anwendungsbeispiele und die bibliographischen Hinweise von Interesse sein, wenngleich ihnen vieles bekannt sein wird. Die Mustererkennung hat schon seit einiger Zeit die Notwendigkeit, verfügbares Zusatzwissen in die Auswertung einzubringen, erkannt. „Wissensbasierte Mustererkennung" und „Bildverstehen" sind einander sehr verwandt. Für Informatiker, die sich Bildverstehen zum Fachgebiet erwählen, sind über diese Einführung hinausgehende, weiterführende Studien unerläßlich. Deshalb wird am Schluß der einführenden Kapitel (2-4) jeweils in einem eigenen Abschnitt „Bibliographie" die verwandte und weiterführende Fachliteratur zitiert und besprochen. In den späteren Kapiteln ist dies aufgrund der Vielfalt des Inhaltes nicht mehr sinnvoll, sodaß wichtige Referenzen direkt im Text zitiert werden.

Vielleicht sind Sie Spezialist einer verwandten Fachrichtung. Insbesondere die Kognitive Psychologie und die Neurophysiologie haben in Form von wesentlichen Ansätzen und Grundlagen zu aktuellen Theorien und bildverstehenden Systemen beigetragen. Bildverstehen ist so wie viele andere Grenzbereiche der Informatik ein stark interdisziplinäres Gebiet. Um diese fruchtbare Interdisziplinarität weiter zu fördern ist der Dialog mit anderen Fachgebieten nötig. Eine realistische Einschätzung der Möglichkeiten des Anderen ist dafür eine grundlegende Voraussetzung. Viele Probleme, die in einer anderen Fachdisziplin äußerst komplex erscheinen, sind dem Informatiker abstrahierbar und vertraut. Andererseits ist oft ein grenzenloses Vertrauen in die Fähigkeiten des Computers bemerkbar. Dieses gilt es zu relativieren. In Bezug auf Bildverstehen soll verdeutlicht werden, daß bei entsprechender *Einschränkung des Anwendungsbereiches* schon sehr vieles möglich ist. Ein allgemeines bildverstehendes System wie das menschliche visuelle System ist jedoch mit heutigen technischen Möglichkeiten noch längst nicht realisierbar!

Schließlich könnten Sie auch noch zur Gruppe der „Nichtfachleute" gehören. Dies ist eine potentielle Lesergruppe, die mir besonders am Herzen liegt. Die zunehmende Spezialisierung mit ihren jeweiligen Fachjargons und der dazugehörigen babylonischen Sprachverwirrung führt überall zur Bildung von sogenannten Eliten und dadurch auch zur Isolation der Spezialisten. Dies birgt gerade in anwendungsorientierten Bereichen große Kommunikationsprobleme. Ich habe mich bemüht, stets allgemeinverständlich zu bleiben. Wenn deshalb der Eindruck entstünde, daß alles ganz klar und vielleicht zu einfach sei, so ist das Ziel erreicht. Der Informatiker weiß, wieviele große Probleme im Detail zu lösen bleiben.

Abbildung 1.1: „Verstehen" Sie dieses Bild?

Nun soll noch ein Bild zu Wort kommen. Betrachten Sie bitte Abb. 1.1 und versuchen Sie, das Bild zu „verstehen". Was ist das Ergebnis dieses „Bildverstehens"? Versuchen Sie, es zu formulieren!

Ich möchte diesen Monolog an den Leser mit einer etwas provokanten Frage abschließen: Was macht eigentlich Abb. 1.1 zum Bild? Würde ein Analphabet Abb. 1.1 auch als Bild betrachten? Wäre dann der Rest der Seite „Nicht-Bild" oder „Hintergrund"?

1.2   Zum Aufbau des Buches

Man kann sich dem Problem der Erforschung des Sehens von verschiedenen Seiten
nähern. Grob lassen sich 3 große „Schulen" unterscheiden (siehe auch [TR89]):

- Neurophysiologie (siehe [HW86]),

- Wahrnehmungs- oder Kognitive Psychologie (siehe [And88]) und

- Informationsverarbeitung (siehe [Mar82]).

Wir beschäftigen uns hier natürlich vorrangig mit Bildverstehen aus der Perspektive
der Informationsverarbeitung – mit *'Computer* Vision'. Dennoch sollen auch einige
Erkenntnisse aus Neurophysiologie und kognitiver Psychologie vorgestellt werden. Dies
wird in Kapitel 2 („Über das Sehen") geschehen. Viele dieser Erkenntnisse und Modelle
sind Grundlage für die später besprochenen Verarbeitungen und Systeme.

Auch aus der Informationsverarbeitungs-Sicht selbst sind viele verschiedene Betrach-
tungsweisen möglich. Man kann von speziellen Anwendungen kommen [MH90] oder
das Problem eher von der theoretischen Seite angehen [Mar82]. Jedenfalls werden
Grundlagen aus den beiden folgenden Bereichen der Informatik benötigt:

1. Digitale Bildverarbeitung und Mustererkennung (Kapitel 3) und

2. Künstliche Intelligenz (Kapitel 4).

Während also die erste Hälfte des Buches als ein Aufbau der nötigen Grundlagen
aus den verwandten Wissensgebieten betrachtet werden kann, ist die zweite Hälfte
spezifisch dem *Bildverstehen aus der Informationsverarbeitungs-Sicht* gewidmet. Es
wird ein Systemmodell für Bildverstehen vorgestellt (Kapitel 5) dessen wesentliche
Komponenten in den weiteren Kapiteln (6-9) im Detail besprochen werden. Da die
meisten Bildbeispiele mit Hilfe des Softwaresystems 'KBVision' erzeugt wurden, wird
dieses System im Anhang A für Leser, die es noch nicht kennen, kurz beschrieben.

1.3   Der Begriff „Bildverstehen"

Nun soll endlich der Begriff „Bildverstehen" – im Englischen „Computer Vision" oder
oft auch „Image Understanding" – definiert und abgegrenzt werden. Bildverstehen ist
ein *Prozeß*. Man geht aus von einem *Bild*, eventuell mehreren Bildern (Bildfolgen oder
Stereo), und einer *Fragestellung*. Resultat des Prozesses ist eine *Beschreibung*. Was
diese Beschreibung enthält, hängt oft vom Bild und von der Fragestellung ab. Das Bild

ist ja nur ein zweidimensionales *Abbild einer realen 3-dimensionalen Szene.* Meist wird es daher für eine korrekte Beschreibung nötig sein, diese Szene zu rekonstruieren, sie zu „verstehen". Die Form der Szenenbeschreibung kann natürlich in Abhängigkeit von den Gegebenheiten (Szene, Bild, Aufgabe, ...) stark variieren. In diesem Buch wird primär der Ansatz verfolgt, die Szene durch die in ihr enthaltenen *Objekte* zu beschreiben. Jedes Objekt wird dann eine Liste von Attributen bekommen. Eine solche Liste kann die 2- oder 3-dimensionale Lokalisierung, Art, Form, Größe, Farbe, Textur und andere Attribute des Objektes enthalten. Eine Liste aller gefundenen Objekte ist dann die gesuchte Beschreibung des Bildes und somit der Szene.

Dieser Prozeß ist invers zum Verarbeitungsablauf in der Computergraphik. In der Computergraphik geht man von einer Szenenbeschreibung (Objektmodelle, Lichtquellen, etc.) aus und generiert das Bild [Pur86]. Ein bildverstehendes System hingegen generiert vom Bild ausgehend eine Szenenbeschreibung. Diese Beziehung zwischen Computergraphik und Bildverstehen verdeutlicht Abb. 1.2.

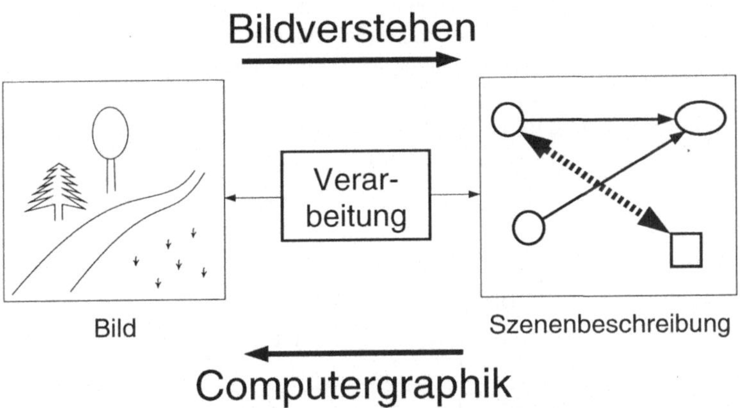

Abbildung 1.2: Bezug zwischen Computergraphik und Bildverstehen

Um verschiedene Facetten des Gebietes näher zu beleuchten, folgen nun einige mögliche Definitionen des Prozesses „Bildverstehen" aus der Literatur:

- „Das Gewinnen einer Repräsentation der Form" ([Mar82]),

- „Vom Bild zum Objektmodell" ([Win84], S.336),

- „Die Bedeutung von Bildern mit Hilfe von exakt definierten Prozessen ermitteln" ([NB87]).

Die Bedeutung der *Fragestellung selbst* kann an einem Beispiel demonstriert werden. Es gibt nicht „die" korrekte Beschreibung eines Bildes oder der zugrundeliegenden Szene. Diese ist vielmehr direkt von der zu lösenden Aufgabe abhängig. Betrachten Sie bitte noch einmal Abb. 1.1 und erinnern Sie sich an die Beschreibung, die Ihnen zu diesem Bild eingefallen ist. Die folgende Liste gibt einige mögliche Beschreibungen wieder:

- Ein Binärbild (ein Bild mit nur 2 Grauwerten – Schwarz und Weiß),

- 3 Kreise, 1 Bogen und 20 Strecken,

- 2 zusammenhängende Linienzüge und 4 Strecken,

- „Mensch" und „Auto",

- Ein lachender Mensch,

- Ein Fußgänger überquert die Straße.

Man sieht, daß jede dieser Beschreibungen in einem gewissen Kontext relevant ist. Die „korrekte" Arbeitsweise eines bildverstehenden Systems wird also von der jeweiligen Fragestellung und der *Anwendung* abhängen. Und Anwendungen, die eine Auseinandersetzung mit visueller Information erfordern, gibt es unzählige. Denken Sie beispielsweise an industrielle Fertigung, optische Qualitätskontrolle, Bildinterpretation in der Medizin oder in der Fernerkundung, Überwachungssysteme, mobile Roboter und vieles mehr.

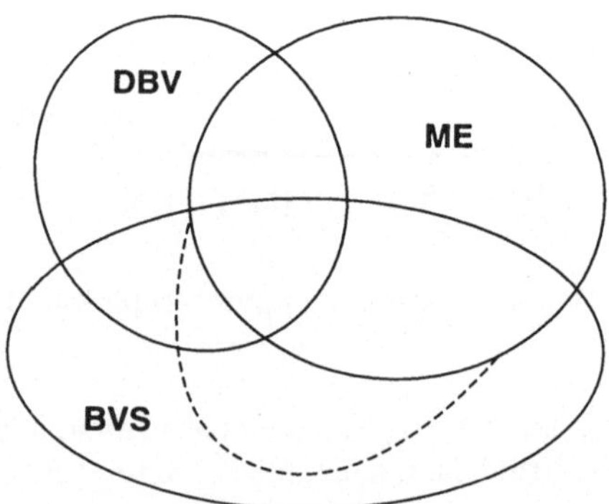

Abbildung 1.3: Bezug von Bildverstehen (BVS) zu digitaler Bildverarbeitung (DBV) und Mustererkennung (ME)

Aus der Sicht des Informatikers ist Bildverstehen besonders mit den Gebieten der digitalen Bildverarbeitung und Mustererkennung sowie der Künstlichen Intelligenz eng verflochten. Die digitale Bildverarbeitung liefert quasi das Rüstzeug, die nötigen Voraussetzungen zur Auseinandersetzung mit dem Input des Systems, dem Bild. In weiterer Verarbeitungsschritten werden Methoden der Mustererkennung benutzt, um Merkmale zu extrahieren und Bildteile durch Merkmale zu beschreiben. Bei vielen bildverstehenden Verarbeitungen ist Wissen über den Problembereich und die benutzten Programme nötig. Die Verarbeitung symbolischer Information im Sinne der Künstlichen Intelligenz wird benötigt, sobald man die Ebene des digitalen Rasterbildes verläßt und sich Objekten zuwendet. Die hier angesprochenen Bezüge zu Bildverarbeitung / Mustererkennung und Künstlicher Intelligenz verdeutlichen die beiden Venn-Diagramme Abb. 1.3 und Abb. 1.4. Die gebrochene Linie in Abb. 1.3 deutet die Veränderungen bei der Begriffsausweitung von „Mustererkennung" zu „Wissensbasierter Mustererkennung" an.

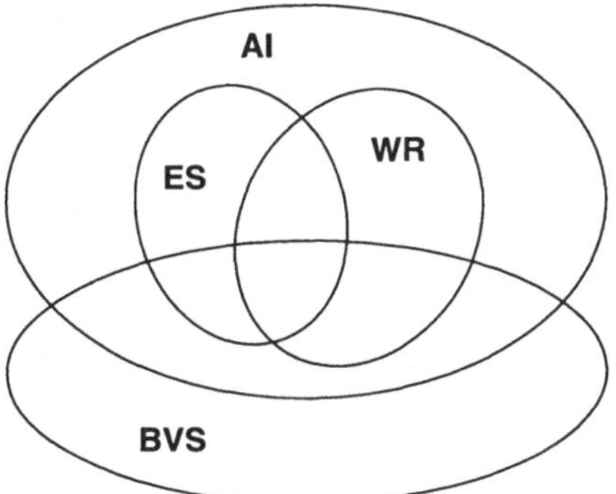

Abbildung 1.4: Bezug von Bildverstehen (BVS) zu künstlicher Intelligenz (AI), Wissensrepräsentation (WR) und Expertensystemen (ES)

Kapitel 2

Über das Sehen

Das Sehen ist sicher einer unserer reichsten und komplexesten Sinne. Wir benötigen es für viele unmittelbare lebenswichtige tägliche Aufgaben wie Orientierung in der Umwelt, Nahrungsbeschaffung oder Erkennen von Gefahr. Aber auch viele andere unserer Fähigkeiten – Lernvorgänge, visuelles Vorstellungsvermögen, wesentliche Komponenten des kreativen Denkens – basieren auf unserer Fähigkeit der Verarbeitung visueller Information.

Auch der Aspekt der ungeheuren Informationsmenge – pro Sekunde fallen durch den Sensor Auge rund 10^{11} Bit Information an – verdeutlicht die Leistungsfähigkeit unseres Gesichtssinns. Aus dieser Information muß in kürzester Zeit das Wesentliche gewonnen werden (aber: Was ist das Wesentliche?!). Aufgrund der bekannten Reaktions- und Reizleitungszeiten schätzt man, daß die maximale Prozeßtiefe bei einigen 100 Verarbeitungsschritten liegt [FB82]. Das ist bei der Komplexität der Aufgabe äußerst wenig. Die Vermutung liegt nahe, daß die meisten Prozesse *massiv parallel* ablaufen. Manche Forscher ordnen rund 25% unserer Gehirnmasse der Funktion der visuellen Verarbeitung zu.

Das Sehen wird nun aus den Blickwinkeln der in Abschnitt 1.2 genannten drei Fachrichtungen Neurophysiologie, Kognitive Psychologie und Informationsverarbeitung beleuchtet. Viele der hier vorgestellten Ergebnisse bilden Grundlagen für den Aufbau bildverstehender Systeme.

2.1 Neurophysiologie

2.1.1 Nervenzelle und Gehirn

Abbildung 2.1 zeigt eine Nervenzelle (Neuron). Vom Zellkörper gehen die Nervenfaser (das Axon) und mehrere kurze Fortsätze, die Dendriten, aus. Das Axon kann bis zu

einem Meter lang werden und weist häufig Verzweigungen, insbesondere an seinem
Ende auf. An den Dendriten und den Zellkörpern enden von anderen Nervenzellen
kommende Axone. Die Schaltstellen zwischen Axon und Dendrit heißen Synapsen.

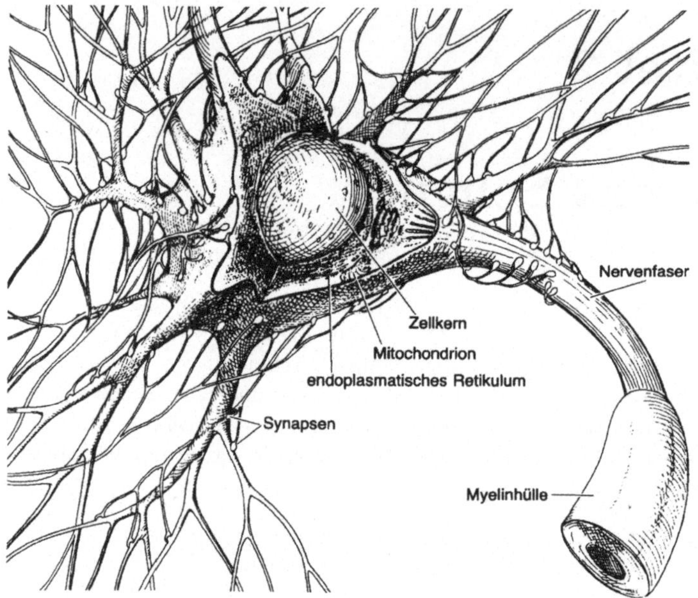

Abbildung 2.1: Nervenzelle (aus [Ste87], S.5, Abdruck mit freundlicher Genehmigung
von Frau Carol Donner, Santa Fe)

Innerhalb einer Nervenzelle funktioniert die Informationsübertragung elektrisch. Das
Nervensignal entsteht durch eine plötzliche Veränderung in der Zellmembran. Diese
wird kurzfristig für den Einstrom von Natriumionen durchlässig. Dadurch entsteht das
sogenannte Aktionspotential, die Nervenzelle „feuert". Danach wird durch Ausstrom
von Kaliumionen das ursprüngliche Potential wiederhergestellt. Dieses Feuern einer
Nervenzelle spielt sich innerhalb einer tausendstel Sekunde ab.

Die elektrische Weiterleitung des Nervensignals verläuft entlang des Axons und endet
an der Synapse. Dort sind chemische Substanzen, die Neurotransmitter für die Weiterleitung des Signals zum Dendriten der nächsten Nervenzelle verantwortlich. Die
Reizleitung im Nervensystem erfolgt also weder rein elektrisch, noch rein chemisch, es
handelt sich um einen vernetzten elektrochemischen Prozeß.

Man kann weder genau angeben, unter welchen Bedingungen eine Nervenzelle feuert,
noch wie oft sie dies tut. Jedenfalls hängt die Reaktion der Nervenzelle nicht nur von

der Anzahl der gereizten Synapsen ab. Deshalb und auch wegen der vielen Verzweigungen der Axone und der großen Anzahl von Dendriten an einer Nervenzelle erweist es sich als praktisch unmöglich, den Weg der Reizleitung im Gehirn über längere Strecken zu verfolgen. Abbildung 2.2 zeigt eine extrem vereinfachte Skizze zum Informationsfluß im Gehirn. Es wird dabei von der angenommenen Situation ausgegangen, daß ein sensorischer Reiz verarbeitet wird und diese Verarbeitung zu einer muskulären Reaktion führt. Rezeptorzellen (A) nehmen Reize aus der Umwelt auf und setzen sie in elektrische Signale um. Diese werden an Nervenzellen einer ersten Schicht (B) und von dort aus an die nächste Schicht (C) weitergeleitet. Dabei kann jede Nervenzelle Signale mehrerer Zellen (eventuell auch aus verschiedenen Schichten) empfangen und ebenso wiederum mehrere Zellen mit ihrem Output beliefern. Wie diese Signale nach den ersten wenigen Schritten verarbeitet werden und welche Prozesse dabei im Gehirn ablaufen, bevor Informationen an der Ausgangsseite eintreffen, ist weitgehend unbekannt. Das letzte Glied an der Ausgangsseite sind motorische Nervenzellen (Z). Sie geben ihre Signale an Muskelzellen oder Drüsen weiter. Auch ausgangsseitig lassen sich meist nur wenige Schichten (Z, Y, X) zurückverfolgen.

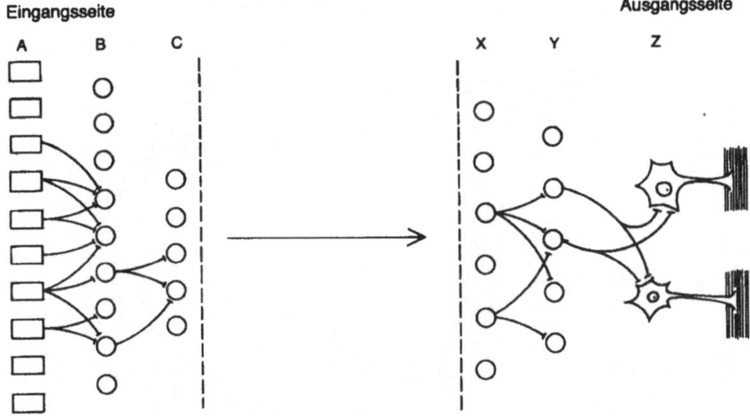

Abbildung 2.2: Informationsfluß im Gehirn (aus [Hub86], S.22)

Die große Leistungsfähigkeit des menschlichen Gehirns entsteht vorwiegend durch die große Zahl von Nervenzellen und deren hochkomplexe Verschaltungen. Das menschliche Gehirn besteht aus ungefähr 10^{11} Nervenzellen mit geschätzten 10^{14} Synapsen! Nimmt man die Synapsen als die kleinste Einheit und vergleicht sie mit den Speicherzellen eines Computers, so wird klar, daß die Komplexität des Gehirns von künstlichen Gebilden noch längst nicht erreicht wird. Vergleicht man allerdings die Verarbeitungsgeschwindigkeiten, so schneidet ein Computer mit beispielsweise 30 MHz Taktrate wesentlich besser als die einzelne Zelle (rund 1 kHz) ab. Allerdings ist bei den Verarbeitungen

im Gehirn *massive Parallelität* gegeben. Jede einzelne Nervenzelle kann als eigener
Prozessor aufgefaßt werden.

Gerade die Sehbahnen zählen vor allem durch die Arbeiten von Hubel und Wiesel
[HW86] zu den am besten erforschten Teilen des Gehirns. Hier konnten grundlegende
Verschaltungsmuster entschlüsselt werden, auf denen die weiteren bildverstehenden
Verarbeitungen aufbauen.

2.1.2 Das Auge

Der Abbildungsprozeß der in unseren Augen zum Netzhautbild führt wird seit lan-
gem verstanden und auch technisch gut beherrscht (Brillen, Fotoapparat). Lange Zeit
herrschte der Irrtum, die Erklärung des Bildes auf der Netzhaut würde schon ausreichen, um das Sehen zu erklären. Hier beginnen erst die – vorläufig schlechter verstan-
denen und beherrschten – Probleme!

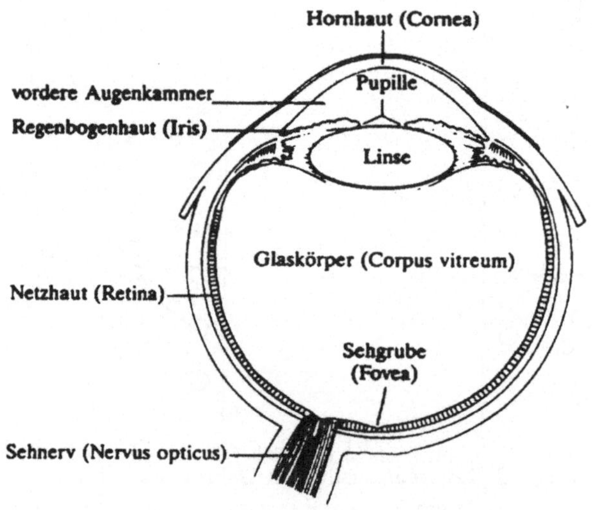

Abbildung 2.3: Schnitt durch das Auge

Abbildung 2.3 zeigt einen Schnitt durch das Auge. Die Lichtstrahlen treten durch die
Pupille ein. In Abhängigkeit von der Lichtintensität wird sie, ähnlich wie die Blende
eines Fotoapparates, durch die Iris vergrößert oder verkleinert. Das eintretende Licht
wird durch die Linse gebrochen. Eine Änderung der Wölbung der Linse erlaubt das
Scharfstellen für unterschiedliche Entfernungen. Schließlich trifft das Licht auf die Netz-

haut, die lichtempfindlichen Zellen im Augenhintergrund. Es gibt verschiedene Typen solcher lichtempfindlicher Rezeptorzellen, die Stäbchen und die Zäpfchen. Während die Stäbchen nur hell/dunkel empfindlich sind, also eine Art schwarz/weiß Sehen ermöglichen, gibt es verschiedene Typen von Zäpfchen. Sie sind entweder rot/grün- oder blauempfindlich und für unsere Farbwahrnehmung verantwortlich. Im Zentrum der Netzhaut, der Fovea, befinden sich hauptsächlich Zäpfchen. Hier ist auch der Bereich der höchsten Packungsdichte lichtempfindlicher Zellen. Die Fovea entspricht auch dem Zentrum unseres Gesichtsfeldes. Hier sehen wir nicht nur am schärfsten sondern auch in Farbe. Zum Rand hin nehmen die Zäpfchen stark ab, hier dominieren dann die Stäbchen. Ein Schnitt durch die Fovea (Abb. 2.4) zeigt, daß die hohe Packungsdichte durch eine *sechseckige* Form der Zäpfchen erreicht wird.

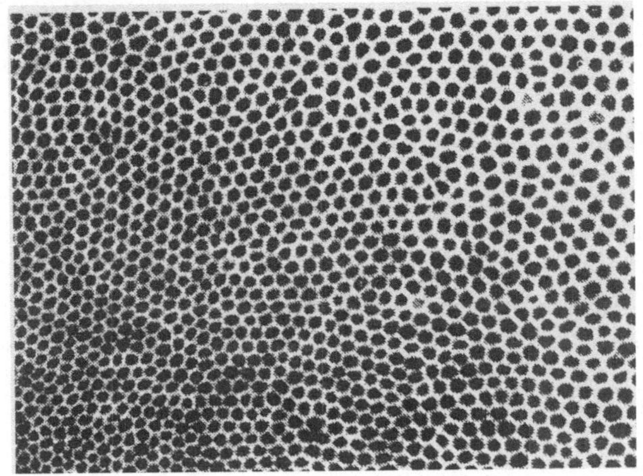

Abbildung 2.4: Schnitt durch die Fovea (aus [Ahn86], S.198)

Die Stäbchen und Zäpfchen setzen die optischen Reize in Nervensignale um, die an die Ganglienzellen der Netzhaut geleitet werden. Jedes Auge besitzt rund eine Million solcher Ganglienzellen. Ihre Axone bündeln sich im Sehnerv, der das Auge im „blinden Fleck" verläßt. In diesem kleinen Bereich befinden sich keine lichtempfindlichen Zellen. An einem Punkt jedes Augapfels sind wir sozusagen blind (siehe dazu auch das Übungsbeispiel am Ende des Kapitels).

Abbildung 2.5 ist eine Aufnahme des Augenhintergrundes mit Hilfe eines „Scanning Laser Ophthalmoskops (SLO)" [Nas91]. In der linken Hälfte liegt der Sehnerv. Dort laufen auch die Blutgefäße zusammen. In der nahezu gefäßfreien Zone in der rechten Hälfte des Bildes befindet sich die Fovea und eine Erkrankung der Netzhaut, wegen der der Patient behandelt wurde. An diesem Bild werden später einige typische Verarbeitungsschritte demonstriert.

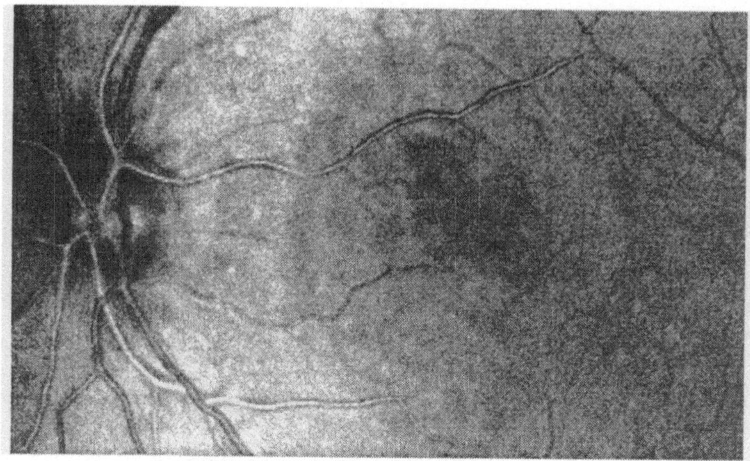

Abbildung 2.5: SLO Aufnahme (HeNe rot) des Augenhintergrundes

2.1.3   Optische Reizleitung im Gehirn

Die Sehnerven treten durch den blinden Fleck aus dem Augapfel aus und verlaufen dann direkt bis zu den beiden Kniekörpern mitten im Gehirn. Die Nervenfasern der Ganglienzellen der Kniekörper leiten die Signale dann zum primären Sehfeld, das aus zwei Bereichen der Hinterhauptslappen besteht, weiter (Abb. 2.6).

An diesem Verlauf der Reizleitung ist vieles bemerkenswert. Über die Aufteilung in linke und rechte Hemisphäre des Gehirns weiß man ja schon seit längerem Bescheid (z.B. [Mec86, SD87]). So werden beispielsweise die Reize, die von der rechten Körperhälfte kommen, links verarbeitet. Ebenso steuert die linke Hemisphäre die Motorik der rechten Körperhälfte. Bei den Sehbahnen ist eine ähnliche Situation festzustellen. Die von den Augen kommenden Sehnerven teilen sich an der Sehnervenkreuzung so auf, daß alle Signale, die von der rechten Hälfte des Gesichtsfeldes stammen, im linken Kniekörper zusammenlaufen. Alle der linken Hälfte des Gesichtsfeldes zuzuordnenden Axone enden im rechten Kniekörper. So kommt es zu der in Abb. 2.7 dargestellten Situation: Ein Abbild der linken Hälfte des Gesichtsfeldes entsteht im rechten Hinterhauptslappen, die rechte Hälfte wird im linken Hinterhauptslappen abgebildet.

Es ist auch sehr interessant, daß mit nur zwei Verschaltungen, den Ganglienzellen der Netzhaut und denen der Kniekörper das gesamte Gehirn durchquert wird, bis das primäre Sehfeld ganz hinten, den Augen gegenüberliegend, erreicht wird. Warum ist diese Funktion nicht näher zu den Augen angesiedelt? Darüber gibt es zwar noch keine schlüssige Antwort, eine Erklärung könnte jedoch darin zu finden sein, daß die Augen

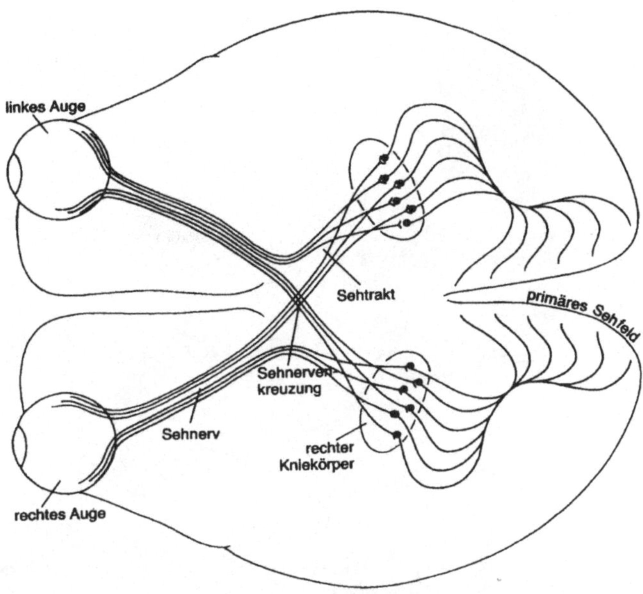

Abbildung 2.6: Verlauf der optischen Reizleitung (aus [HW86], S.40)

ursprünglich seitlich am Schädel angeordnet waren und erst im Lauf der Evolution immer weiter nach vorne gewandert sind.

2.1.4 Die ersten Verarbeitungsschritte

Die möglichen Arten der ersten Verschaltungen und die dadurch entstehenden Repräsentationen im primären Sehfeld sind vor allem durch die Arbeiten von Hubel und Wiesel [Hub86] enträtselt worden. Betrachten wir zunächst die Ganglienzellen der Netzhaut und deren *rezeptive Felder* . Unter dem rezeptiven Feld einer Zelle versteht man den Bereich, aus dem der Input einer Ganglienzelle stammt. Es handelt sich um einen kleinen, annähernd kreisförmigen Bereich der Netzhaut, also um einen kreisförmigen Bildausschnitt, dessen lichtempfindliche Zellen ihre Signale an eine Ganglienzelle liefern. Die rezeptiven Felder von benachbarten Ganglienzellen überlappen einander teilweise. Dies ist schematisch in Abb. 2.8 skizziert.

Man kann nun auch den Input von Ganglienzellen der nachfolgenden Verarbeitungsschichten (Kniekörper, primäres Sehfeld) in Bezug zu dem Bereich der Netzhaut setzen, aus dem der Input ursprünglich stammt, auch wenn die Signale dann schon einen Weg über mehrere Schaltstellen genommen haben. So kann man dann auch für diese Zel-

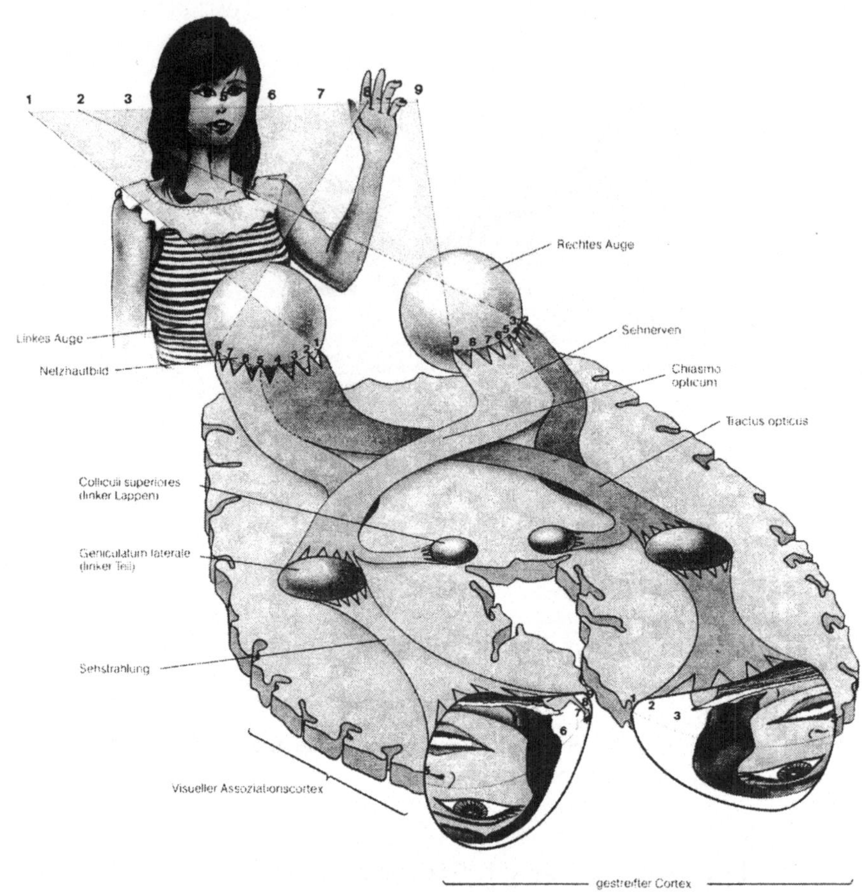

Abbildung 2.7: Abbildung des Gesichtsfeldes (aus [Fri83], S.76)

len von einem rezeptiven Feld sprechen. In Bezug auf ihr rezeptives Feld sind in den
ersten drei Schichten (Ganglienzellen der Netzhaut, der Kniekörper und des primären
Sehfeldes) bislang drei verschiedene Typen von Zellen bekannt ([HW86]):

- 'On-Off' und 'Off-On' Zellen,

- einfache Zellen und

- komplexe Zellen.

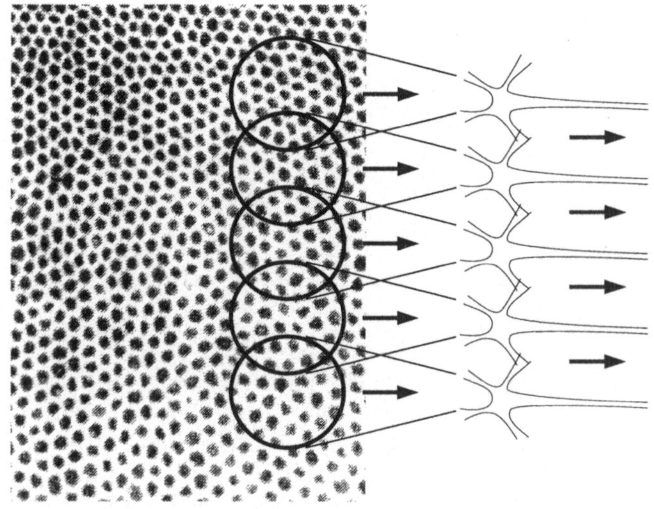

Abbildung 2.8: Rezeptive Felder

2.1.4.1 On-Off und Off-On Zellen

Die Abkürzung 'On-Off' Zelle steht für 'center *on, off* surround' Zelle (Off-On bedeutet center-off, on-surround). Das Ausgangssignal einer On-Off Zelle ist dann am
größten, wenn im Zentrum ihres rezeptiven Feldes ein Signal (Lichtreiz) anliegt und
am Rand nicht. Eine On-Off Zelle würde also am stärksten reagieren, wenn in der
Mitte ihres ansonsten dunklen rezeptiven Feldes ein heller Punkt zu liegen kommt.
Ein heller kreisförmiger Ring im Randbereich des rezeptiven Feldes würde die Zelle
maximal blockieren. Genau entgegengesetzt arbeitet die Off-On Zelle: ein helles Zentrum schwächt ab, eine helle Umgebung verstärkt. Diesen Mechanismus verdeutlicht
Abb. 2.9.

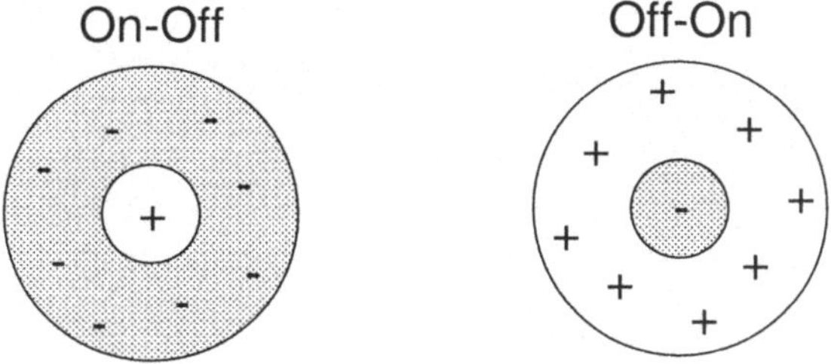

Abbildung 2.9: Center-on, Off-surround (=On-Off) und Off-On Zelle

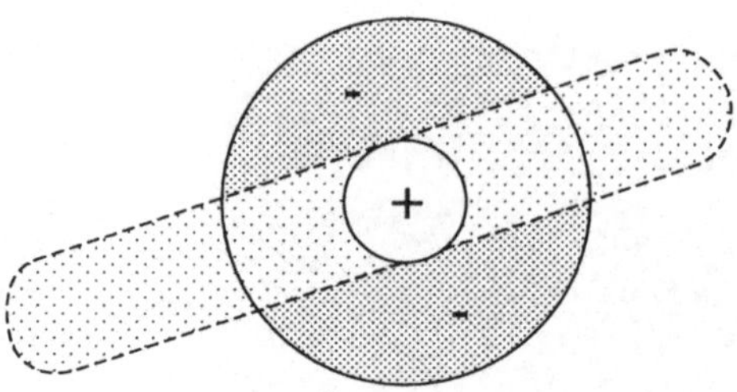

Abbildung 2.10: Reaktion einer On-Off Zelle auf einen hellen Balken

Während einzelne helle oder dunkle Punkte im Netzhautbild eher selten vorkommen,
wird es oft helle Linien oder auch linienförmige Hell-Dunkel Übergänge geben. Auch
solche Phänomene können von On-Off oder Off-On Zellen detektiert werden. Beispielsweise wird ein heller Balken, der durch das Zentrum einer On-Off Zelle verläuft, ebenso
eine positive Antwort dieser Zelle zur Folge haben. Diese wird nur etwas schwächer
ausfallen, als im Fall eines hellen Punktes (Abb. 2.10).

2.1.4.2 Einfache Zellen

Einfache Zellen reagieren auf helle oder dunkle Linienstücke bestimmter Orientierung
an einer *bestimmten Stelle* der Netzhaut. Ihr rezeptives Feld ist balkenförmig. Die
Funktion einer einfachen Zelle kann durch Verarbeitung der Signale mehrerer On-Off
Zellen realisiert werden (Abb. 2.11). Dies ist ökonomischer als der direkte Zugriff auf
– zu viele – lichtempfindliche Zellen der Netzhaut.

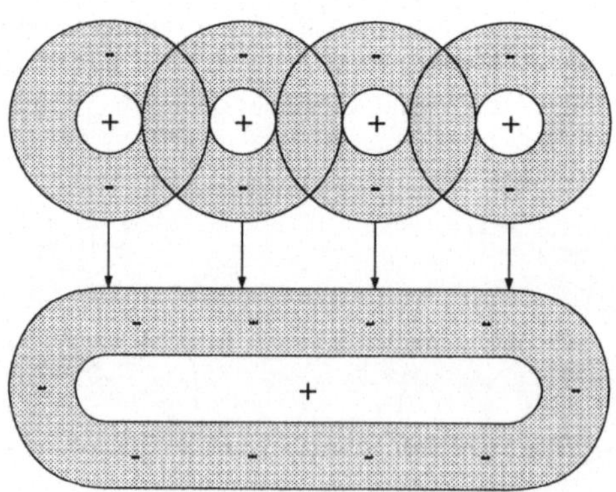

Abbildung 2.11: Detektion eines hellen Balkens durch eine einfache Zelle

2.1.4.3 Komplexe Zellen

Komplexe Zellen reagieren auf helle oder dunkle Linienstücke bestimmter Orientierung an *beliebiger Stelle* der Netzhaut. Diese Funktion wird durch Verschaltung mehrerer auf die selbe Orientierung reagierender einfacher Zellen erreicht. Eine bestimmte komplexe Zelle würde besonders stark auf das Muster A, eine andere auf das Muster B in Abb. 2.12 ansprechen.

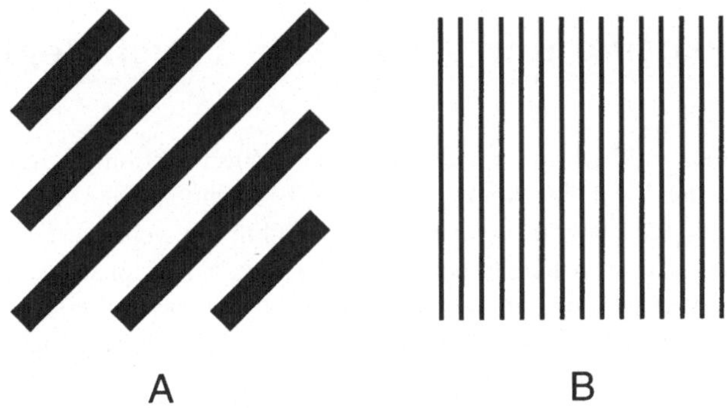

Abbildung 2.12: Verschiedene Stimuli für komplexe Zellen

2.1.5 Zusammenfassung

Die Ganglienzellen der Netzhaut und der Kniekörper arbeiten als On-Off oder Off-On Zellen. Dies trifft auch für einen Teil des primären Sehfeldes – die Schicht IV – zu. Das übrige primäre Sehfeld besteht aus einfachen und komplexen Zellen. Hier hat man auch über die interessante geometrische Anordnung dieser Zellen etwas herausgefunden. Zellen die einer bestimmten Orientierung zuzuordnen sind, liegen in einer schmalen Scheibe übereinander, Scheiben benachbarter Orientierung liegen nebeneinander. Dabei ist die Auflösung von rund 10°, die durch diese Repräsentation unterschieden wird, gering.

Bis zu dieser Stelle im Gehirn, dem primären Sehfeld im Hinterhauptslappen, konnte der Weg und die Funktion der Nervensignale eindeutig verfolgt werden. Vom primären Sehfeld aus führen Nervenfasern in viele andere Teile des Gehirns, wo die weitere Verarbeitung der visuellen Information erfolgt. Welche Hirnregion für welche Funktion verantwortlich ist, weiß man hauptsächlich aus Erfahrungen mit Patienten, bei denen Teile des Gehirns verletzt oder geschädigt waren. Die bei diesen Personen gestörten Funktionen versuchte man dann den entsprechenden Hirnregionen zuzuordnen. Auf

diese Weise entstand im Laufe der Zeit eine bereits erstaunlich genaue Landkarte des
Gehirns. So ist beispielsweise ein unglaublich großer Teil an der Unterseite der Schläfen-
und Hinterhauptlappen ausschließlich für die Funktion des Wiedererkennens von Personen an Hand ihrer Gesichtszüge verantwortlich. Schließlich muß festgestellt werden,
daß die hier gebrachte Darstellung absichtlich stark vereinfacht ist (z.B. gibt es noch
weitere Arten von komplexen Zellen und Rückverbindungen, die das rezeptive Feld
verändern [Kun93]).

2.2   Perzeptive und Kognitive Psychologie

Im vorangegangenen Abschnitt wurde die Frage „Wie funktioniert die visuelle Wahrnehmung?" aus der Sicht der Neurophysiologie betrachtet. Allerdings kann die Reizleitung im Gehirn nur bis zum visuellen Cortex schlüssig weiterverfolgt werden. Dort
findet sich die oben besprochene Repräsentation kurzer Kantenstücke. Doch wie geht
es weiter? Hier versucht die perzeptive und kognitive Psychologie in Experimenten
Antworten zu finden. Die Frage „Was nehme ich wahr?" bringt uns auch der Frage
„Wie nehme ich wahr?" näher.

Abbildung 2.13: Was ist das? (aus [Low85], S.17)

2.2.1 Bottom-Up Gruppierung

Für das folgende Experiment verdecken Sie bitte zunächst die Abb. 2.14 mit einem Blatt Papier. Betrachten Sie Abb. 2.13. Die kurzen Kantenstücke, die Sie sehen, könnten durchaus einer Repräsentation im visuellen Kortex entsprechen. Lassen Sie sich ein wenig Zeit mit der Betrachtung. Was sehen Sie?

Abbildung 2.14: Und was ist das? (aus [Low85], S.18)

Sollten Sie keinen Erfolg haben, so versuchen Sie es einmal mit Abb. 2.14. Das Experiment stammt von David Lowe [Low85]. Die Aussage Lowe's ist: Wenn es keine Anhaltspunkte für einen Bottom-Up Gruppierungsmechanismus gibt, wie in Abb. 2.13, dann ist der Erkennungsvorgang bemerkenswert schwierig. Testpersonen benötigten zum Erkennen des Objektes (ein Fahrrad) aus Abb. 2.13 mehr als eine Minute. Die Erkennungszeiten bei Abb. 2.14 waren deutlich niedriger. Das in Abb. 2.13 fehlende Linienstück erlaubt in Abb. 2.14 eine höhere Wahrscheinlichkeit für eine kreisförmige Gruppierung, und so nimmt der Bottom-Up Erkennungsvorgang seinen Lauf: Vom Kreis zum Rad und schließlich zum Fahrrad.

Abbildung 2.15 zeigt einige aus der Gestaltpsychologie bekannte Gruppierungsphäno-mene. Punkte werden auf Grund ihrer räumlichen Nähe (a) oder ihrer Ähnlichkeit (b)

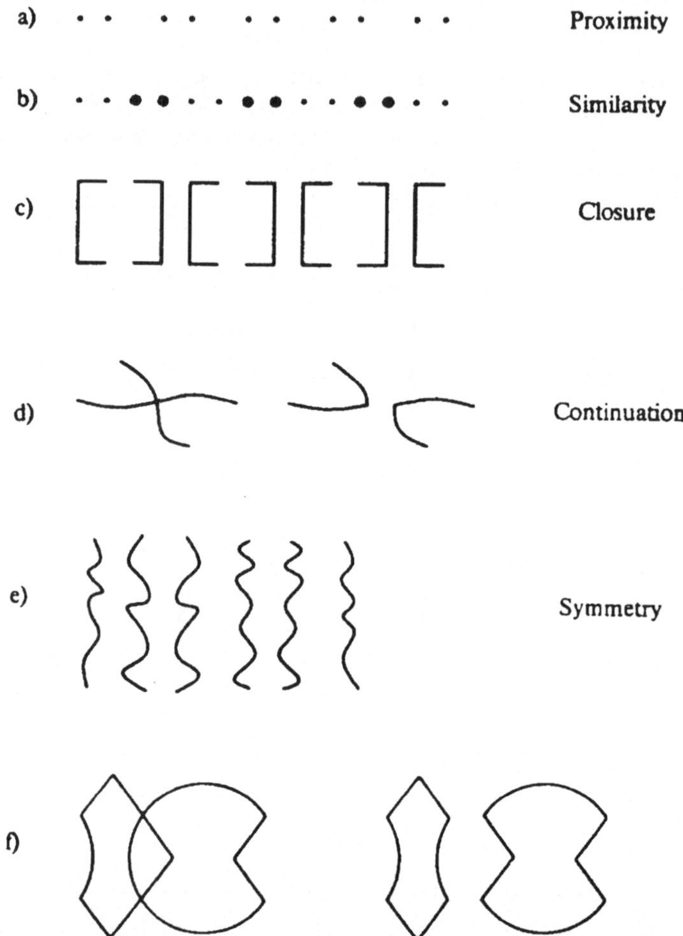

Abbildung 2.15: Gestaltpsychologie und perzeptuelle Organisation (aus [Low85], S.23)

paarweise wahrgenommen. Die Annahme von Geschlossenheit beziehungsweise Fortsetzung führt in (c) zu einer Gruppierung von Quadraten. In (d) wird die Annahme der kontinuierlichen Fortsetzung demonstriert, (e) zeigt die Zusammengehörigkeit symmetrischer Paare. Diese Gruppierungsphänomene sind nicht alle gleichberechtigt. So ist beispielsweise kontinuierliche Fortsetzung stärker als Symmetrie (f).

Mathematisch gesehen bedeutet die Gruppierung verschiedener Merkmale den Aufbau von Relationen zwischen diesen Merkmalen. In den nachfolgenden Abbildungen demonstriert Lowe die Signifikanz von Relationen. In Abb. 2.16.a bilden die beiden na-

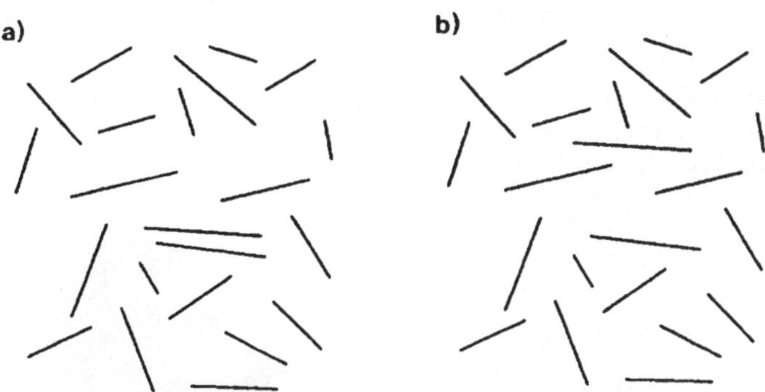

Abbildung 2.16: Signifikante Parallelität (aus [Low85], S.41)

hezu parallelen Linien aufgrund ihrer Nähe eine signifikante Relation. Dies ist in Abb.
2.16.b nicht mehr der Fall. Hier entspricht der Abstand der beiden Linien ungefähr der
durchschnittlichen Liniendichte des Hintergrundes.

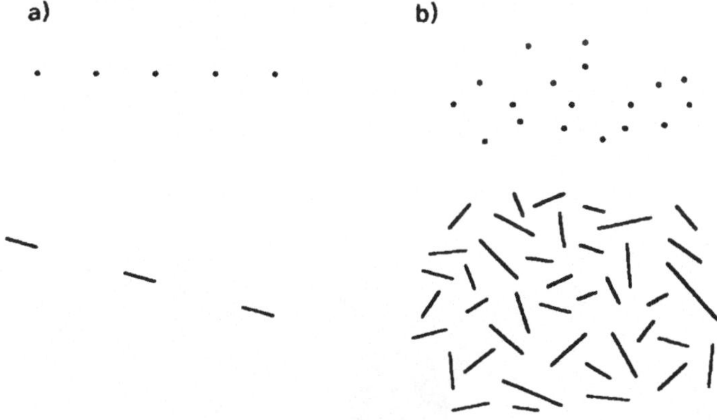

Abbildung 2.17: Signifikante Kollinearität (aus [Low85], S.44)

Abbildung 2.17 demonstriert, daß die menschliche Wahrnehmung gewisse Merkmale
schlecht extrahieren kann, wie zum Beispiel die Kollinearität. Trotz hoher statistischer
Signifikanz kann sie bei genügend großer Störung (Abb. 2.17.b) nicht mehr erkannt
werden.

2.2.2 Form und Organisation

Die folgenden Bildbeispiele sollen demonstrieren, wie eine bestimmte zugrundeliegende
Annahme eine Wahrnehmung unterstützt oder verhindert. In Abb. 2.18 kommt der
entscheidende Hinweis von der Verdeckung der B's.

Abbildung 2.18: „Verdeckung" (aus [Roc85], S.101)

Abbildung 2.19 ist ein Beispiel für die Umkehr der Wahrnehmung. Man sieht entweder
eine junge oder eine alte Frau. Betrachtet man das Bild etwas länger, so springt es
plötzlich zur anderen Interpretation um. Dieser Vorgang des spontanen Umspringens
der Wahrnehmung wird durch Sättigung oder Ermüdung erklärt.

Abbildung 2.19: Umkehr der Wahrnehmung (junge/alte Frau) (aus [Fri83], S.20)

Die in Abb. 2.20 gezeigten Bilder – zunächst sieht man nur schwarz/weiß-Muster, dunkle oder helle Flecken, später gelingt es, diese zu vertrauten Formen zu gruppieren, plötzlich gibt es ein Erkennen – verdeutlichen den Prozeß einer Reorganisation der Wahrnehmung. Sobald die Objekte erkannt sind, entsteht auch ein räumlicher Eindruck. Die Erfahrung mit den dargestellten Objekten hat in diesem Fall einen entscheidenden Einfluß auf die Wahrnehmung.

(a) Aus [Roc85], S.111   (b) Aus [Fri83], S.21

Abbildung 2.20: Reorganisation, Tiefenwahrnehmung, Erfahrung

Eine Gruppe von optischen Täuschungen, die sogenannten Konturillusionen, gehören auch hierher (Abb. 2.21). Sie verdeutlichen die Idee, daß eine homogene Fläche als ein Objekt wahrgenommen wird. Befindet sich dieses Objekt im Vordergrund, so *verdeckt* es dahinterliegende Objekte (Annahme der *Fortsetzung*).

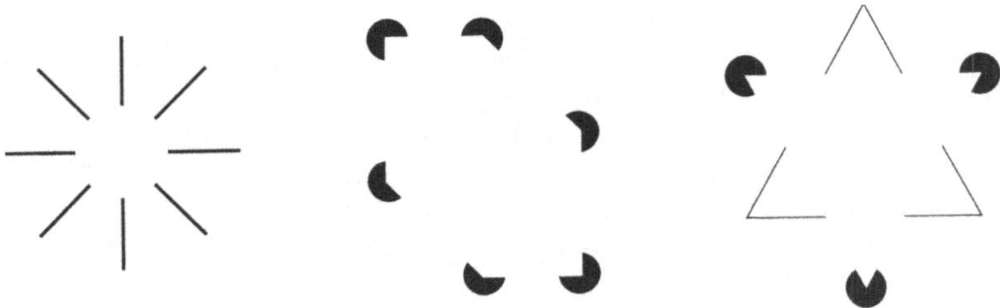

Abbildung 2.21: Beispiele für Konturillusionen

2.2.3 Die dritte Dimension

Eine besonders wichtige Rolle spielt unsere Wahrnehmung der dritten Dimension. Diese kann durch die Disparität der Netzhautbilder unserer beiden Augen, aber auch durch einige andere Mechanismen, wie den Rückschluß auf die dreidimensionale Form aufgrund der Schattenbildung ('shape from shading'), hervorgerufen werden. Im Fall des Stereosehens wird die Disparität der Netzhautbilder im Gehirn in Tiefeninformation umgerechnet. Diesen Effekt kann man sich in sogenannten *Stereogrammen* zunutze machen. Betrachtet man ein solches Stereopaar (Abb. 2.22) durch ein Stereoskop, so wird dem linken Auge nur das linke, dem rechten Auge nur das rechte Bild angeboten. Die beiden Bilder werden dann im Gehirn zu einer dreidimensionalen Szene verschmolzen. Mit ein wenig Übung läßt sich dieser Effekt auch ohne Zuhilfenahme eines Stereoskops erreichen.

Abbildung 2.22: Ein Stereopaar (aus [Roc85], S.51)

Die Bedeutung der Disparität für das Tiefensehen kann am besten durch *„random dot"* Stereogramme nach Julesz demonstriert werden. Abbildung 2.23 zeigt ein solches Stereogramm. Wenn man es stereoskopisch betrachtet, sieht man plötzlich ein vor dem Hintergrund schwebendes Dreieck. Der Eindruck dieses Objektes entsteht, obwohl es weder in den ursprünglichen, mit einem Zufallsmuster gefüllten, Bildern, noch auf dem Netzhautbild vorhanden ist, rein zufolge der Disparität der zufälligen Punktmuster.

Auch bei der Gruppe der geometrisch-optischen Täuschungen (Abb. 2.24) ist, ähnlich wie bei den Konturillusionen, die dritte Dimension im Spiel. Diese Täuschungen kommen zustande, weil beim Betrachter die Annahme einer Dreidimensionalität der dargestellten Szene ausgelöst wird.

Abbildung 2.23: Ein random-dot Stereogramm (aus [Roc85], S.51)

Abbildung 2.24: Beispiele für geometrisch-optische Täuschungen

2.2.4 Links – Rechts

Viele Autoren beschäftigen sich mit Aspekten der Hirnorganisation. Es gibt Hinweise, daß die linke und die rechte Hirnhälfte unterschiedlich organisiert sind und auch unterschiedliche Aufgaben erfüllen. Dieses äußerst interessante Gebiet kann hier nur ganz kurz und klischeehaft angedeutet werden. Tabelle 2.1 bringt prominente derartige Klischees in einer Zuordnung von Funktionen beziehungsweise Fähigkeiten zu linker und rechter Hemisphäre.

Diese sicherlich viel zu rigide Trennung soll nur einen Eindruck vermitteln, wie die Funktionenaufteilung zwischen links und rechts ungefähr aussehen könnte. Vieles ist hier sehr umstritten. Die meisten Erkenntnisse stammen von Patienten mit Hirnschäden. Die bei diesen Patienten beeinträchtigten Funktionen versuchte man dann den geschädigten Arealen zuzuordnen. Eine Zeitlang wurde bei schweren Fällen von Epilepsie durch eine Durchtrennung des „Balkens“, der Hauptverbindung zwischen den beiden Hemisphären, eine Linderung erreicht. Viele Untersuchungen zur Funktionalität von links und rechts wurden mit diesen „Split-Brain“ Patienten durchgeführt.

Die für uns wichtigste Aussage ist, daß *wesentliche Komponenten des Bildverstehens in der rechten Hemisphäre beheimatet sind.* Im Gegensatz dazu werden die meisten anderen in der Künstlichen Intelligenz modellierten Fähigkeiten (logisches Schließen,

Tabelle 2.1: Funktionen und Fähigkeiten der beiden Hemisphären

Links	**Rechts**
Rationalität	Gefühl
Zerlegen	Ganzheitlich Erfassen
Logik	Intuition
Sprachverstehen, Sprachproduktion	*Bildverstehen*
Sequentielle Abläufe	Kreativität
„Westliches" Denken	„Östliches" Denken
Technik	Kunst

Sprachverstehen) der linken Hälfte zugerechnet. Sollte dieser Sachverhalt tatsächlich zutreffen, so liegt es nahe, daß die üblichen KI-Methoden für Bildverstehen nicht so gut geeignet sind wie für andere Anwendungen.

2.3   Die Informationsverarbeitungs-Sicht

Wir wollen uns im restlichen Teil dieses Buches mit Bildverstehen aus der Sicht der Informationsverarbeitung beschäftigen. Wie gelangen Bilder in einen digitalen Rechner (digitales Rasterbild)? Mit welchen Prozessen können Bilder verändert, in andere Bilder übergeführt werden (digitale Bildverarbeitung)? Wie lassen sich Merkmale aus Bildern extrahieren (Mustererkennung)? Wie können Merkmale gruppiert und Symbolen zugeordnet werden (Verstehen)? Solche Fragen lassen sich auch zu den nachfolgenden Abschnitten stellen. David Marr hat in seinem Buch „VISION" [Mar82] diese Betrachtungsweise – Bildverstehen als Aufgabe der Informationsverarbeitung – konsequent verfolgt. Hier eine Übersicht der drei Ebenen des Informationsverarbeitungs-Ansatzes nach Marr (das *Marr Paradigma*):

1. *Computational Theory (Was?, Wieso?)*:

   - Was ist das Ziel der Verarbeitung?

   - Wieso ist diese Verarbeitung geeignet?

   - Was ist die Logik und Strategie der Verarbeitung?

2. *Representation and Algorithms (Wie?)*:

   - Wie kann die Computational Theory (1) implementiert werden?

   - Finden einer geeigneten Repräsentation für Input und Output.

   - Finden eines Algorithmus zur Überführung Input $\rightarrow$ Output.

3. *Hardware Implementation:*

- Physikalische Realisierung von Representation and Algorithms (2).

Das Werk von Marr [Mar82] ist eines der wenigen großen Standardwerke über Bildverstehen und die einzige wirklich geschlossene Darstellung aus einer (der Informationsverarbeitungs-) Sicht. Es ist jedem, der an Bildverstehen interessiert ist, als Standardwerk wärmstens zu empfehlen. In der Folge wird noch mehrfach auf Marr's Arbeiten näher eingegangen werden. Aloimonos hat in [AS89a] eine Erweiterung des Marr Paradigmas versucht, indem er explizit die Ebene der Stabilitäts- oder Robustheitsanalyse eingeführt hat (siehe Abb. 2.25).

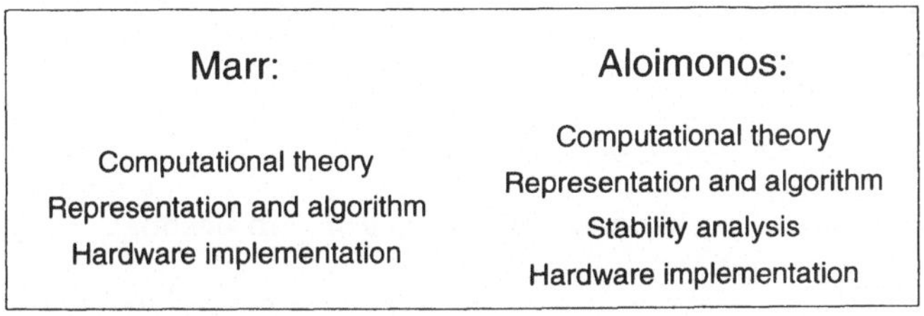

Marr: **Aloimonos:**

Computational theory

Representation and algorithm

Hardware implementation

Computational theory

Representation and algorithm

Stability analysis

Hardware implementation

Abbildung 2.25: Das Marr Paradigma und seine Erweiterung nach Aloimonos ([AS89a])

2.4 Zusammenfassende Beobachtungen

In diesem Kapitel wurde das Sehen aus den drei Sichtweisen der Neurophysiologie, der kognitiven Psychologie und der Informationsverarbeitung schlaglichtartig beleuchtet. Der so entstandene Eindruck über die Problematik des Sehens soll nun in Form einer Liste von Stichworten und Merkmalen zusammengefaßt werden:

- Hexagonales Muster der Netzhaut,

- Variable Auflösung, hierarchische Struktur (Ebenen von Nervenzellen),

- Massive Parallelität in den ersten Verarbeitungsschritten,

- Rezeptive Felder (On-Off-, einfache und komplexe Zellen),

- Modularität von Funktionen,

- Bedeutung von Konturen,

- Gruppierung (Bottom-Up): Nähe, Ähnlichkeit,...

- Gestaltwahrnehmung: Erfahrung, Vorwissen (Top-Down script),...

- 3D, Stereo, Tiefe,

- Hemisphären links – rechts.

Aus diesem Eindruck kann auf einige Probleme beim Aufbau eines künstlichen bildverstehenden Systems geschlossen werden:

- 3D Szene, 2D Bild,

- Helligkeit und Farbe eines Bildpunktes wird durch sehr viele komplexe Einflußgrößen bestimmt,

- Sehr große Datenmengen,

- Parallelisierung der Prozesse wäre sinnvoll,

- Viel Wissen über Objekte und Verarbeitungen wird benötigt,

- Ein „Ausprobieren" aller Lösungsvarianten wird zur kombinatorischen Explosion und daher zu hohen Rechenzeiten führen,

- Echtzeitanwendungen wären interessant.

Nun will ich den Leser noch dazu verleiten, einige der nachfolgenden „Übungsanregungen" zu probieren, und sich so der Frage des „Bildverstehens" über Experimente mit dem eigenen Sehen zu nähern:

1. Abbildung 2.26 demonstriert die Existenz des „blinden Flecks". Verdecken Sie ein Auge und betrachten Sie mit dem anderen Auge das Kreuz in der Mitte des Bildes aus etwa 10cm Entfernung. Einer der beiden kreisförmigen Punkte wird dann genau auf den blinden Fleck abgebildet und Sie können diesen Punkt nicht sehen, solange Sie den Blick auf das Kreuz gerichtet halten.

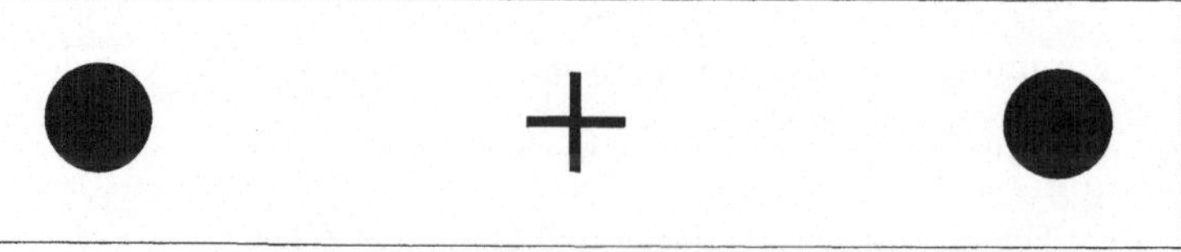

Abbildung 2.26: Versuch zum „blinden Fleck"

2. Vom Inhalt der On-Off-Zellen, einfacher und komplexer Zellen ausgehend: Wie stellen Sie sich vor, daß die Verarbeitung weitergeht?

3. Zum Problem der massiven Parallelität in den ersten Verarbeitungsschritten: Wie weit geht die Parallelität beim Erkennen und Handeln? Beispielsweise ist es für uns sehr schwierig, mehrere Dinge gleichzeitig zu tun.

4. Suchen Sie sich einige Bilder, die Sie interessieren (Kunstwerke, Fotografien, ...) und versuchen Sie, Beschreibungen der Bilder zu erstellen, wie sie Output eines bildverstehenden Systems sein könnten.

5. Was zeigen die beiden random-dot Stereogramme Abb. 2.27?

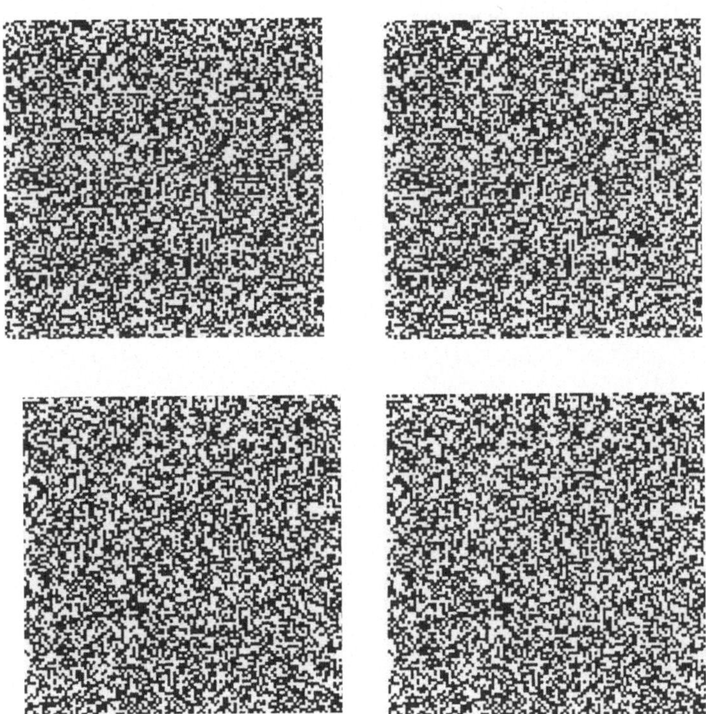

Abbildung 2.27: Was zeigen diese random-dot Stereogramme?

2.5 Bibliographie

Eine Sammlung ausgezeichneter Artikel zu Nervenzelle und Gehirn ist [SdW87]. In [Rit86] finden sich neben anderen Artikeln über Wahrnehmung und visuelles System auch [HW86] über rezeptive Felder und visuellen Kortex und [Pog86] über das Sehen. Sehr gut und ausführlich werden anatomische und neurophysiologische Grundlagen unter Berücksichtigung der Informationsverarbeitungs-Sicht in [VV90] behandelt. Vor kurzem ist das Heft [Kun93] zum Thema „Gehirn und Geist" erschienen, das auch neuere Erkenntnisse zur visuellen Wahrnehmung zusammenfaßt.

Über visuelle Wahrnehmung berichtet [Roc85] mit vielen ausgezeichneten Bildbeispielen. Zu den kognitiven Aspekten stellt [And88] ein Standardwerk dar. Aus populärwissenschaftlicher Sicht ist [Dit76] zu empfehlen. Viele interessante Aspekte der Wahrnehmung, oft in Zusammenhang zu linker und rechter Gehirnhälfte bietet [Mec86]. Der Hemisphärenproblematik ausschließlich gewidmet ist [SD87]. Lowe beschreibt in [Low85] die verschiedenen Gruppierungsmechanismen. Er setzt sich vor allem mit Bottom-Up Gruppierung auseinander.

Das wichtigste Standardwerk zum Informationsverarbeitungs-Ansatz stellt [Mar82] dar. Frisby [Fri83] versucht eine stark von Marr beeinflußte populärwissenschaftliche Darstellung über das Sehen, behandelt allerdings vieles eher oberflächlich.

Kapitel 3

Grundlagen aus digitaler Bildverarbeitung und Mustererkennung

3.1 Das digitale Rasterbild

Zunächst wollen wir erläutern, wie ein digitales Rasterbild entsteht (Abtast- und bildgebende Verfahren). Es wird sowohl räumlich als auch bezüglich der Helligkeit eines Bildpunktes diskretisiert. Man unterscheidet zwischen räumlicher Auflösung (Abtastung, Sampling) und radiometrischer Auflösung (Quantisierung, unterschiedliche Grauwerte). In der Folge wird auf die Charakteristiken digitaler Rasterbilder eingegangen. Schließlich sollen einige Farbmodelle vorgestellt werden.

3.1.1 Abtastverfahren

Die dem Bild zugrundeliegende Szene soll erfaßt werden. Dies geschieht entweder direkt (digitale Kameras) oder indirekt, zum Beispiel auf dem Umweg über ein photographisches Bild, das später digitalisiert wird.

Digitale Kameras sind meist in Form sogenannter CCD-Arrays (charge coupled device) ausgeführt. Seltener wird die ältere Technologie der Röhrenkameras benutzt. Die lichtempfindlichen Sensoren können in einer Zeile (Zeilenkameras) oder flächig angeordnet sein. Typische Feldgrößen wären etwa Zeilenkameras mit 1024, 2048 oder 4096 Sensoren und Flächenkameras mit 512×512 (bzw. 756×581 Video-Norm, HDTV, ...), 1024×1024, selten 2048×2048 (sehr teuer) Sensoren. Zeilenkameras werden beispielsweise in Fernerkundungssatelliten eingesetzt. Das Bild entsteht dann durch

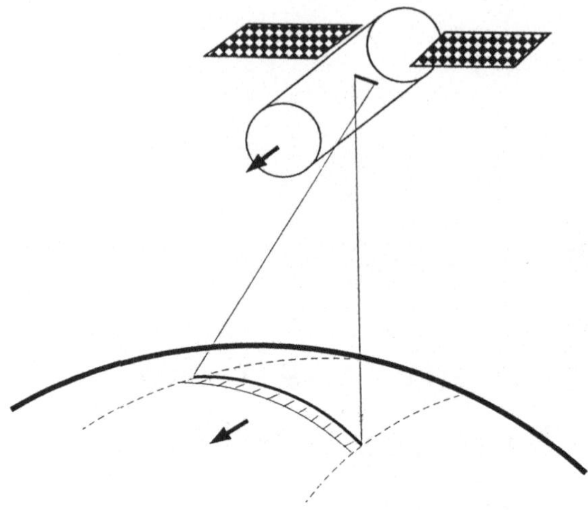

Abbildung 3.1: Satellit mit Zeilenkamera

sequentielle Erfassung der einzelnen Zeilen. Diesen Zeilen entsprechen Streifen auf der Erdoberfläche (siehe Abb. 3.1).

Flächenkameras haben den Vorteil, daß das gesamte Bild wie bei einer photographischen Kamera *zum selben Zeitpunkt* erfaßt wird. Zeitlich rasch veränderliche Szenen können nur so korrekt erfaßt werden. Außerdem ist die Bilderfassung wesentlich einfacher, da man nicht für eine kontinuierliche Abtastung in der zweiten räumlichen Dimension sorgen muß. Aber Flächenkameras haben auch Nachteile gegenüber Zeilenkameras. Sie sind bei vergleichbarer Auflösung wesentlich teurer. Dies schlägt vor allem zu Buche, wenn man sehr große Bilder (2048 × 2048 oder größer) aufnehmen will. Flächenkameras sind auch radiometrisch und geometrisch oft nicht so genau wie Zeilenkameras. Aus diesen Gründen kommen für hochpräzise Anwendungen manchmal Zeilenkameras zum Einsatz.

Als ein typischer Vertreter eines indirekten Verfahrens wird hier der Trommelscanner besprochen. Die Szene wird photographisch erfaßt. Das entstehende Dia (positiv oder negativ) wird anschließend im Trommelscanner digitalisiert (siehe Abb. 3.2).

Das Dia wird auf die Trommel gespannt. Im Inneren der Trommel sitzt die Lichtquelle, außen der punktförmige lichtempfindliche Sensor. Je nach photographischer Dichte des gemessenen Bildpunktes fällt auf diesen Sensor mehr oder weniger Licht. Durch Rotation der Trommel werden nun zeilenförmig hintereinanderliegende Bildpunkte erfaßt. Ist eine Zeile abgetastet, so werden Lichtquelle und Sensor um eine Rasterweite in die Trommel geschoben und die nächste Zeile wird erfaßt. Sollen Farbbilder digitalisiert werden, so können dem Sensor entsprechende (blau, grün, rot) Filter vorgeschaltet

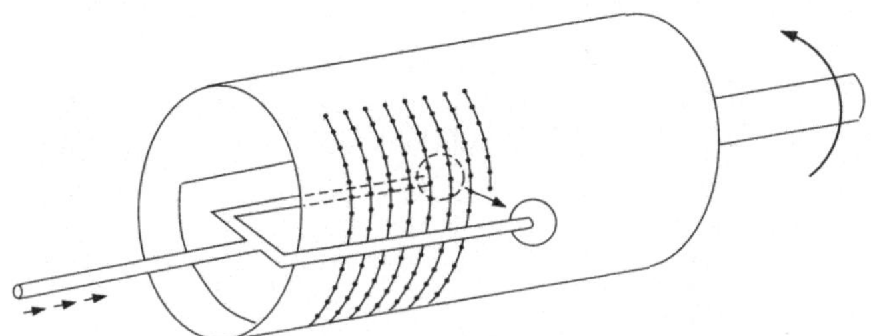

Abbildung 3.2: Trommelscanner

werden. Dieses Verfahren ist natürlich zeitaufwendig. Die Erfassungszeiten für Bilder einer Größe von einigen 1000 × 1000 Bildpunkten liegen im Stundenbereich. Es gibt auch andere mit Auf- oder Durchlicht arbeitende indirekte Verfahren, etwa Flachbettscanner, die bei guter räumlicher Auflösung (z.B. 600dpi) wesentlich schneller arbeiten (Farberfassung von Dokumenten bis A4 in einigen Sekunden).

Alle bisher besprochenen Verfahren erfassen das von der Szene ausgehende Licht, sind also *passive Verfahren*. Dabei beschränkt man sich oftmals nicht nur auf die Wellenlängenbereiche des sichtbaren Lichtes. In der Fernerkundung werden oft nahe „optische" Infrarot-Spektralbereiche genutzt. Es gibt auch Thermalscanner.

Aktive Verfahren liefern selbst die Energie, die dann von der Szene verändert und teilweise vom Sensor erfaßt wird. In diese Kategorie fallen beispielsweise Radar, Ultraschall, Röntgenbilder, Kernspintomographie.

3.1.1.1 Abtasttheorem

Das digitale Rasterbild entsteht also durch Abtastung eines Bildes oder der Szene. Diese Abtastung erfolgt meist in einem quadratischen Raster. Der Abtast- oder Diskretisierungsvorgang wird in Abb. 3.3 schematisch dargestellt.

Die Abtastung erfolgt mit einer Rasterweite Δx. Dabei entstehen quadratische Bildpunkte, die *Pixel* (pixel = picture element, seltener auch *pel* genannt). Dabei gilt das Abtasttheorem nach Shannon: Die Rasterweite Δx muß kleiner sein als $1/2\mu_0$, wenn bei der Diskretisierung kein Informationsverlust auftreten soll. μ_0 bedeutet dabei die *maximale* in der Szene vorkommende *Ortsfrequenz*:

$$\Delta x < \frac{1}{2\mu_0} \tag{3.1}$$

Abbildung 3.4 zeigt die Abtastung einer Szene mit unterschiedlichem Δx.

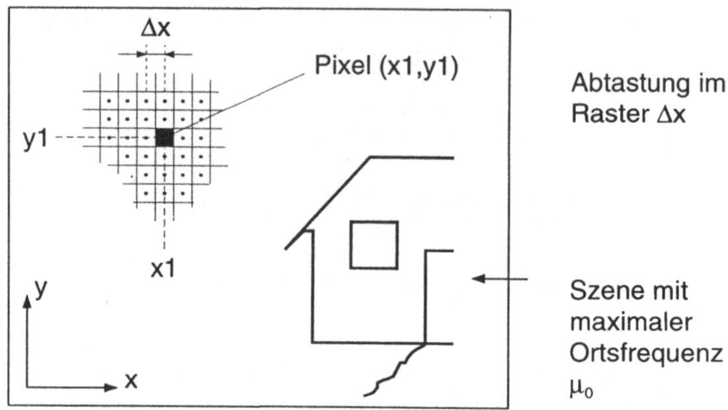

Abbildung 3.3: Abtastung im Raster Δx

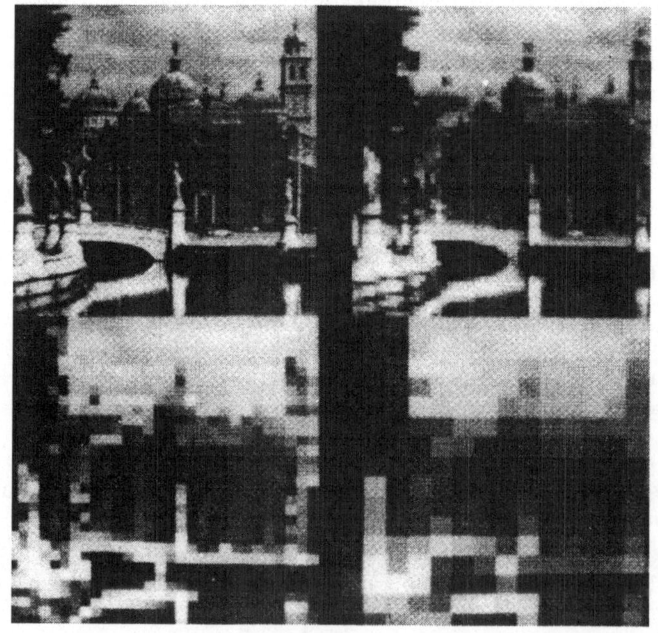

Abbildung 3.4: Abtastung mit 256^2, 64^2, 32^2 und 16^2 Pixeln (aus [Zam89], S.6)

3.1.2 Quantisierung

Welche Information findet sich nun in den einzelnen Pixeln des digitalen Rasterbildes? In Analogie zum räumlichen Raster, der bei der Abtastung definiert wird, wird bei der Quantisierung die radiometrische Auflösung festgelegt. Ein kontinuierlicher Bereich von Helligkeiten oder im Falle indirekter Verfahren von photographischen Dichtewerten wird auf diskrete Grauwerte der einzelnen Pixel abgebildet. Die beim jeweiligen Quantisierungsverfahren mögliche Anzahl unterschiedlicher Grauwerte bezeichnet man als die *radiometrische Auflösung* des digitalen Rasterbildes.

Wir wollen diese Zusammenhänge zunächst an einem eindimensionalen Beispiel veranschaulichen. Abbildung 3.5.a zeigt einen Helligkeitsverlauf $h(x)$ in Abhängigkeit vom Ort x.

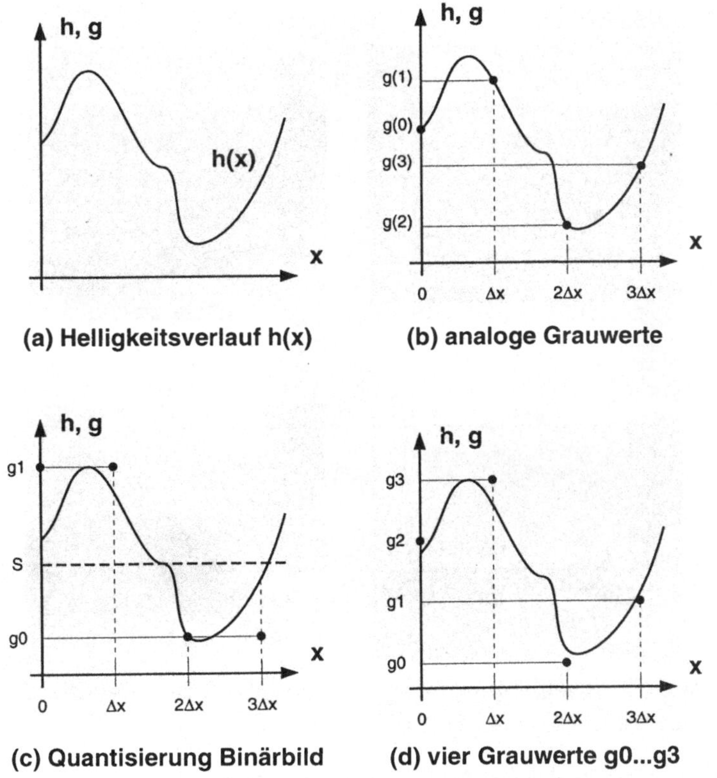

Abbildung 3.5: Quantisierung eines Intensitätsverlaufes

In Abb. 3.5.b ist die Quantisierung veranschaulicht: $h(x)$ wird an den Stellen $x_i = x_0 + i\Delta x$ abgetastet. Bei einer analogen Darstellung der Grauwerte würde dies zu den in Abb. 3.5.b als Punkte markierten Grauwerten $g(x_i)$ führen.

Abbildung 3.5.c zeigt den Fall der Quantisierung in ein *Binärbild*, das ist ein Bild mit nur zwei Grauwerten. Diese werden hier als g_0 und g_1 bezeichnet. Die Quantisierung erfolgt dann einfach mit Hilfe eines *Schwellwertes S*. Ist $h(x_i) > S$, so wird $g(x_i) = g_1$ gesetzt, sonst g_0. Ein Binärbild läßt sich daher mit 1 Bit/Pixel codieren. Löst man sich dann von den speziellen Grauwerten g_0 und g_1 aus Abb. 3.5.c, so ergeben sich die beiden Grauwerte 0 und 1 für ein Binärbild. Diesen wird dann schwarz oder weiß zugeordnet. Jedes $h(x_i)$, das über einem (theoretisch beliebigen) Schwellwert liegt, wird dann beispielsweise weiß (1) dargestellt, $h(x_i) < S$ schwarz (0).

Abbildung 3.5.d zeigt die Verhältnisse bei einer Quantisierung in mehr als zwei Grauwerte – in diesem Fall die vier Grauwerte $g_0 \ldots g_3$. Nimmt man eine Quantisierung in n Grauwerte $g_0 \ldots g_{n-1}$ vor mit $\Delta g = g_{x+1} - g_x$, so ist der kleinste Helligkeitsunterschied Δh, der sicher erfaßt wird, größer als Δg.

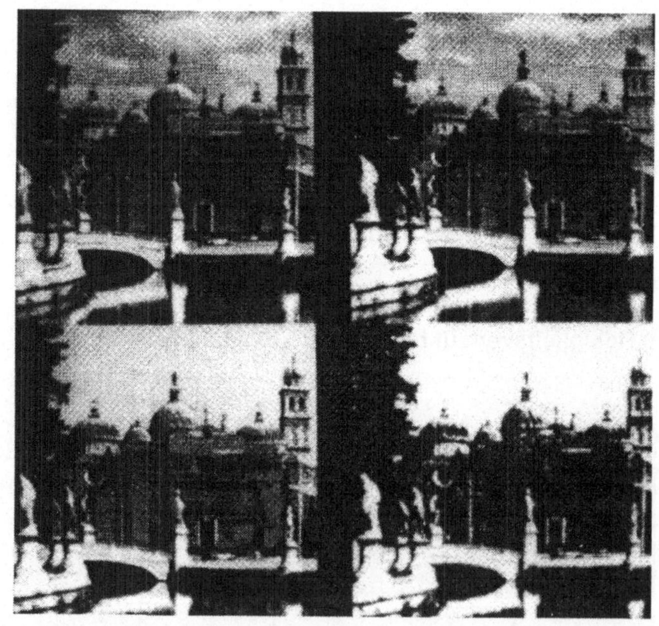

Abbildung 3.6: Quantisierung mit 6, 3, 2 und 1 Bit/Pixel (aus [Zam89], S.7)

Abbildung 3.6 zeigt ein Beispiel für Quantisierungseffekte. Es wurde ein und dieselbe Szene mit unterschiedlich vielen Bit/Pixel quantisiert.

3.1.3 Bildformate, Multibilder

Übliche Bildformate bei digitalen Rasterbildern sind 512×512 oder 1024×1024 Pixel. Bei vielen Bildverarbeitungssystemen wird auf das 4:3 Seitenverhältnis des Bildschirmes Rücksicht genommen. Es ergeben sich dann Bildformate von 640×480 oder 1280×1024.

Bei Binärbildern wird 1 Bit/Pixel benötigt, für Grauwertbilder werden meist 8 Bit/Pixel verwendet, was 256 verschiedene Grauwerte ergibt. Sowohl in räumlicher, als auch in radiometrischer Hinsicht sind jedoch weit größere Formate möglich. So haben etwa Szenen des Fernerkundungssatelliten Landsat 6967×5965 Pixel (meist werden Viertelszenen mit 3673×2983 Pixel verwendet), oder es verwenden Computertomographiesysteme 16 Bit/Pixel (65.536 verschiedene Grauwerte).

Als *Multibilder* bezeichnet man eine Menge von mehreren zusammengehörigen digitalen Rasterbildern. Die einzelnen Rasterbilder nennt man dann die *Kanäle* des Multibildes. Dabei müssen die räumlichen Gegebenheiten für alle Kanäle des Multibildes ident sein, das heißt es muß genau die idente Szene mit genau übereinstimmender räumlicher Auflösung abgebildet sein. Ist dies nicht der Fall (z.B. zwei Bilder aus verschiedenen Blickwinkeln), so muß ein Bild auf die Geometrie des anderen entzerrt (registriert) werden.

Ein einfaches Beispiel für ein Multibild ist ein Farbbild. Dieses besteht üblicherweise aus drei Bildkanälen mit je einem Kanal für die blaue, grüne und rote Spektralinformation. Es gibt aber auch Multispektralbilder mit 7 Spektralkanälen (Landsat) und spezielle Scanner mit mehr als 100 Spektralkanälen. Ein weiteres Beispiel für wäre ein multitemporales Bild, wo dieselbe Szene zu verschiedenen Zeitpunkten aufgenommen wird.

3.1.4 Nachbarschaft

Bei einem quadratischen Raster ergibt sich das Problem der Definition der *Nachbarschaft*. Greifen wir ein Pixel – p – aus dem Raster heraus. Was wollen wir als seine Nachbarn – N_p – bezeichnen? Betrachtet man nur diejenigen Pixel, die längs einer Kante an p grenzen als Nachbarn, so spricht man von *4-Nachbarschaft*. Werden zusätzlich auch solche Pixel, die p nur an einem Eckpunkt berühren, als Nachbarn gerechnet, so ergibt sich die *8-Nachbarschaft*. Die beiden möglichen Arten der Nachbarschaft bei einem quadratischen Raster zeigt Abb. 3.7.

Die Definition der Nachbarschaft hat direkte Bedeutung für die Definition des *Zusammenhangs* von Kurven und Gebieten und für das Problem der Unterscheidung zwischen Vorder- und Hintergrund. Abbildung 3.8 zeigt zwei Beispiele zum Begriff des Zusammenhangs. Unter der Annahme von 8-Nachbarschaft ist Abb. 3.8.a eine

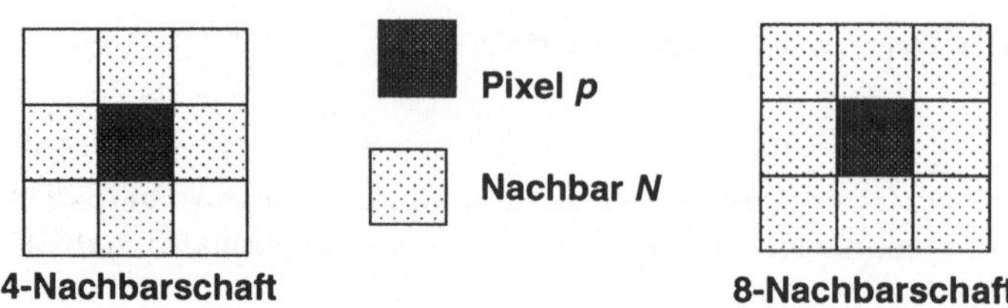

Abbildung 3.7: 4–Nachbarschaft (li) und 8–Nachbarschaft (re)

zusammenhängende Kurve und Abb. 3.8.b ein zusammenhängendes Gebiet. Bei 4–Nachbarschaft zerfällt Abb. 3.8.a in drei einzelne Kurven und Abb. 3.8.b in zwei getrennte Gebiete.

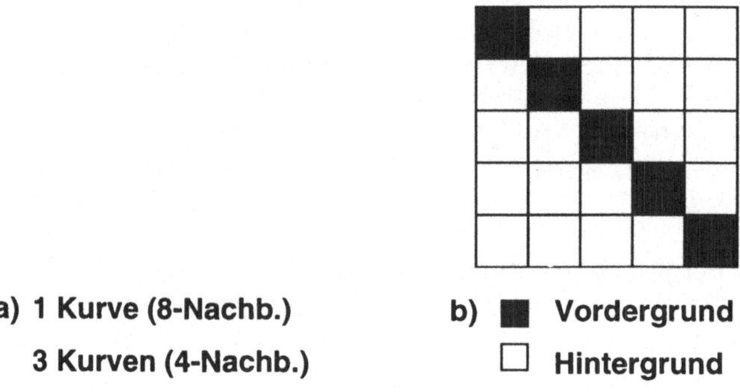

Abbildung 3.8: Zusammenhang bei 4- und 8–Nachbarschaft

Wenn wir eine Kurve als Objekt in einem Bild interpretieren, so stellt sie in diesem Moment das „Wesentliche", den *Vordergrund*, dar. Der Rest des Bildes ist Nicht-Kurve oder *Hintergrund*. Betrachten wir die Kurve in Abb. 3.8.a als zusammenhängend (8–Nachbarschaft), so sollte sie den Hintergrund in zwei Teile teilen. Bei Annahme von 8–Nachbarschaft ist jedoch auch der Hintergrund zusammenhängend! Dieses Problem läßt sich umgehen, wenn man wie folgt definiert: Für den Vordergrund gilt 8–Nachbarschaft, für den Hintergrund wird 4–Nachbarschaft angenommen. Diese Definition ist in der Bildanalyse durchaus üblich. In einem bildverstehenden System kann man jedoch schnell an ihre Grenzen stoßen. Zum Zeitpunkt der Suche nach einem Objekt weiß man noch nicht, was als Vordergrund, was als Hintergrund zu betrachten ist. Für das Objekt sollte aber bereits zu diesem Zeitpunkt 8–Nachbarschaft angenommen werden. Darüberhinaus gibt es ja auch Bilder, wo man nicht zwischen Vorder- und Hintergrund trennen kann (z.B. die berühmten Flächenfüllungen von M.C. Escher, siehe Abb. 3.9).

Abbildung 3.9: Flächenfüllung von M.C.Escher (aus [Ern82], S.81)

In einem *hexagonalen* Pixelraster würde sich das Problem der unterschiedlichen Nachbarschaftsdefinitionen für Vorder- und Hintergrund gar nicht ergeben. Hier gibt es nur eine einzige Nachbarschaft, die *6-Nachbarschaft*. Auch sind hier im Unterschied zur 8–Nachbarschaft bei quadratischen Pixeln alle Nachbarn N_p gleich weit von p entfernt.

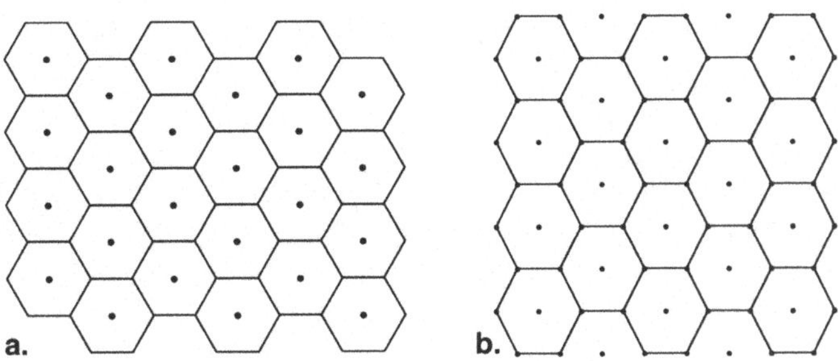

Abbildung 3.10: Hexagonaler und pseudo-hexagonaler Raster

Da jedoch ein hexagonaler Raster sowohl bei Kameras als auch bei Bildschirmen zu erheblichen technischen Problemen führt, gibt es kaum Systeme, die diesen verwenden. Hingegen läßt sich relativ einfach ein *pseudo-hexagonaler* Raster erreichen, indem in einem quadratischen Raster jede zweite Zeile um 1/2 Pixel verschoben wird. Diese Variante zeigt Abb. 3.10.b. Man sieht deutlich die Abweichung vom idealen hexagonalen Raster. In diesem Zusammenhang sei auch auf die Analogie mit der menschlichen Fovea verwiesen, wo sich die lichtempfindlichen Zellen auch zu einem hexagonalen Muster anordnen (Kapitel 2.1.2).

3.1.5 Farbmodelle

Das oben besprochene Farbbild (Multibild mit drei Kanälen) ist ein Beispiel für eine Farbdarstellung im *RGB-Modell*. Im *additiven RGB-Modell* entsteht die Farbe durch additive Mischung von Rot, Grün und Blau. Betrachtet man drei einander überlagerte Binärbilder, so kommt man zu acht möglichen Farbkombinationen (Tabelle 3.1 links).

Tabelle 3.1: Additives und subtraktives RGB-Modell

Additives			Subtraktives RGB-Modell				Ergebnis
rot	grün	blau	cyan	gelb	magenta	(schwarz)	Ergebnis
0	0	0	0	0	0	1	schwarz
			1	1	1	–	(schwarz)
1	0	0	0	1	1	0	rot
0	1	0	1	1	0	0	grün
0	0	1	1	0	1	0	blau
1	1	0	0	1	0	0	gelb
1	0	1	0	0	1	0	magenta
0	1	1	1	0	0	0	cyan
1	1	1	0	0	0	0	weiß

Während dieses Modell in der digitalen Bildverarbeitung (RGB-Monitor) weit verbreitet ist, findet im Buchdruck das *subtraktive RGB-Modell* Verwendung (Tabelle 3.1 rechts). Die Grundfarben sind hier Cyan, Gelb und Magenta. Die Überlagerung von allen drei Grundfarben ergibt ein – meist nicht perfektes – Schwarz. Deshalb wird oft als zusätzliche vierte Farbe ein reines Schwarz benutzt.

Betrachten wir nun drei einander überlagerte Grauwertbilder im RGB-Modell. Abbildung 3.11 zeigt den *RGB-Farbwürfel*. Wenn in jedem der drei Spektralauszüge Intensitätswerte von 0 bis 255 vorkommen (8 Bit/Pixel und Spektralauszug) so kann durch beliebige Kombination dieser Intensitätswerte jeder Punkt im Inneren des Würfels erreicht werden (16 Mio. Farben). In den Eckpunkten des Würfels finden sich die Farben

Rot, Grün, Blau, Magenta, Gelb und Cyan in maximal möglicher Intensität. Auf der Raumdiagonale liegen Werte von „Weiß" in unterschiedlicher Intensität, also Grautöne von Schwarz bis Weiß.

Die Dualität zwischen additivem und subtraktivem Farbmodell wird ebenfalls durch Abb. 3.11 veranschaulicht. Das strichliert gezeichnete Koordinatensystem hat die Achsen Magenta, Gelb (yellow) und Cyan.

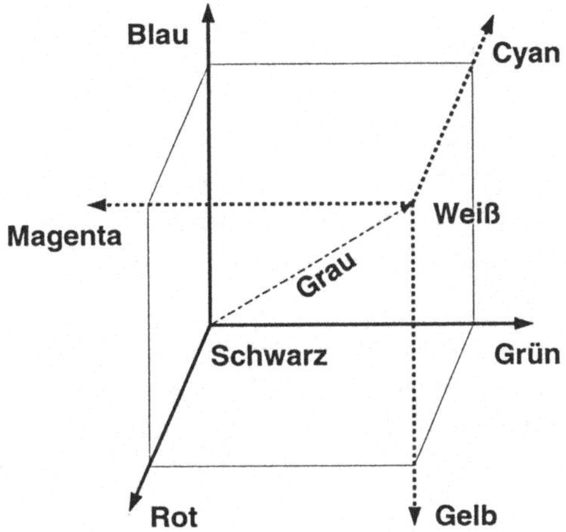

Abbildung 3.11: RGB–Farbmodell

Das RGB-Modell ist wegen seiner guten technischen Realisierbarkeit schlechthin die technische Lösung für die Darstellung von Farbe. Wir finden es im RGB–Videosignal im roten, grünen und blauen Phosphor der Bildröhre von Monitoren, in den lichtempfindlichen Schichten von Farbfilmen und im Farbdruck. Es hat sogar bei den lichtempfindlichen Zellen der menschlichen Netzhaut seine Entsprechung in blau-, grün- und rot–sensitiven Zäpfchen. Unser *Farbempfinden* läßt sich jedoch besser in anderen Begriffen ausdrücken: Farbton, Sättigung, Helligkeit. Auch dafür gibt es ein Farbmodell, das *IHS-Modell*. *I* steht dabei für Intensity oder Helligkeit, *H* für Hue oder Farbton und *S* für Saturation oder Sättigung. Dieses Modell existiert in unterschiedlichen Ausprägungen. Drei gängige Varianten zeigt Abb. 3.12.a-c.

Wir wollen hier die Variante Abb.3.12.b näher besprechen. Die I-Achse (Intensität) entspricht der schwarzweiß–Raumdiagonale des RGB–Würfels. Entlang dieser Geraden hat die Sättigung S immer den Wert 0, der Farbton ist daher bedeutungslos. Der Farbton H wird in Grad gemessen. Er durchläuft eine Palette von Rot (H = 0°) über Grün (H = 120°) und Blau bis Rot (H = 360° = 0°). Für jeden beliebigen Farbton

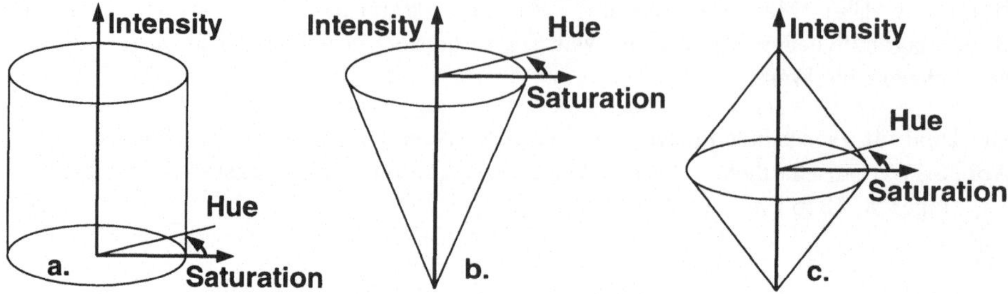

Abbildung 3.12: Varianten des IHS-Modells

H kann die Sättigung S Werte von 0 bis S_{max} annehmen. S = 0 entspricht daher verschiedenen Grautönen (in Abhängigkeit von I). Je geringer I ist, umso geringer wird auch der mögliche Spielraum für S. Schwarz (I = 0) erscheint sättigungs- und farbtonunabhängig immer gleich, deshalb läuft der Kegel an dieser Stelle zu einem Punkt zusammen.

Viele Manipulationen sind oft im IHS-Modell einfacher durchführbar als im RGB-Modell. So kann man zum Beispiel ein in RGB–Darstellung vorliegendes Bild in IHS-Darstellung transformieren, die Sättigung erhöhen und das Bild anschließend zurücktransformieren. Je nach verwendetem IHS-Modell ergeben sich unterschiedliche Formeln für die Umrechnung von RGB- in IHS-Koordinaten. Man kann vereinbaren, daß die H- und S- Werte für reines Weiß oder Schwarz gleich Null sein müssen oder beliebige Werte annehmen können. Auch kann der Nullpunkt von H (bei wieviel Grad ist reines Rot?) beliebig festgelegt werden.

Der Formelsatz (Gl. 3.2–3.4) aus [LBG90] stellt eine mögliche Umrechnung von RGB- in IHS- Koordinaten dar:

$$I = \sqrt{1/3}(R + G + B) \tag{3.2}$$

$$H = \begin{cases} G > B & : & \cos^{-1}\theta \\ G < B & : & 360° - \cos^{-1}\theta \end{cases} \tag{3.3}$$

$$\theta = \left(\frac{\frac{1}{2}(2R - G - B)}{\sqrt{(R-G)^2 + (R-B)(G-B)}} \right)$$

$$S = 1 - \frac{3\min\{R, G, B\}}{R + B + G} \tag{3.4}$$

3.2 Bildvorverarbeitung

In vielen Fällen bekommt der Benutzer von digitalen Rasterbildern die Originaldaten gar nicht zu sehen. Deren Qualität ist oft so schlecht, daß sie in Bild*vor*verarbeitungsschritten erst verbessert werden muß. Oft dient die Vorverarbeitung auch der Anpassung des Bildmaterials an die gegebene Problemstellung. Dabei können *geometrische* oder *radiometrische* Eigenschaften des Bildes verbessert oder verändert werden.

Beispiele für geometrische Verbesserungen:

- Entzerrung,

- Überlagerung von graphischer Information,

- Überlagerung mehrerer Bilder,

- Veränderung des Rasters (andere Auflösung).

Beispiele für radiometrische Verbesserungen:

- Korrektur:

    - atmosphärische Einflüsse,

    - richtungsabhängige Reflexion,

    - photographische Einflüsse.

- Verschärfung:

    - Grauwertmanipulationen,

    - Farbkodierung,

    - Detailkontrasterhöhung,

    - Filterung.

Die Grenze zwischen der Bildvorverarbeitung und den nachfolgenden Verarbeitungsschritten ist natürlich fließend. Von Vorverarbeitung möchte ich beispielsweise bei einer bestimmten Filteroperation dann sprechen, wenn sie auf alle Bilder in gleicher Art und Weise angewendet wird. Fände dieselbe Operation bei einem Bild aufgrund der Suche nach speziellen Merkmalen dieses Bildes statt, so würde ich sie schon der eigentlichen Bildanalyse zurechnen. Einige Beispiele sollen diese Sicht der Vorverarbeitung verdeutlichen.

Beispiel 1: Untersuchungen des Augenhintergrundes. Eine derartige Abbildung wurde bereits in Abb. 2.5 gezeigt. Der Patient wird einerseits mit verschiedenen bildgebenden

Verfahren (z.B. Fotografie des Augenhintergrundes, Angiographie) untersucht, andererseits werden die Erkrankungen der Netzhaut behandelt und im Laufe der Behandlung mehrere Bilder gemacht (Zeitreihe). Wir sehen ein typisches Beispiel in den Bildern Abb. 3.13.a-d. Abbildung 3.13.a zeigt die Netzhaut eines Patienten mit dem roten Licht eines HeNe-Lasers abgetastet[1], Abb. 3.13.b dieselbe Netzhaut mit blauem (Ar-) Laser aufgenommen. Schließlich ist in Abb. 3.13.c ein Angiogramm[2] dieser Netzhaut zu sehen. Da der Patient zwischen den Aufnahmen das Auge bewegt hat, zeigen die einzelnen Aufnahmen jeweils einen unterschiedlichen Ausschnitt der Netzhaut.

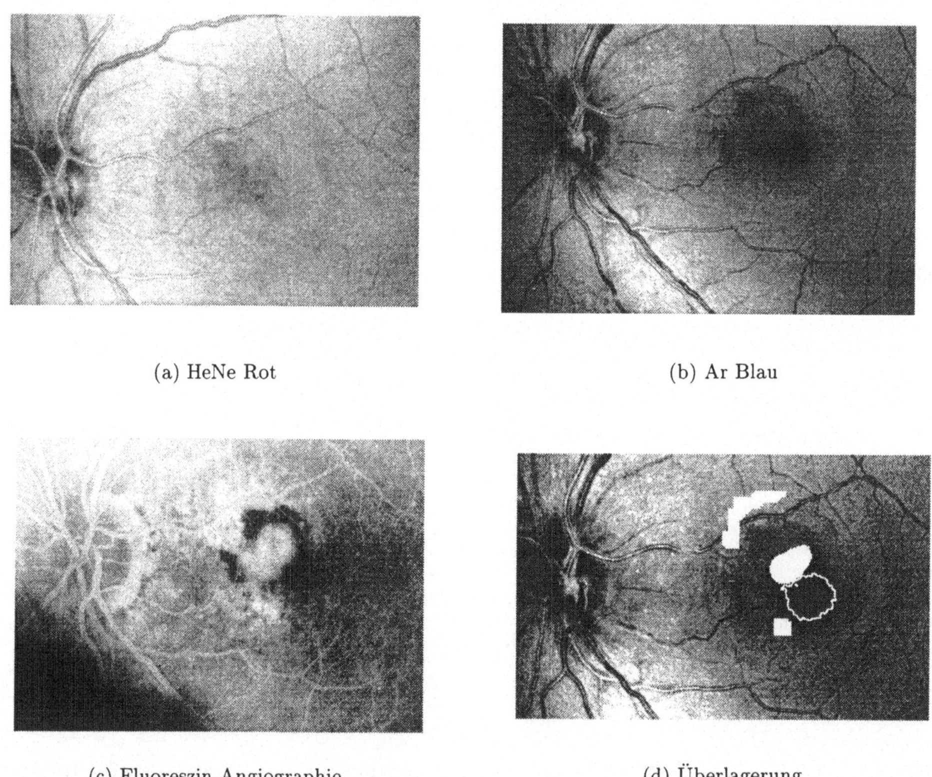

(a) HeNe Rot

(b) Ar Blau

(c) Fluoreszin Angiographie

(d) Überlagerung

Abbildung 3.13: Entzerrung, Merkmalsextraktion und Überlagerung

---

[1]Die Bilder wurden mit einem „Scanning-Laser-Ophthalmoskop" (SLO) [Nas91] aufgenommen. Dieses Gerät tastet die Netzhaut mit einem Laser zeilenweise ab und stellt das reflektierte Licht als Videobild dar.

[2]Fluoreszenz-Angiogramm: Ein fluoureszierender Stoff wird dem Patienten in die Blutbahn gespritzt. Seine Ausbreitung in den Gefäßen der Netzhaut ist dann im Ar-blau Licht sehr deutlich zu verfolgen.

Um diese Bilder direkt vergleichen zu können, wurde Abb. 3.13.c als Referenzgeometrie angenommen und die beiden anderen Bilder auf diese Geometrie entzerrt. Nun können verschiedene Merkmale der Bilder einfach einander überlagert und so visualisiert werden. Abbildung 3.13.d zeigt eine solche Überlagerung, wobei dem Bild Abb. 3.13.b dunkle Bereiche aus Abb. 3.13.b (Markierung der Fovea) und helle Bereiche aus Abb. 3.13.c (Markierung von Blutungen) überlagert sind (siehe [PD92a, DPP+92, PB92b]). So können Merkmale, die jeweils nur in einem der Bilder sichtbar sind, in den richtigen räumlichen Zusammenhang gebracht und vom Arzt leichter interpretiert werden.

Beispiel 2: Ein Luftbild (Zentralprojektion) soll mit einer Karte (Parallelprojektion) zur Deckung gebracht werden. Oft treten zusätzlich große Verzerrungen aufgrund von Geländeunebenheiten auf. Da das Luftbild auch nie genau den Maßstab der Karte haben wird, ist gleichzeitig eine Veränderung des Rasters notwendig. Diese Anpassung der Geometrie des Luftbildes erfolgt mit Hilfe von *Entzerrung*. So entsteht beispielsweise die österreichische Luftbildkarte im Maßstab 1:10000.

Beispiel 3: Bei vielen Bildern wird trotz einer Quantisierung in 256 Grauwerte (8 Bit/Pixel) der volle Dynamikbereich bei weitem nicht ausgenützt. Abbildung 3.14.a zeigt ein solches, schlecht digitalisiertes Bild. Das Bild erscheint „flau". Abbildung 3.14.b zeigt dasselbe Bild nach einer Grauwertmanipulation (Kontrasterhöhung) die nun den vollen dynamischen Bereich ausnützt.

(a) Flaues Bild

(b) Nach Kontrasterhöhung

Abbildung 3.14: Erhöhen des Kontrastes für ein „flaues" Bild

3.3   Erste Bildanalyseschritte: Das Histogramm

Wenn man es mit einem neuen digitalen Rasterbild zu tun bekommt, so ist neben dem bloßen Betrachten des Bildes selbst die Analyse seines *Histogramms* einer der ersten Arbeitsschritte. Das Histogramm ist die graphische Darstellung einer einfachen Grauwertstatistik über das ganze Bild. Dabei wird auf der Abszisse der Grauwert und auf der Ordinate die Anzahl der Pixel, die diesen Grauwert haben, aufgetragen.

Das Histogramm für ein digitales Rasterbild wird wie folgt erstellt: Für jeden möglichen Grauwert des Bildes gibt es einen *Zähler* (z.B. bei 8-Bit: 256 Zähler). Alle Zähler werden auf 0 gesetzt. Dann wird das gesamte Bild Pixel für Pixel abgearbeitet. Für jedes Pixel wird der Grauwert betrachtet und der diesem Grauwert zugeordnete Zähler wird um 1 erhöht (z.B. Pixel hat den Wert n, Zähler Nr. n wird um 1 erhöht). Wenn die Histogrammbildung abgeschlossen ist, so zeigt jeder Zählerstand an, wie oft ein bestimmter Grauwert im Bild vorkommt. Eine graphische Darstellung des Histogramms gibt also einen Überblick über die Häufigkeitsverteilung der Grauwerte eines Bildes. Über die räumliche Verteilung – wo im Bild gewisse Grauwerte gehäuft auftreten – sagt das Histogramm nichts aus.

Wir wollen nun anhand einiger Beispiele zeigen, wie man das Histogramm für erste Bildanalyseschritte benutzt. Abbildung 3.15.a zeigt das Histogramm zu Abb. 3.14.a. Aufgrund des Histogramms können wir den zuvor als „flau" bezeichneten Eindruck quantifizieren. Wir sehen, daß nur Grauwerte zwischen 58 und 158 vorkommen. Die Grauwertebereiche von 0 bis 57 und von 159 bis 255 werden nicht genutzt. Wir können nun auch genauer spezifizieren, wie es zu Abb. 3.14.b kommt. Der Kontrast wird erhöht, indem das Intervall $[58, 158]$ durch lineare Interpolation auf $[0, 255]$ abgebildet wird. Diese Manipulation zeigt Abb. 3.15.b (g_E Eingangsgrauwert, g_A Ausgangsgrauwert). Diese Vorgangsweise läßt sich formal wie folgt darstellen:

$$g_A = \frac{g_{A_{max}} - g_{A_{min}}}{g_{E_{max}} - g_{E_{min}}}(g_E - g_{E_{min}}) + g_{A_{min}} \tag{3.5}$$

Wird diese Grauwertmanipulation durchgeführt, so entsteht Abb. 3.14.b, ein „kontrastverstärktes" Bild. Abbildung 3.15.c zeigt das Histogramm zu Abb. 3.14.b.

Das Ergebnisbild Abb. 3.14.b enthält nun genau so viele verschiedene Grauwerte wie das Original Abb. 3.14.a. Es wurde nur der Abstand zwischen den einzelnen Grauwerten erhöht und so der Kontrast für den menschlichen Betrachter verbessert. Am Informationsgehalt des Bildes hat sich nichts geändert. Dies verdeutlicht Abb. 3.16. Es werden korrespondierende Ausschnitte aus den Histogrammen Abb. 3.15.a und 3.15.c gezeigt. Man sieht, daß jedem Grauwert des ursprünglichen Histogramms ein neuer Grauwert zugewiesen wird. Man sieht auch deutlich die dabei entstehenden Rundungsfehler.

Wir können aber oft noch viel mehr aus einem Histogramm herauslesen. Betrachten wir die Form des Histogramms Abb. 3.15.a. Wir sehen, daß es 2 Höcker (lokale Maxima)

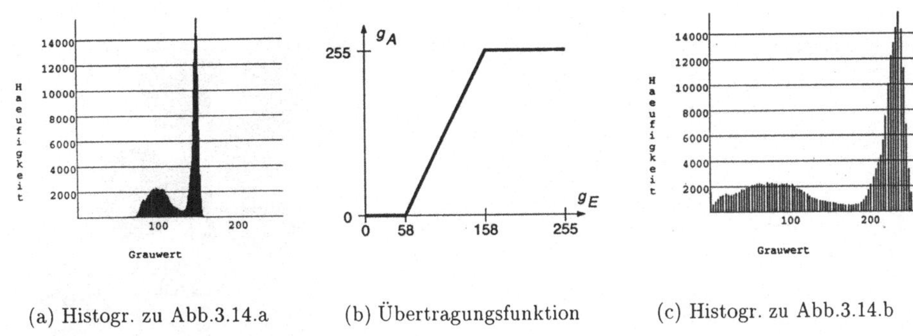

(a) Histogr. zu Abb.3.14.a   (b) Übertragungsfunktion   (c) Histogr. zu Abb.3.14.b

Abbildung 3.15: Kontrasterhöhung: Histogramme und Grauwertübertragungsfunktion

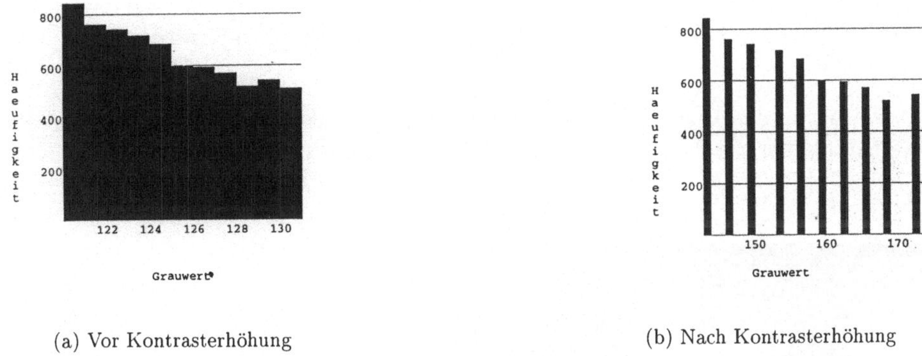

(a) Vor Kontrasterhöhung   (b) Nach Kontrasterhöhung

Abbildung 3.16: Korrespondierende Histogrammausschnitte

aufweist. Wie können diese beiden Höcker interpretiert werden? Sie repräsentieren
zwei flächenmäßig annähernd gleich große Teile des Bildes (Abb. 3.14.a). Unter der
Annahme, daß der uns interessierende Bildinhalt (Vordergrund) dünkler als der Rest
des Bildes (Hintergrund) ist, können wir versuchen, dem linken Höcker (genauer: den
Pixeln, die vom linken Höcker des Histogramms repräsentiert werden) die Bedeutung
Vordergrund oder die Farbe schwarz zuzuordnen. Dies ist in Abb. 3.17 geschehen.

Dieser Vorgangsweise liegt die in Abb. 3.17.a skizzierte Annahme zugrunde, daß die
Pixel des Vordergrundes um den Mittelwert μ_1 und die des Hintergrundes um den Mittelwert μ_2 Gaußverteilungen bezüglich ihrer Helligkeit zeigen. Wird dann ein *Schwellwert S* zur Unterscheidung zwischen Vorder- und Hintergrund gewählt, so verbleibt
natürlich immer ein Rest in der jeweils falschen Klasse. Dies ist in Abb. 3.17.a schraf-
fiert gekennzeichnet. Abbildung 3.17.b zeigt das Ergebnis dieser Schwellwertoperation.
Vordergrund (Grauwerte < 180) wird schwarz, Hintergrund weiß dargestellt. In diesem

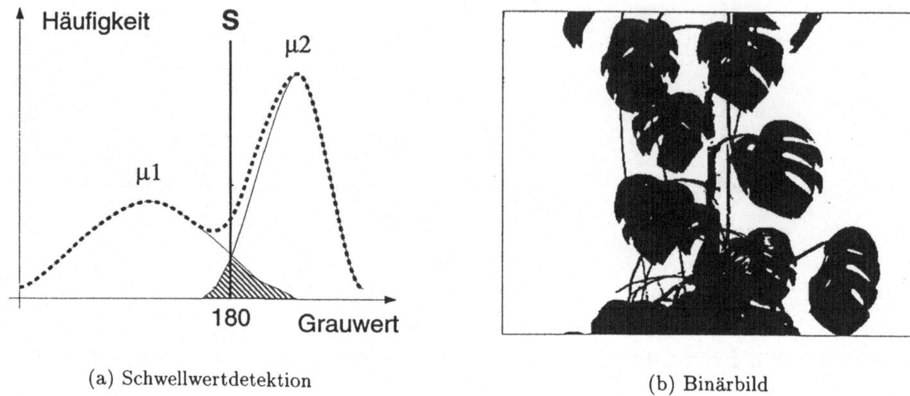

(a) Schwellwertdetektion   (b) Binärbild

Abbildung 3.17: Vorder- und Hintergrund bei bimodalem Histogramm

Beispiel diente die Analyse des Histogramms der optimalen Wahl des Schwellwertes.
Ein Histogramm mit 2 Maxima wie in Abb. 3.17.a heißt auch *bimodal*.

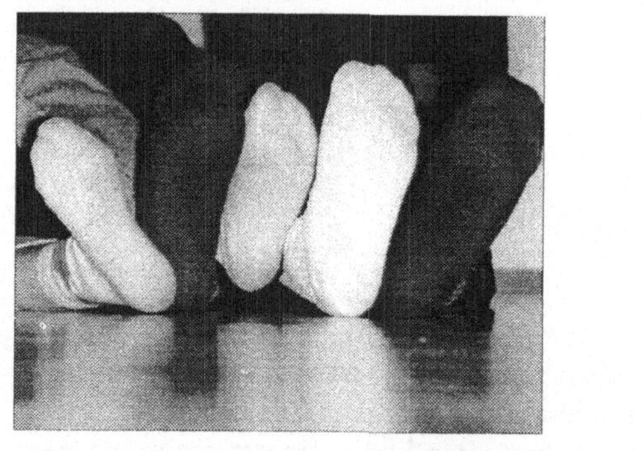

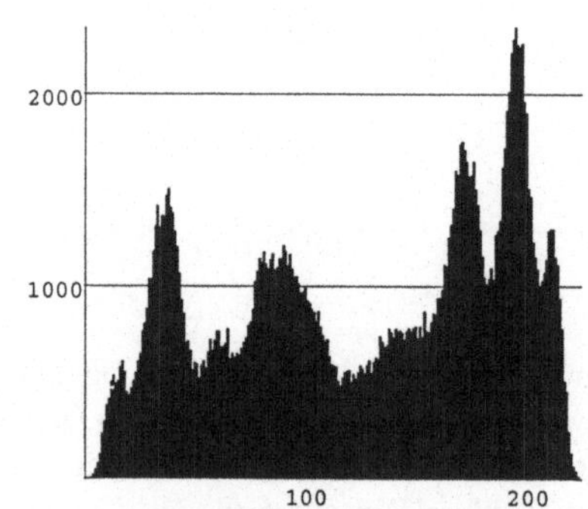

(a) Komplexes Bild   (b) Multimodales Histogramm

Abbildung 3.18: Bild mit komplexem Histogramm

Ein wesentlich komplexeres (*multimodales*) Histogramm zeigt Abb. 3.18.b. Es gehört
zu Abb. 3.18.a. Wenn man Abb. 3.18.a betrachtet, so sollte es aber auch hier leicht
fallen, Zuordnungen zwischen einzelnen Bildbereichen und Teilen des Histogramms zu
treffen.

Derartige Histogrammanalysen sind nur dann möglich, wenn die gesuchten Objekte genügend *groß* sind, das heißt aus einer genügend großen Anzahl von Pixeln im Verhältnis zur Gesamtpixelanzahl des Bildes bestehen. Besonders geeignet sind große kompakte Bildteile wie beispielsweise die Füße aus Abb. 3.18.a.

3.4 Bilder in neue Bilder überführen: Filteroperationen und Transformationen

Dieser Abschnitt ist als eine Einführung zu den nachfolgenden Abschnitten über Filteroperationen und Transformationen gedacht. Hier soll zunächst die Bezeichnungsweise festgelegt werden. Bei allen Filteroperationen f betrachten wir ein Eingabebild $E(x, y)$ und erhalten durch Anwendung von f ein Ausgabebild $A(x, y)$. Die Bilddimensionen bleiben dabei üblicherweise unverändert ($x = x_{min} \ldots x_{max}$, $y = y_{min} \ldots y_{max}$). Es wird also ein Bild in ein neues Bild übergeführt:

$$f : E(x, y) \mapsto A(x, y) \tag{3.6}$$

Bei einigen Transformationen wird das Bild $E(x, y)$ zunächst in einen anderen Raum $T(u, v)$ transformiert. x und y bedeuten Bildkoordinaten, u und v bilden das Zielkoordinatensystem (z.B. Ortsfrequenzen im Falle der Fouriertransformation), in das die Transformation t transformiert:

$$t : E(x, y) \mapsto T(u, v) \tag{3.7}$$

Oftmals wird die gewünschte eigentliche Verarbeitung dann im Raum T durchgeführt, weil sie dort einfacher zu erreichen ist, und anschließend rücktransformiert:

$$\begin{aligned} t &: & E(x, y) &\mapsto & T_E(u, v) \\ f &: & T_E(u, v) &\mapsto & T_A(u, v) \\ t^{-1} &: & T_A(u, v) &\mapsto & A(x, y) \end{aligned} \tag{3.8}$$

Wir sehen, daß wir auch in diesem Fall letztlich das Bild E in ein neues Bild A übergeführt haben.

In Abhängigkeit davon, welcher Teil des Eingabebildes ein Pixel des Ausgabebildes beeinflußt, unterscheiden wir zwischen:

Punktoperation: ein Pixel des Eingabebildes an der Stelle (x, y) ist verantwortlich für den Wert des Ausgabebildes an der Stelle (x, y):

$$A(x, y) = f(E(x, y)) \tag{3.9}$$

Lokale Operation: Eine Umgebung (lokales Fenster um das Pixel $E(x,y)$) ist verantwortlich für den Wert $A(x,y)$. Im häufigsten Fall einer quadratischen Umgebung mit ungerader Fenstergröße $2\delta + 1$ kann man das Fenster (window) W_E um das Pixel $E(x,y)$ definieren als

$$W_E(x,y,\delta) = \begin{pmatrix} E(x-\delta, y-\delta) & \cdots & E(x-\delta, y+\delta) \\ \vdots & E(x,y) & \vdots \\ E(x+\delta, y-\delta) & \cdots & E(x+\delta, y+\delta) \end{pmatrix} \tag{3.10}$$

und schreiben:

$$A(x,y) = f(W_E(x,y,\delta)) \tag{3.11}$$

Globale Operation: Jedes Pixel des Ausgabebildes hängt von allen Pixeln des Eingabebildes ab:

$$A(x,y) = f\{E\} \tag{3.12}$$

Abbildung 3.19 verdeutlicht den Unterschied zwischen Punktoperation und lokaler Operation. Dabei findet für die lokale Operation ein Fenster der Größe 3×3 Verwendung.

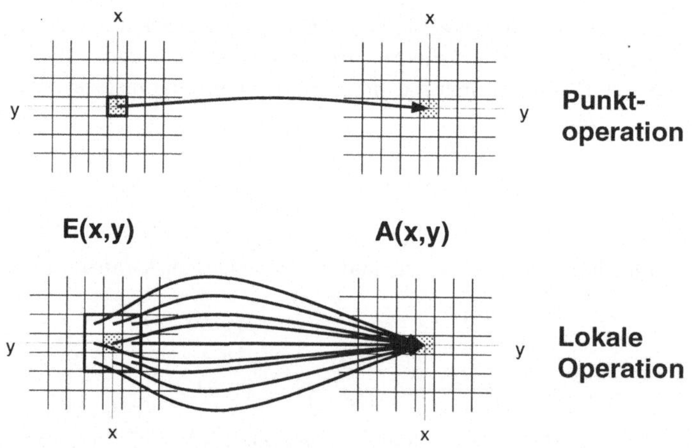

Abbildung 3.19: Punktoperation und lokale Operation

3.5 Punktoperationen

Da die Dimensionen von Ein- und Ausgabebild gleich bleiben ($x = x_{min} \ldots x_{max}$ und $y = y_{min} \ldots y_{max}$), brauchen wir uns nur mit den Grauwerten auseinanderzusetzen.

Der Grauwertebereich des Eingabebildes $[e_{min}, e_{max}]$ wird auf einen Grauwertebereich $[a_{min}, a_{max}]$ des Ausgabebildes abgebildet (siehe Abb. 3.20). Wir wollen nun einige häufig vorkommende Punktoperationen besprechen.

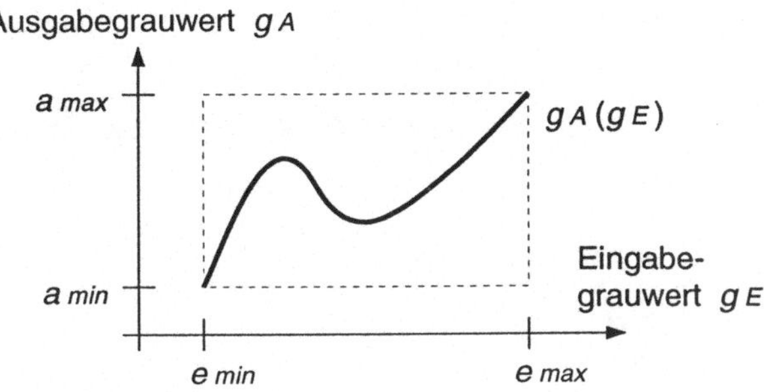

Abbildung 3.20: Grauwertzuordnung bei Punktoperationen

3.5.1 Kontrastveränderungen

Die Kontrastverschärfung wurde schon im Abschnitt über das Histogramm besprochen (Abb. 3.15 bis 3.16, Gl. 3.5). Eine Vielzahl von Kontrastveränderungen kann durch stückweise lineares Zusammensetzen der Grauwertübertragungsfunktion erreicht werden. Wir wollen dies an einigen Beispielen zeigen. Dabei wird angenommen, daß sowohl Eingabe- als auch Ausgabebild mit 8 Bit/Pixel codiert sind und daher über denselben Grauwertevorrat $[0, 255]$ verfügen.

Abbildung 3.21.a zeigt die identische Funktion, also keine Kontrastveränderung. Die Kontrasterhöhung (Abb. 3.21.b) und -verminderung (Abb. 3.21.c) lassen sich analytisch leicht mit Hilfe der Geradengleichung $y = kx + d$ beschreiben. Im Fall Abb. 3.21.b ergibt sich $k = 255/(b - a)$. Da Grauwerte $g < 0$ und $g > 255$ nicht angenommen werden können, wird in diesen Bereichen einfach eine Sättigung erreicht. Abbildung 3.21.d zeigt eine Detailkontrasterhöhung im Bereich $[a, b]$ bei gleichzeitiger Kontrastverminderung in den Bereichen $[0, a - 1]$ und $[b + 1, 255]$. Während die strichlierte Linie durch Zusammensetzung linearer Teilstücke entsteht, zeigt die voll gezeichnete Grauwertübertragungsfunktion einen sigmoiden Verlauf (z.B. $g_A = 255/(1 + e^{-g_E})$).

3.5.2 Schwellwertoperationen

Im Falle der schon in Abschnitt 3.3 besprochenen Schwellwertoperation sieht die zugehörige Grauwertübertragungsfunktion wie in Abb. 3.21.e aus.

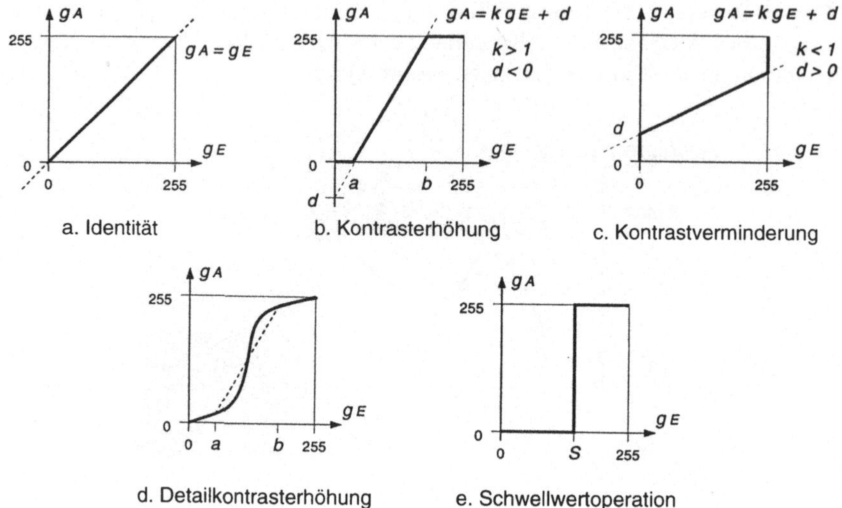

Abbildung 3.21: Verschiedene Möglichkeiten für Grauwertzuordnungen

Formal schreibt man:

$$g_A = \begin{cases} 0 & f\ddot{u}r \quad g_E < S \\ L & f\ddot{u}r \quad g_E \geq S \end{cases} \tag{3.13}$$

Die beiden möglichen Ausgangsgrauwerte 0, L sollen dabei verdeutlichen, daß das Ausgangsbild ein Binärbild ist (L = weiß, 0 = schwarz).

3.5.3   Look-Up-Tabellen

Da es bei digitalen Rasterbildern stets einen eingeschränkten (diskreten) Grauwertevorrat, etwa 0 bis 255, gibt, kann die Grauwertübertragungsfunktion $g_E \mapsto g_A$ entweder analytisch oder in Form einer Tabelle gegeben sein. Für die meisten schnellen Punktoperationen ist in realen Bildverarbeitungssystemen eine Tabelle günstiger. Man spricht dann oft von *Look-Up-Tabelle (LUT)*.

Die LUT hat auch den Vorteil, daß mit ihrer Hilfe analytisch schwer zu beschreibende Grauwertübertragungsfunktionen leicht dargestellt werden können. Abbildung 3.22.a zeigt das Eingabebild E, in den nachfolgenden Zeilen sieht man jeweils die graphische Darstellung der Grauwertübertragungsfunktion $g_E \mapsto g_A$ (Abb. 3.22.b und e), einen Teil der LUT (Abb. 3.22.c und f) und das zugehörige Ausgabebild (Abb. 3.22.d und g).

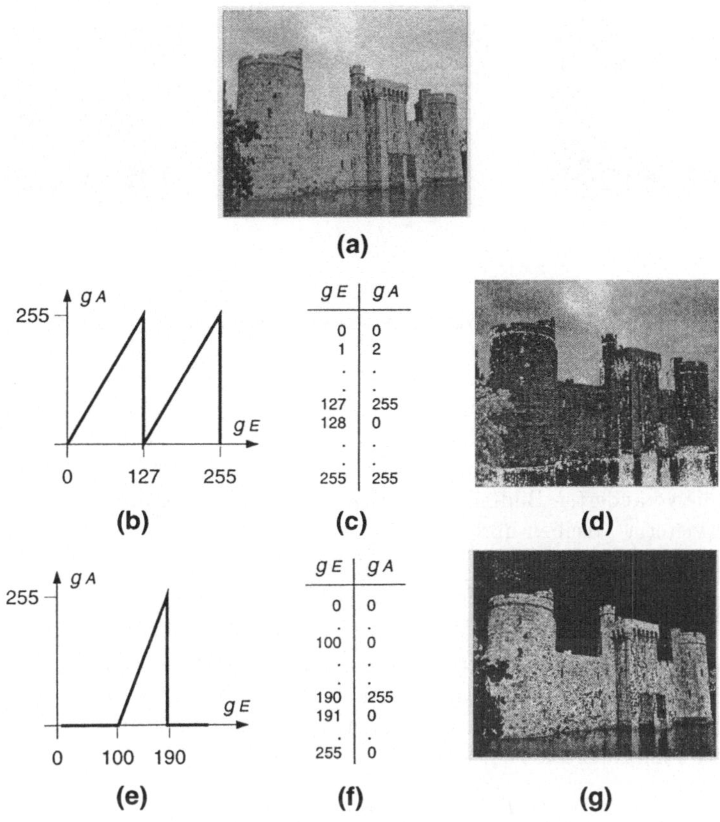

Abbildung 3.22: Beispiele für Grauwertzuordnungen mit Hilfe von LUT

3.5.4 Punktoperationen mit mehreren Bildern

Es können natürlich auch mehrere Eingabebilder E_i in Form einer Punktoperation miteinander verknüpft werden:

$$f : E_1(x,y), \ldots, E_i(x,y) \mapsto A(x,y)$$
$$A(x,y) = f(E_1(x,y), \ldots, E_i(x,y)) \tag{3.14}$$

Die Eingabebilder können *arithmetisch* miteinander verknüpft werden (Addition, Subtraktion, Multiplikation, Division). Abbildung 3.23 zeigt ein Beispiel für die Subtraktion. Die beiden Eingabebilder E_1 (Abb. 3.23.a) und E_2 (Abb. 3.23.b) sind zwei Bilder

(a) E_1　　　　　　(b) E_2　　　　　　(c) $|E_1 - E_2|$

Abbildung 3.23: Subtraktion von zwei Bildern einer Videosequenz

aus einer Videosequenz derselben Szene, zwischen den Bildern liegt eine Zeitspanne von etwa 100 ms. Subtrahiert man die beiden Bilder (Ausgabebild $A = |E_1 - E_2|$, Abb. 3.23.c), so verschwinden alle Bildteile, die sich in dieser Zeit nicht verändert haben. Nur die veränderten Bildteile, in diesem Beispiel die bewegten Objekte (Kugeln, Queue, Serviererin), bleiben übrig.

Im Fall von Binärbildern sind *logische Verknüpfungen* möglich. Abbildung 3.24 zeigt Beispiele für OR und AND.

Es gibt auch sogenannte *maskierte Operationen*. Dabei ist eines der Eingabebilder – E_M – ein Binärbild, welches die Maske enthält. An den Punkten (x, y), wo die Maske $E_M(x, y) = 0$ ist, wird dann die Punktoperation f_1 durchgeführt, an allen anderen Punkten die Punktoperation f_2:

$$f : E_1(x, y), \ldots, E_i(x, y) \mapsto A(x, y)$$
$$A(x, y) = \begin{cases} f_1(E_1(x, y), \ldots, E_i(x, y)) & f\ddot{u}r \quad E_M(x, y) = 0 \\ f_2(E_1(x, y), \ldots, E_i(x, y)) & f\ddot{u}r \quad E_M(x, y) \neq 0 \end{cases} \quad (3.15)$$

3.5.5　Histogramm-Verebnung

Die Histogramm-Verebnung ('histogram equalization') stellt einen Spezialfall einer ganzen Klasse von Operationen dar. Allgemein ist ein Eingabebild E und ein Histogramm h_{soll} gegeben. Gesucht ist das Ausgabebild A, welches aus E errechnet wird und das gewünschte Histogramm h_{soll} hat:

$$\text{gegeben} : E, \, h_{soll}$$

$$\text{gesucht:} \; f : E(x, y) \mapsto A(x, y), \; \text{soda\ss} \; h_A = h_{soll}$$

Für den Spezialfall der Histogramm-Verebnung gilt $h_{soll} = const$.

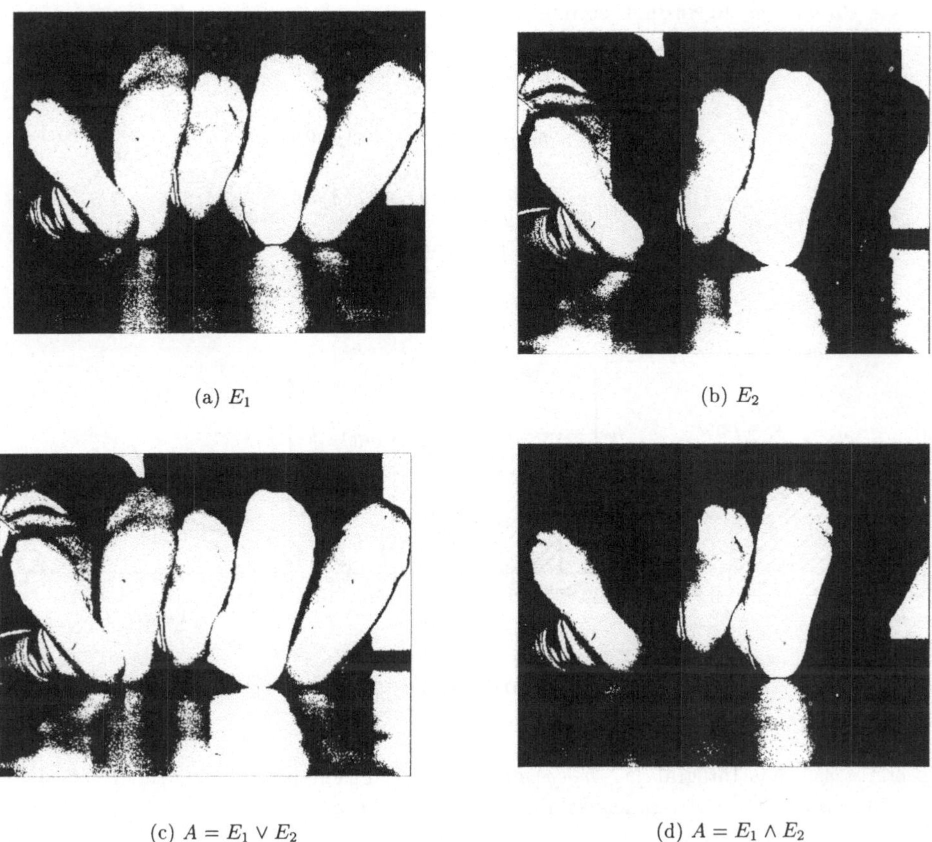

(a) E_1

(b) E_2

(c) $A = E_1 \vee E_2$

(d) $A = E_1 \wedge E_2$

Abbildung 3.24: Logische Verknüpfung von Binärbildern

Wie kann nun eine Histogramm-Verebnung durchgeführt werden? Nehmen wir an, daß beide Bilder einen Grauwertebereich $[g_{min}, g_{max}]$ haben. Außerdem sind beide Bilder gleich groß (N_{Pixel} bezeichnet die Anzahl der Pixel – also die Fläche – von E und A). Abbildung 3.25.a und b zeigt die beiden Histogramme h_E und h_A. Die schraffierte Fläche L unter den Kurven kann durch die bestimmten Integrale $\int_{g_{min}}^{g_{max}} h(g)\,dg$ berechnet werden:

$$L_E = \int_{g_{min}}^{g_{max}} h_E(g)\,dg = N_{Pixel} = L_A = (g_{max} - g_{min})\,h_A \qquad (3.16)$$

Weiters gilt:

$$\overline{h_E} = \frac{L_E}{g_{max} - g_{min}} = \overline{h_A} = h_A \qquad (3.17)$$

Wird nun durch die gesuchte Grauwertübertragungsfunktion $g_A(g_E)$ einem beliebigen

$g_E = \xi$ ein $g_A = \eta$ zugeordnet, so muß ebenfalls gelten:

$$\int_{g_{min}}^{\eta} h_A(g)\,dg = \int_{g_{min}}^{\xi} h_E(g)\,dg \qquad (3.18)$$

$$(\eta - g_{min})\,h_A = \int_{g_{min}}^{\xi} h_E(g)\,dg \qquad (3.19)$$

$$(\eta - g_{min})\,\frac{L_E}{g_{max} - g_{min}} = \int_{g_{min}}^{\xi} h_E(g)\,dg \qquad (3.20)$$

$$\eta = (g_{max} - g_{min})\,\frac{\int_{g_{min}}^{\xi} h_E(g)\,dg}{L_E} + g_{min} \qquad (3.21)$$

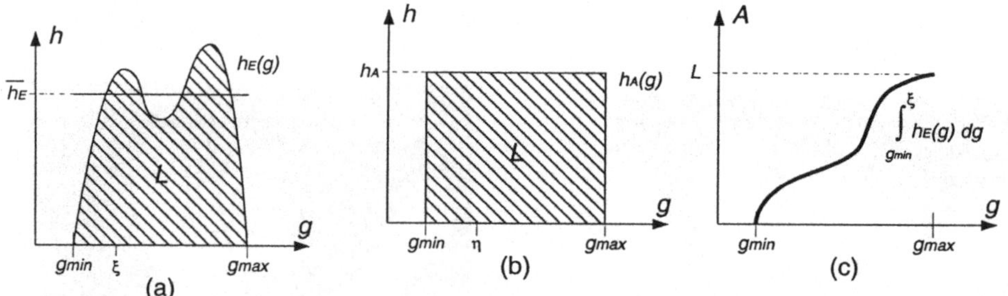

Abbildung 3.25: Das Prinzip der Histogramm-Verebnung

So ergibt sich das Integral $\int_{g_{min}}^{\xi} h_E(g)\,dg$ (Abb. 3.25.c) entsprechend normiert als die gesuchte Grauwertübertragungsfunktion (Abb. 3.26.a), und

$$A(x,y) = \frac{g_{max} - g_{min}}{N_{Pixel}} \int_{g_{min}}^{E(x,y)} h_E(g)\,dg + g_{min} \qquad (3.22)$$

Während sich die Histogramm-Verebnung im „analogen" Fall (wir haben ja bisher bei unseren Funktionen einen analogen, nicht diskretisierten Grauwertevorrat angenommen) also sehr elegant lösen läßt, stößt man im Fall diskreter Grauwerte auf zusätzliche Probleme. Das Beispiel Abb. 3.26.b zeigt den der Abb. 3.26.a entsprechenden diskreten Fall.

Auf Grund des diskreten Grauwertevorrates kommt es an der mit 1 bezeichneten Stelle dazu, daß mehreren Eingangsgrauwerten derselbe Ausgangsgrauwert zugewiesen wird. Während dies noch kein Problem darstellt, stehen an der mit 2 bezeichneten Stelle drei verschiedene Ausgangsgrauwerte zur Wahl. Um tatsächlich ein Histogramm $h_A = \overline{h_E} = const$ zu erreichen, wäre es also nötig, diesen Eingangsgrauwert auf drei Ausgangsgrauwerte aufzuteilen ('one to many mapping'), das heißt, jedem Pixel entsprechend des errechneten Anteils *zufällig* entweder den einen oder den anderen Grauwert zuzuweisen. Aus diesem Grund kann die Histogramm-Äqualisierung bei diskretem

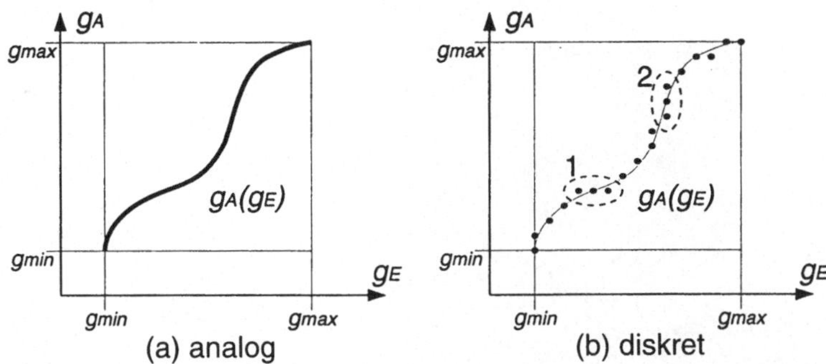

Abbildung 3.26: Histogramm-Verebnung im analogen und im diskreten Fall

Grauwertevorrat streng betrachtet auch nicht mehr als reine Punktoperation bezeichnet werden. Oft verzichtet man jedoch auf diese genaue Verteilung der Grauwerte und
beschränkt sich auf die optisch gleichwertige Lösung, einfach nur den niedrigsten Grauwert zu benutzen und die restlichen Grauwerte zu überspringen. Allerdings hat dann
das Histogramm h_A einen stark von $h_{soll} = const$ abweichenden Verlauf (siehe Abb.
3.27.a: äqualisiertes Bild zu Abb. 3.14.a, b: Histogramm zu a, c: äqualisiertes Bild mit
'one to many mapping', d: Histogramm zu c). Das Beispiel zeigt auch einen möglichen
Effekt der Histogramm-Verebnung: Im ursprünglich homogen erscheinenden Bereich
der hellen Wand wird auf einmal ein Muster (Tapete ?) sichtbar.

3.6 Faltung

Bevor wir mit lokalen und globalen Operationen fortfahren können, muß an dieser
Stelle der Begriff der Faltung eingeführt werden. Die Faltungsoperation wird mit dem
Operator $*$ bezeichnet und ist wie folgt definiert:

$$f(x) * g(x) = \int_{-\infty}^{\infty} f(\alpha)g(x - \alpha)\, d\alpha \qquad (3.23)$$

Und im zweidimensionalen Fall:

$$f(x, y) * g(x, y) = \int_{-\infty}^{\infty} \int_{-\infty}^{\infty} f(\alpha, \beta)g(x - \alpha, y - \beta)\, d\alpha\, d\beta \qquad (3.24)$$

Im diskreten Fall des digitalen Rasterbildes ergibt sich das Ausgabebild $A(x, y)$ aus
der Faltung des Eingabebildes $E(x, y)$ mit dem „*Faltungskern*" $K(x, y)$ wie folgt:

$$A(x, y) = K(x, y) * E(x, y) = \sum_{i=0}^{I-1} \sum_{j=0}^{J-1} K(i, j)E(x - i, y - j) \qquad (3.25)$$

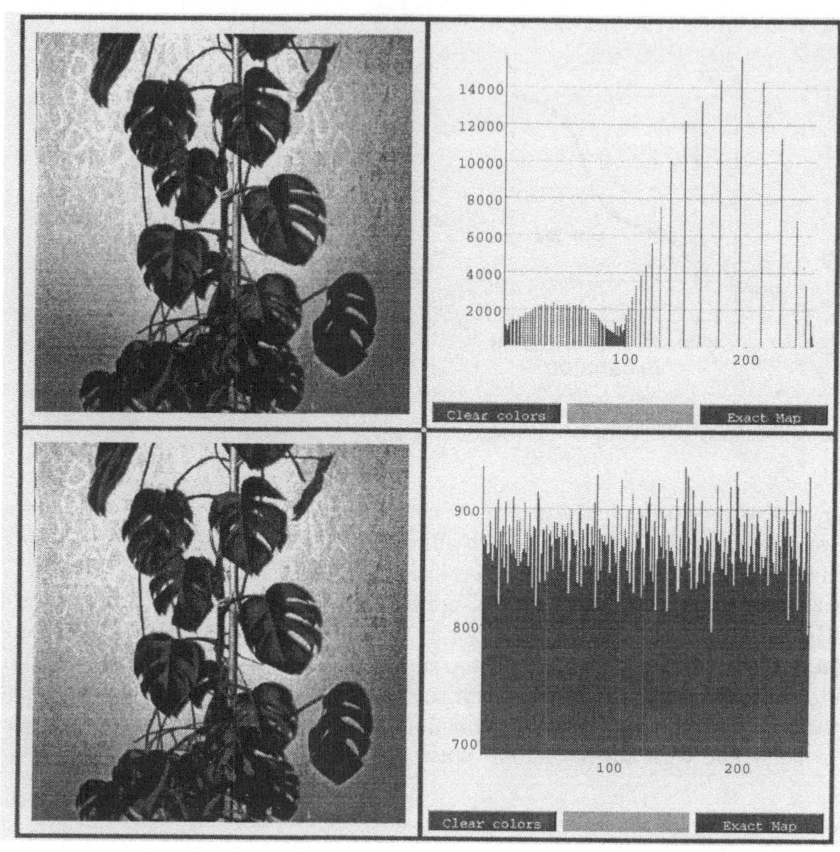

(a) Überspringen von Grauwerten

(b) Histogramm zu a.

(c) 'One to many mapping'

(d) Histogramm zu c.

Abbildung 3.27: Beispiel zur Histogramm-Verebnung

3.6.1 Der Rand des Bildes

Während die Definition Gl. 3.24 für den analogen Fall gilt, und dabei für $f(x, y)$ und $g(x, y)$ ein Definitionsbereich von $(-\infty, \infty)$ angenommen werden kann, ergeben sich für reale Bilder immer Probleme am *Bildrand*. Im Fall der Definition Gl. 3.25 wird zwar der Kern $K(x, y)$ nur innerhalb seines Definitionsbereiches ($x \in [0, I-1], y \in [0, J-1]$) benötigt, aber schon für das Eingabebild $E(x, y)$ ergibt sich $x \in [-I+1, I-1]$, und $y \in [-J+1, J-1]$.

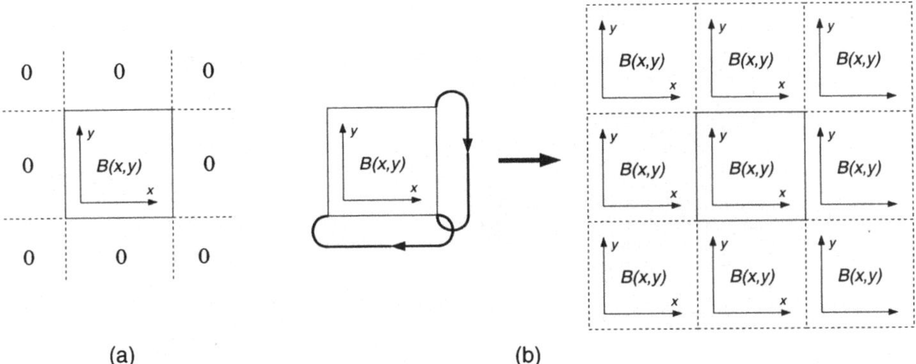

(a)   (b)

Abbildung 3.28: Mögliche Definitionen des Bildrandes

Man muß sich also im allgemeinen Fall Gedanken über die Fortsetzung der Bilder über ihren Rand hinaus machen. Dafür gibt es natürlich mehrere Möglichkeiten. Abbildung 3.28.a zeigt die einfachste: Alle Pixel außerhalb des Bildes $B(x,y)$ werden 0 angenommen. Oft werden die Bilder auch in beiden Koordinatenrichtungen *zyklisch wiederholt* (Abb. 3.28.b).

3.6.2 Beispiele zur Faltung

Wir wollen nun die Wirkungsweise der Faltungsoperation an einigen einfachen Beispielen zeigen. Abbildung 3.29.a zeigt ein sehr einfaches Bild $E(x,y)$, ein helles Quadrat in der Bildmitte vor ansonsten dunklem Hintergrund. Abbildung 3.29.b zeigt zwei verschiedene Faltungskerne, Abb. 3.29.c die zugehörigen Ergebnisse. Dabei wurde das Eingabebild außerhalb des Randes mit 0 fortgesetzt. Versuchen Sie, diese Ergebnisse für sich selbst nachzuvollziehen. Wir wollen uns an dieser Stelle vorläufig damit zufriedengeben, daß die Faltung mit dem Kern K_1 waagrechte Hell-Dunkelübergänge betont, während eine Faltung mit K_2 senkrechte Hell-Dunkelübergänge hervorhebt. Solche Übergänge heißen in der digitalen Bildverarbeitung *Kanten*, ihre Betonung heißt *Kantendetektion*. Auf die Bedeutung von Kanten und Linien für die Bildanalyse wird später (Abschnitt 6.3) noch ausführlich eingegangen.

Im zweiten, etwas komplexeren Beispiel (Abb. 3.30) sehen wir wesentlich größere Bilder mit $x,y \in [0,511]$. Die Faltung mit K_1 entspricht einer Mittelwertbildung über einen quadratischen Bildbereich von 3×3 Pixeln. K_2 ist ein *"Gauß'scher Kern"*, die zweidimensionale Darstellung der Gauß'schen Glockenkurve:

$$K_2(x,y) = \frac{1}{2\pi\sigma^2} e^{-\frac{x^2+y^2}{2\sigma^2}} \tag{3.26}$$

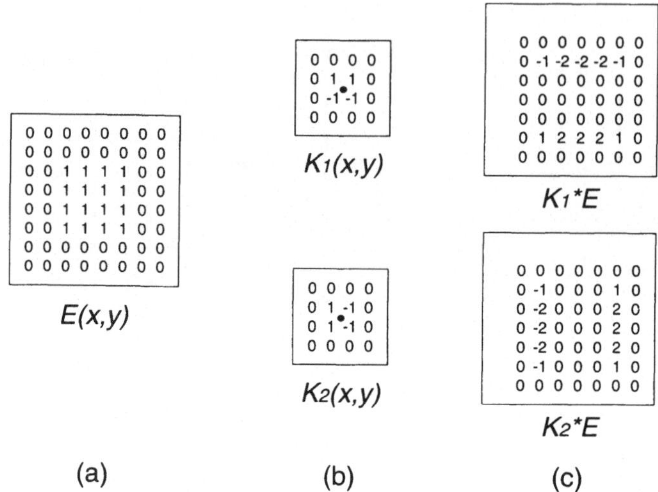

Abbildung 3.29: Faltung mit verschiedenen Faltungskernen

In der Abb. 3.30 wurde $\sigma = 1.5$ gewählt. Auf den ersten Blick erscheinen die beiden Ergebnisbilder $A_1 = K_1 * E$ und $A_2 = K_2 * E$ sehr ähnlich, nämlich einfach unscharf. Die Unterschiede der beiden Faltungsoperationen werden deutlich, wenn man die beiden Ergebnisse in einer Punktoperation $A_2 - A_1$ miteinander vergleicht. Dabei sind in Abb. 3.30.f negative Werte dunkel und positive Werte hell dargestellt, 0 wird hellgrau angezeigt (zur Glättung mit einem Gaußkern siehe auch Abschnitt 6.3.2).

3.7 Lokale Operationen

Das Ergebnis der lokalen Operation im Punkt (x_0, y_0) des Bildes hängt von einer lokalen Umgebung $W(x_0, y_0, \delta)$ dieses Punktes (siehe Abschnitt 3.4, Gl. 3.10) ab. Man kann sich diesen Vorgang auch so vorstellen, daß man ein Fenster über das Bild schiebt. An jeder Position werden dann nur die im Fenster sichtbaren Werte des Eingabebildes zur Berechnung des Ausgabepixels herangezogen. Die lokalen Operationen werden deshalb auch oft als *lokale Fensteroperationen* bezeichnet. Es ist günstig, wenn möglich ungerade Fenstergrößen (z.B. 3×3 Fenster) zu wählen. Man kann sich dann vorstellen, daß das Fenster über das Bild geschoben wird und das Ergebnis im Ausgabebild immer an die Stelle des *Zentralpixels* des Fensters geschrieben wird (Abb. 3.31). Je nach Art der Rechenvorschrift für die Werte im Fenster können wir verschiedene Arten von lokalen Fensteroperationen unterscheiden.

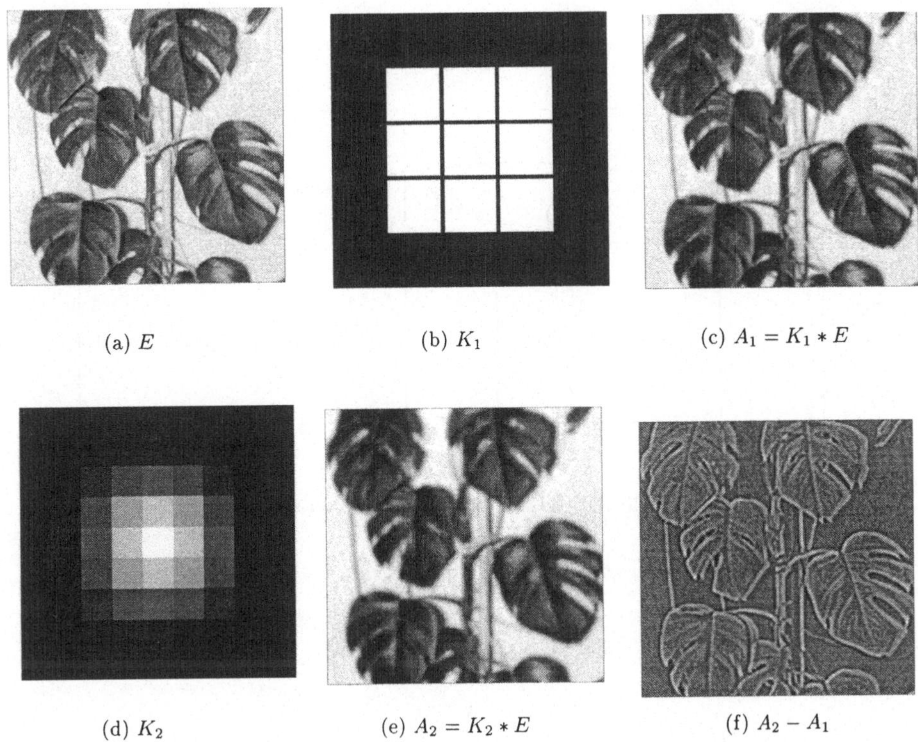

(a) E (b) K_1 (c) $A_1 = K_1 * E$

(d) K_2 (e) $A_2 = K_2 * E$ (f) $A_2 - A_1$

Abbildung 3.30: Glättung durch Mittelwertbildung und Verwendung eines Gaußfilters

3.7.1 Faltung mit lokalen Fensteroperationen

Man kann den Faltungskern in Form einer Matrix aufschreiben, deren Elemente dann die Koeffizienten der Faltungsoperation darstellen. Die beiden Kerne aus Abb. 3.29 wären dann:

$$K_1 = \begin{pmatrix} 1 & 1 \\ -1 & -1 \end{pmatrix} \quad K_2 = \begin{pmatrix} 1 & -1 \\ 1 & -1 \end{pmatrix}$$

Wir wollen hier einige Beispiele mit quadratischen Fenstern ungerader Größe betrachten. In diesem Fall kann man schreiben:

$$A(x,y) = K * E(x,y) = \sum_{i=-\delta}^{\delta} \sum_{j=-\delta}^{\delta} K(i,j)E(x+i, y+j) \tag{3.27}$$

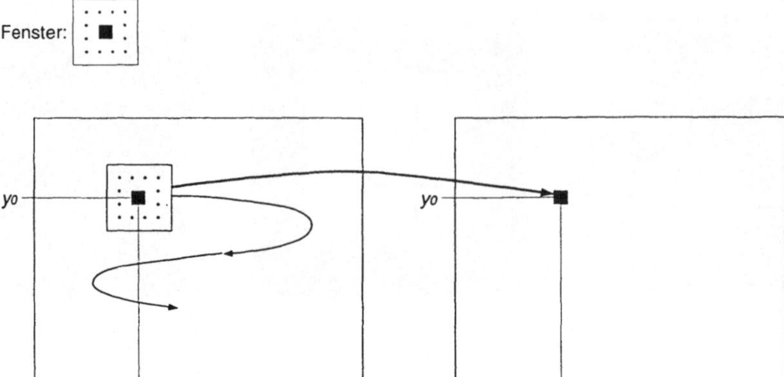

Abbildung 3.31: Lokale Fensteroperation

wobei

$$K = \begin{pmatrix} k_{-\delta-\delta} & \cdots & k_{-\delta\delta} \\ \vdots & k_{00} & \vdots \\ k_{\delta-\delta} & \cdots & k_{\delta\delta} \end{pmatrix}$$

Als Beispiel sollen *Hoch-* und *Tiefpaß-Filterung* dienen. Ein *Hochpaßfilter* unterdrückt tiefe Ortsfrequenzen, hohe Ortsfrequenzen werden verstärkt. Dadurch verschwinden gleichmäßig helle Bildteile (das Ausgabebild ist in diesen Bereichen = 0). Bildbereiche, wo benachbarte Bildpunkte verschiedene Grauwerte aufweisen, bleiben erhalten oder werden betont (das Ausgabebild ist in diesen Bereichen von 0 verschieden).

$$H_4 = \frac{1}{4} \begin{pmatrix} 0 & -1 & 0 \\ -1 & 4 & -1 \\ 0 & -1 & 0 \end{pmatrix}, \quad H_8 = \frac{1}{8} \begin{pmatrix} -1 & -1 & -1 \\ -1 & 8 & -1 \\ -1 & -1 & -1 \end{pmatrix}, \quad K_4 = \frac{1}{5} \begin{pmatrix} 0 & -1 & 0 \\ -1 & 5 & -1 \\ 0 & -1 & 0 \end{pmatrix} \quad (3.28)$$

H_4 ist ein Hochpaßfilter oder *Laplaceoperator* bei Vier-Nachbarschaft, H_8 ist der entsprechende Kern bei Acht-Nachbarschaft. K_4 ist ein Beispiel für eine Überlagerung: Das Gewicht im Zentrum des Kernes ist um eins größer als bei H_4. So ergibt sich eine Überlagerung von Hochpaßfilter und Originalbild, das Originalbild wird quasi zum hochpaßgefilterten Bild noch dazuaddiert. Wie stark dieser Effekt zum Tragen kommt, hängt vom Faktor vor dem Kern (hier 1/5) ab.

Alle Faktoren der Kerne 3.28 sind so ausgelegt, daß auch im Extremfall kein Überlauf des Grauwertebereiches stattfindet. Hat man zum Beispiel Eingabebilder mit einem

Grauwertevorrat von 0 bis 255, so ergibt sich im Fall eines Pixels, das den Grauwert 255 hat und ausschließlich von Pixeln mit dem Wert 0 umgeben ist, bei einer Faltung mit K_4 ein Ausgabewert von 255. Da solche Fälle im allgemeinen sehr selten auftreten, ist es oft günstiger, die Faktoren vor den Kernen größer zu machen. Dadurch werden auch schwächere Hell-Dunkelübergänge hervorgehoben. Allerdings ist dann dafür zu sorgen, daß eventuelle Ausgabewerte größer 255 auf 255 beschränkt werden. Es können auch negative Werte auftreten, die bei einem Grauwertevorrat von 0 bis 255 ebenso wenig erwünscht sind. Man kann den Absolutbetrag nehmen, dann geht allerdings Richtungsinformation verloren. Eine Möglichkeit ist, dieses Problem durch Addition eines konstanten Offsets – günstig ist 127 oder 128 – und durch eine geeignete Skalierung zu vermeiden.

Ein *Tiefpaßfilter* verstärkt tiefe Ortsfrequenzen, hohe Ortsfrequenzen werden unterdrückt. Gleichmäßig helle Bildteile bleiben unverändert, während plötzliche Hell–Dunkelübergänge (Kanten) „verschmiert" werden. Das Ausmaß dieses Verwaschens von Kanten hängt von der Größe des Filterkernes ab. Im Extremfall eines Kernes der genauso groß ist, wie das Eingabebild, bleibt nur noch der Gleichanteil (das ist der Mittelwert aller Pixel) erhalten.

$$T_4 = \frac{1}{5} \begin{pmatrix} 0 & 1 & 0 \\ 1 & 1 & 1 \\ 0 & 1 & 0 \end{pmatrix}, \quad T_8 = \frac{1}{9} \begin{pmatrix} 1 & 1 & 1 \\ 1 & 1 & 1 \\ 1 & 1 & 1 \end{pmatrix}, \quad T_{G5} = 0.017 \begin{pmatrix} 0 & 1 & 2 & 1 & 0 \\ 1 & 3 & 5 & 3 & 1 \\ 2 & 5 & 10 & 5 & 2 \\ 1 & 3 & 5 & 3 & 1 \\ 0 & 1 & 2 & 1 & 0 \end{pmatrix} \qquad (3.29)$$

T_4 ist ein Tiefpaßfilter bei Vier-Nachbarschaft, T_8 der entsprechende Kern bei Acht-Nachbarschaft. T_{G5} zeigt ein *gewichtetes Mittel*, wiederum einen sogenannten *Gauß'-schen Kern* (siehe auch Abschnitt 3.6.2). Gauß'sche Kerne finden eine große Verbreitung in der Bildverarbeitung. Da die Glättung mit einem Gauß-Kern gewichtet und richtungsunabhängig erfolgt (Rotationssymmetrie), ist sie optimal. Jedes andere Glättungsverfahren bevorzugt gewisse Richtungen oder Ortsfrequenzen, wodurch im Ergebnisbild Artefakte entstehen können (siehe dazu auch Abschnitt 6.3.2).

Das Ziel der Hochpaßfilterung ist sofort einsichtig, wir wollen Kantenstrukturen im Bild hervorheben. Was aber wird durch die Tiefpaßfilterung erreicht? Geht dabei nicht wesentliche Bildinformation verloren? Die meisten realen Bilder sind schon auf Grund des Aufnahmeverfahrens *gestört*. Eine mögliche Art von Störung läßt sich gut beschreiben, indem man annimmt, daß der Bildinformation additiv normalverteiltes Rauschen (Mittelwert 0, Varianz σ) überlagert wird. Dieses Rauschen kann durch Tiefpaßfilterung geglättet werden. Allerdings wird dabei auch die relevante Bildinformation (z.B. scharfe Kanten, dünne Linien) mitgeglättet.

Abbildung 3.32 zeigt die Wirkungsweise von Hoch- und Tiefpaßfilter. Das Originalbild Abb. 3.32.a wurde mit K_4 kantenverstärkt (Abb. 3.32.b) und mit T_{G5} geglättet (Abb. 3.32.c).

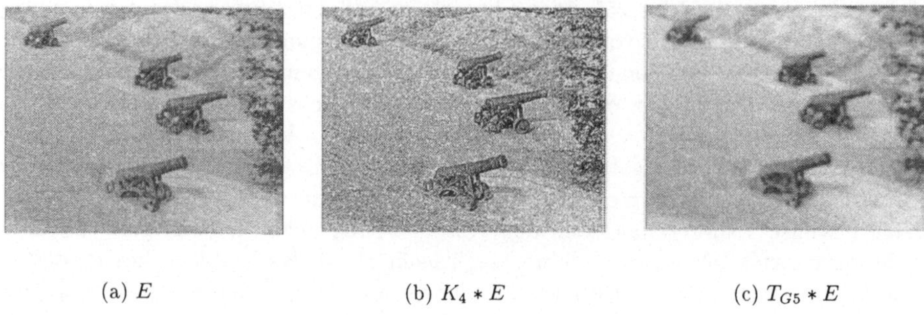

(a) E (b) $K_4 * E$ (c) $T_{G5} * E$

Abbildung 3.32: Hoch- und Tiefpassfilterung

3.7.2 Andere lokale Fensteroperationen

An Hand von zwei Beispielen soll gezeigt werden, wie auch andere Operationen als die
Faltung bei lokalen Fensteroperationen verwendet werden. Der *Medianfilter* wird in
ähnlicher Weise wie ein Tiefpaßfilter dazu benützt, das Bild zu glätten. Dabei wer-
den die im Fenster vorkommenden Grauwerte sortiert, anschließend wird der mittlere
Wert der Sortierreihenfolge gewählt. Der Medianfilter hat gegenüber dem Tiefpaß den
Vorteil, daß im Ausgabebild keine neuen Grauwerte entstehen, der Filter kommt mit
dem Grauwertevorrat des Eingabebildes aus. Kanten bleiben schärfer erhalten als beim
Tiefpaßfilter. Dünne Linien können allerdings ganz verschwinden.

Der *Sobeloperator* dient ähnlich dem Laplaceoperator der Kantenextraktion. Zu seiner Berechnung können vier verschiedene Faltungskerne, die jeweils Kanten in einer
bestimmten Richtung im Bild hervorheben, herangezogen werden:

$$S_x = \begin{pmatrix} 1 & 2 & 1 \\ 0 & 0 & 0 \\ -1 & -2 & -1 \end{pmatrix}, \quad S_y = \begin{pmatrix} 1 & 0 & -1 \\ 2 & 0 & -2 \\ 1 & 0 & -1 \end{pmatrix}$$
$$S_1 = \begin{pmatrix} 2 & 1 & 0 \\ 1 & 0 & -1 \\ 0 & -1 & -2 \end{pmatrix}, \quad S_2 = \begin{pmatrix} 0 & -1 & -2 \\ 1 & 0 & -1 \\ 2 & 1 & 0 \end{pmatrix} \tag{3.30}$$

S_x erfaßt Kanten in x–Richtung, S_1 in Richtung der ersten Mediane, u.s.w. Für x–
und y–Richtung kann interpretiert werden, daß die unterschiedlichen Entfernungen der
Vier– bzw. Acht–Nachbarn durch unterschiedliche Gewichtung berücksichtigt werden.
Die Standardvariante des Sobeloperators errechnet sich nun wie folgt (E ... Eingabebild, A ... Ausgabebild):

$$A = \sqrt{(S_x * E)^2 + (S_y * E)^2} \tag{3.31}$$

In Abb. 3.33 werden Tiefpaß- mit Medianfilter und Laplace- mit Sobeloperator verglichen. Eingabebild für die Operationen war Abb. 3.38.a. Abbildung 3.33.a zeigt wieder

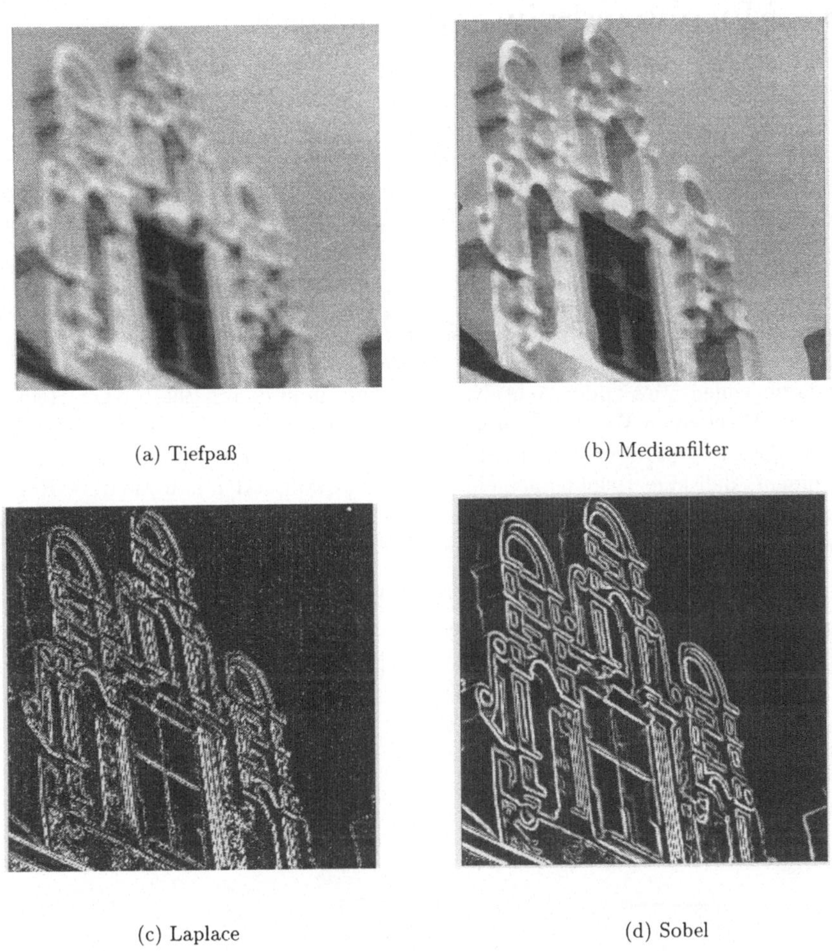

(a) Tiefpaß

(b) Medianfilter

(c) Laplace

(d) Sobel

Abbildung 3.33: Vergleich Tiefpaß $\leftrightarrow$ Median und Laplace $\leftrightarrow$ Sobel

die Tiefpaßfilterung mit T_{G5}, Abb. 3.33.b das Ergebnis einer Filterung mit einem 5×5 Medianfilter. Abbildung 3.33.c zeigt die Faltung mit H_4 (siehe Gl. 3.28) mit Bildung des Absolutbetrages, Abb. 3.33.d den Sobeloperator gemäß Gl. 3.31.

3.8   Morphologische Operationen

In diesem Abschnitt wollen wir uns mit mathematischer Morphologie ausschließlich auf *Binärbildern* beschäftigen. Im Ein- und Ausgabebild kommen nur Pixel mit den Werten 0 = Hintergrund oder „Nichtform" und 1 = Vordergrund oder „Form" vor. Die Formen sollen mit Hilfe morphologischer Operationen analysiert und erfaßt werden. Dazu bedient man sich wiederum lokaler Fenster. Diese enthalten auch nur 0 oder 1 und werden als *Masken* oder *Formelemente* bezeichnet.

Zunächst müssen wir definieren, was wir als Vordergrund oder „Form" betrachten. Wir betrachten das Binärbild als eine Menge von Regionen R_i, die „auf" dem Hintergrund H liegen. Jede Region R_i muß dabei *zusammenhängend* sein, das heißt bei der zu Grunde liegenden Vier– oder Acht–Nachbarschaft muß es innerhalb einer Region R_i von jedem Pixel einen Weg zu allen anderen Pixeln von R_i geben. Durch Anwendung morphologischer Operationen werden die Regionen in ihrer Form verändert. Es kann vorkommen, daß eine Region in mehrere Teile zerfällt, oder daß mehrere Regionen zu einer neuen Region zusammenwachsen. Als das Komplement $\overline{R}$ einer Region R betrachten wir alle Pixel, die nicht zu dieser Region gehören.

Die beiden einfachsten morphologischen Operationen sind *Schrumpfen* und *Ausdehnen*. Dazu betrachten wir den *Rand einer Region*. Abbildung 3.34.a zeigt eine Region, Abb. 3.34.b deren Rand bei Annahme von Vier–Nachbarschaft und Abb. 3.34.c den Rand bei Acht–Nachbarschaft. Interessant ist dabei, daß der Rand bei Annahme von Vier–Nachbarschaft *nicht zusammenhängend* ist (siehe dazu auch die Bemerkungen in Abschnitt 3.1.4). Formal kann man schreiben:

$$Rand(R) = R \cap Nachbarn(\overline{R}) \tag{3.32}$$

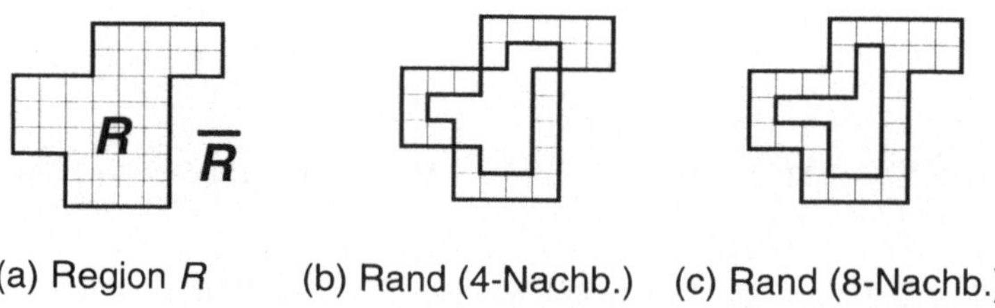

(a) Region R   (b) Rand (4-Nachb.)   (c) Rand (8-Nachb.)

Abbildung 3.34: Rand einer Region bei Vier- und Acht–Nachbarschaft

Schrumpfen R_{-1} und Ausdehnen R_{+1} lassen sich dann so beschreiben:

$$R_{-1} = R - Rand(R) \tag{3.33}$$
$$R_{+1} = R + Nachbarn(R) \tag{3.34}$$

Diese beiden morphologischen Operationen können natürlich mehrmals hintereinander angewendet werden. Die Bezeichnungen R_{-i} und R_{+j} stehen dann für i–maliges Schrumpfen beziehungsweise j–maliges Ausdehnen.

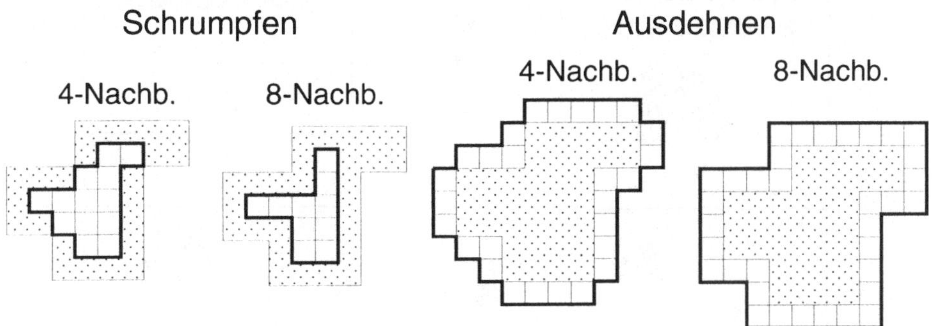

Abbildung 3.35: Schrumpfen und Ausdehnen

In Abb. 3.35 sehen wir nun die Ergebnisse von R_{-1} und R_{+1} angewendet auf die Region von Abb. 3.34.a bei Vier– und Acht–Nachbarschaft. Dabei sind die Vier– und die Acht–Nachbarschaft bereits in Form von Masken oder Formelementen dargestellt. Betrachtet man die Maske für die Vier–Nachbarschaft, so kann man von einem lokalen 3×3–Fenster sprechen, das folgende Struktur hat:

$$M = \begin{pmatrix} 0 & 1 & 0 \\ 1 & 1 & 1 \\ 0 & 1 & 0 \end{pmatrix} \tag{3.35}$$

Die Operationen R_{-1} und R_{+1} können dann auch so definiert werden (E ... Eingabebild, A ... Ausgabebild):

$$R_{-1} : A(x,y) = \min_{i,j=-1\dots1} \{E(x+i, y+j) - M(i,j)\} + 1 \tag{3.36}$$

$$R_{+1} : A(x,y) = \max_{i,j=-1\dots1} \{E(x-i, y-j) + M(i,j)\} - 1 \tag{3.37}$$

Von dieser Definition ausgehend kann man nun leicht verallgemeinern: Wir definieren eine beliebige Maske in einem $n \times m$–Fenster und nennen sie *Formelement F*. Im Formelement muß ein ausgezeichneter Punkt $(0,0)$ gewählt werden. Wir lassen dann in Bezug auf diesen Punkt die Koordinaten innerhalb der Maske von $n_- \dots n_+$ und von $m_- \dots m_+$ laufen. Wir definieren als *Erosion* $\ominus$ und *Dilation* $\oplus$ wie folgt:

$$E \ominus F = \min_{\substack{i=n_-\dots n_+ \\ j=m_-\dots m_+}} \{E(x+i, y+j) - F(i,j)\} + 1 \tag{3.38}$$

$$E \oplus F = \max_{\substack{i=n_-\dots n_+ \\ j=m_-\dots m_+}} \{E(x-i, y-j) + F(i,j)\} - 1 \tag{3.39}$$

Abbildung 3.36 zeigt Beispiele für Erosion und Dilation mit verschiedenen Formelementen.

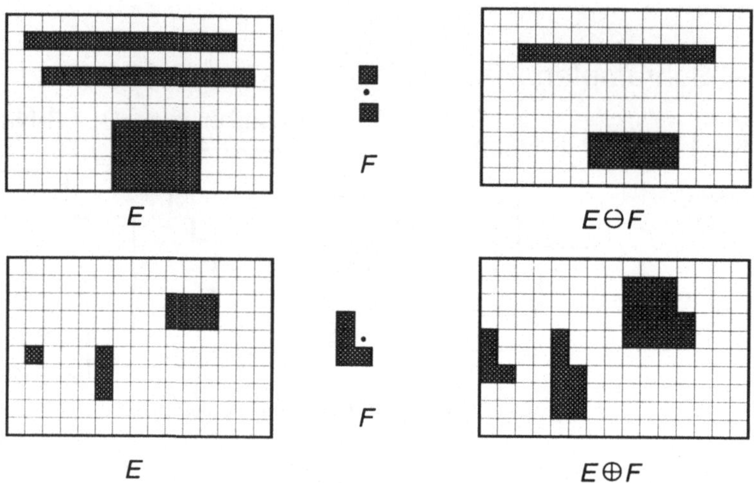

Abbildung 3.36: Erosion und Dilation mit verschiedenen Formelementen

Natürlich können Erosion und Dilation ebenso wie Schrumpfen und Ausdehnen mehrfach hintereinander angewendet werden. Durch *Kombination* beider Operationen erhält man die morphologischen Operationen *Opening* (Öffnung) und *Closing* (Abschluß):

$$E \circ F \;=\; (E \ominus F) \oplus F \tag{3.40}$$
$$E \bullet F \;=\; (E \oplus F) \ominus F \tag{3.41}$$

Diese sehr sprechenden Bezeichnungen für die beiden Operationen werden mit einem Beispiel (Abb. 3.37) illustriert. Opening bewirkt ein Aufbrechen ($\ominus$) von Regionen an den Stellen, wo nur ein schwacher Zusammenhang gegeben war. Die neue Form wird generalisiert dargestellt ($\oplus$). Closing schließt kleine Zwischenräume ($\oplus$) und reduziert die neue Form in etwa auf die ursprüngliche Ausdehnung ($\ominus$).

3.9 Globale Operationen

Das Ergebnis einer globalen Operation im Punkt (x_0, y_0) ist eine Funktion des gesamten Eingabebildes (siehe Abschnitt 3.4). Es ist klar, daß derartige Operationen einen wesentlich höheren Rechenaufwand erfordern als Punktoperationen und lokale Operationen mit kleinen Fenstern. Wird für jeden Punkt des Ausgabebildes tatsächlich jeder

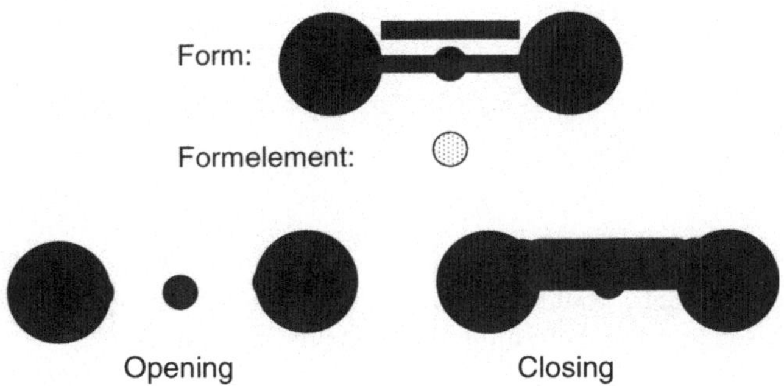

Abbildung 3.37: Opening und Closing

Punkt des Eingabebildes genau einmal benötigt, so ist bei Bildern der Größe $n \times n$ der Rechenaufwand in der Größenordnung n^4 anzusetzen!

Wenngleich es für einige globale Operationen Methoden zur Beschleunigung gibt, so spricht doch allein dieses Argument gegen die unnötige Verwendung von globalen Operationen. Insbesondere wenn, wie in unserem Fall, die Zielsetzung auf Bildverstehen ausgerichtet ist, ergibt sich ein geringer Bedarf an globalen Operationen. Wir wollen ja *intelligente Bildanalyse* betreiben, was im Normalfall bedeutet, daß wir die dem Bild zu Grunde liegende Szene erfassen und beschreiben wollen. Dafür ist es jedoch nahezu immer nötig, in Abhängigkeit von der Situation *unterschiedliche Verarbeitungsschritte* in verschiedenen Bildteilen durchzuführen. Es wird nur sehr wenige Bilder (und damit zu Grunde liegende Szenen) geben, wo ein Bildpunkt in systematischer Art und Weise von allen anderen Punkten abhängt. So ist es auch meine bisherige Erfahrung gewesen, daß in der Praxis äußerst selten globale Operationen bei bildverstehenden Anwendungen eingesetzt wurden. Aus diesen Gründen werden globale Operationen in diesem Buch nur der Vollständigkeit halber gestreift. In der Bibliographie finden sich einige Hinweise auf Bücher zu den Grundlagen der Bildverarbeitung, wo globalen Operationen ein sehr breiter Raum gewidmet ist.

3.9.1 Fouriertransformation

Im Fall einer kontinuierlichen Funktion von zwei Variablen $f(x, y)$ ergibt sich die zweidimensionale Fouriertransformation als einfache Erweiterung der eindimensionalen Fouriertransformation wie folgt:

$$\mathcal{F}\{f(x,y)\} = F(u,v) = \int_{-\infty}^{\infty} \int_{-\infty}^{\infty} f(x,y)e^{-2\pi i(ux+vy)} \, dx \, dy \tag{3.42}$$

$$\mathcal{F}^{-1}\{F(u,v)\} = f(x,y) = \int_{-\infty}^{\infty} \int_{-\infty}^{\infty} F(u,v)e^{2\pi i(ux+vy)} \, du \, dv \tag{3.43}$$

Dabei sind x, y die *Ortsvariablen* und u, v die *Frequenzvariablen*. $F(u, v) = \mathcal{F}\{f(x, y)\}$ heißt die Fouriertransformierte von $f(x, y)$ und $\mathcal{F}^{-1}\{F(u, v)\}$ die inverse Fouriertransformierte. Man beachte, daß es sich bei der Fouriertransformierten um eine *komplexwertige* Funktion handelt:

$$
\begin{aligned}
e^{i\phi} &= \cos\phi + i\sin\phi \\
e^{-i\phi} &= \cos\phi - i\sin\phi
\end{aligned}
\tag{3.44}
$$

Deshalb zerfällt die Fouriertransformierte $F(u, v)$ in *zwei Teile*, die beide bildhaft dargestellt werden können. Man wählt dabei nicht die Darstellung in Form von Real- und Imaginärteil, sondern die Aufteilung in Spektrum und Phase:

$$
\begin{aligned}
F(u, v) &= |F(u, v)|e^{j\Phi(u,v)} \\
|F(u, v)| &\ \ldots\ \text{Fourierspektrum} \\
\Phi(u, v) &\ \ldots\ \text{Phase}
\end{aligned}
\tag{3.45}
$$

Die Ortsvariablen x, y sind allerdings bei digitalen Rasterbildern nicht kontinuierlich. wir benötigen daher die *diskrete Fouriertransformation*:

$$
F(u, v) = \frac{1}{N} \sum_{x=0}^{N-1} \sum_{y=0}^{N-1} f(x, y) e^{-2\pi i\left(\frac{ux+vy}{N}\right)}
\tag{3.46}
$$

$$
f(x, y) = \frac{1}{N} \sum_{u=0}^{N-1} \sum_{v=0}^{N-1} F(u, v) e^{2\pi i\left(\frac{ux+vy}{N}\right)}
\tag{3.47}
$$

Die Fouriertransformation wird meist für *Filterung* verwendet. Dazu wird vom Ortsbereich $(f(x, y))$ in den Frequenzbereich $(F(u, v))$ transformiert. Die Filterung wird auf $F(u, v)$ – meist auf dem Spektrum $|F(u, v)|$ – durchgeführt, das ergibt ein neues $G(u, v)$. Anschließend wird in den Ortsbereich zurücktransformiert, und man erhält $g(x, y)$ als das Ergebnis der Filterung. Diese Vorgangsweise hat natürlich nur dann Sinn, wenn die Filterung im Frequenzbereich *einfacher* ausgeführt werden kann. Bei der Fouriertransformation ist dies beispielsweise für die Faltung der Fall:

$$
\begin{aligned}
a(x, y) * b(x, y) &= \mathcal{F}^{-1}\{A(u, v)B(u, v)\} \\
a * b \ \circ\!\!-\!\!\bullet \ & A \cdot B
\end{aligned}
\tag{3.48}
$$

Die Faltung im Ortsbereich reduziert sich zur Multiplikation im Frequenzbereich.

Wir wollen diesen ganz kurzen Ausflug in die Fouriertransformation mit einigen Bildbeispielen abschließen. Abbildung 3.38.a zeigt das Originalbild $f(x, y)$. Das zugehörige Fourierspektrum $|F(u, v)|$ (Abb. 3.38.b) ist so zu interpretieren: Im Bildmittelpunkt gilt $u = v = 0$. Der Wert $F(0, 0)$ entspricht also dem „*Gleichanteil*" beziehungsweise dem mittleren Grauwert des gesamten Bildes $f(x, y)$. Zum Bildrand hin ergeben sich immer größere Werte für u und v, das heißt immer größere Ortsfrequenzen. Der Vollständigkeit halber zeigt Abb. 3.38 auch noch die Phase (c), sowie die Darstellung in Form von Real- und Imaginärteil (d,e). In [Moi80] finden sich Beispiele zur Filterung über eine Veränderung der Phase, wir wollen hier noch ein Beispiel zur weitaus häufigeren Vorgangsweise der Veränderung des Spektrums geben.

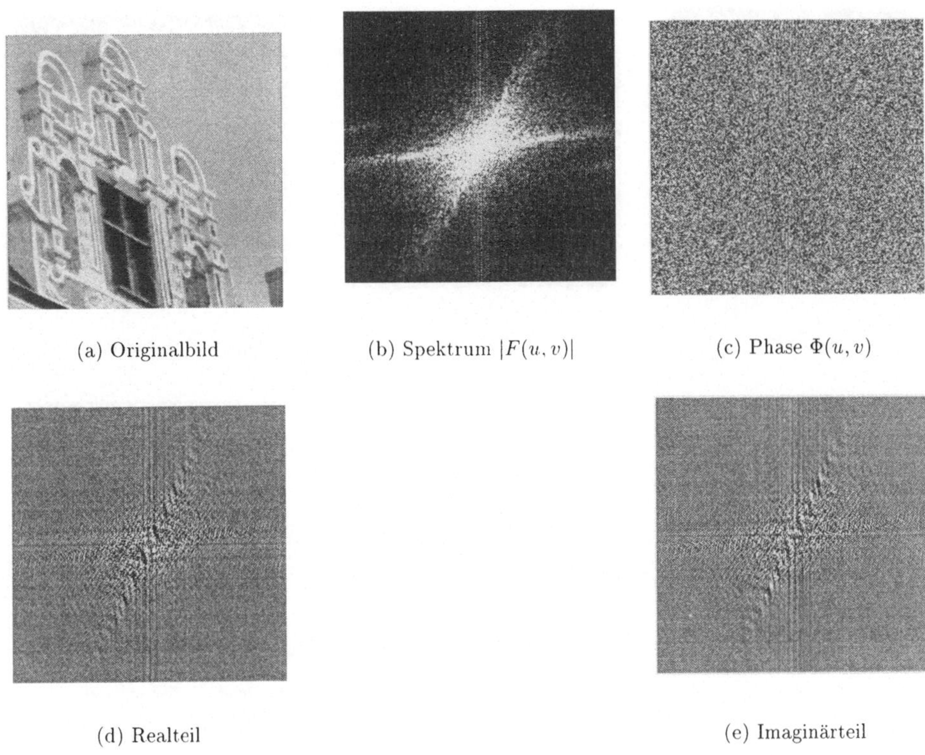

(a) Originalbild   (b) Spektrum $|F(u,v)|$ (c) Phase $\Phi(u,v)$

(d) Realteil   (e) Imaginärteil

Abbildung 3.38: Fouriertransformation: Darstellung von $F(u,v)$

Die Eigenschaften des Fourierspektrums kann man sich für Hoch-, Tief- und Bandpaß-filterung zu Nutze machen. Ein Kreis um den Ursprung bedeutet ja den Ort gleicher Ortsfrequenzen. Setzt man nun $F(u,v)$ außerhalb eines bestimmten Radius auf 0, so bleiben nur die niedrigen Ortsfrequenzen übrig, man erhält nach Rücktransformation ein tiefpaßgefiltertes Bild $g(x,y)$. Ähnlich wird für Hoch- und Bandpaß vorgegangen. Abbildung 3.39 zeigt je ein Tief-, Hoch- und Bandpaßfilter zu Abb. 3.38.a unter Verwendung des Spektrums Abb. 3.38.b.

3.9.2 Andere globale Operationen

Oft wäre es bei der Fouriertransformation von Vorteil, nur reelle Werte zu haben. Dies ist bei der *Cosinus-Transformation* realisiert. Durch punktsymmetrische Fortsetzung des ursprünglich $n \times n$ großen Bildes $f(x,y)$ erhält man ein $2n \times 2n$ beziehungsweise ein $(2n-1) \times (2n-1)$ großes Bild $f_c(x,y)$ (siehe Abb. 3.40). Auf Grund der Symmetrien

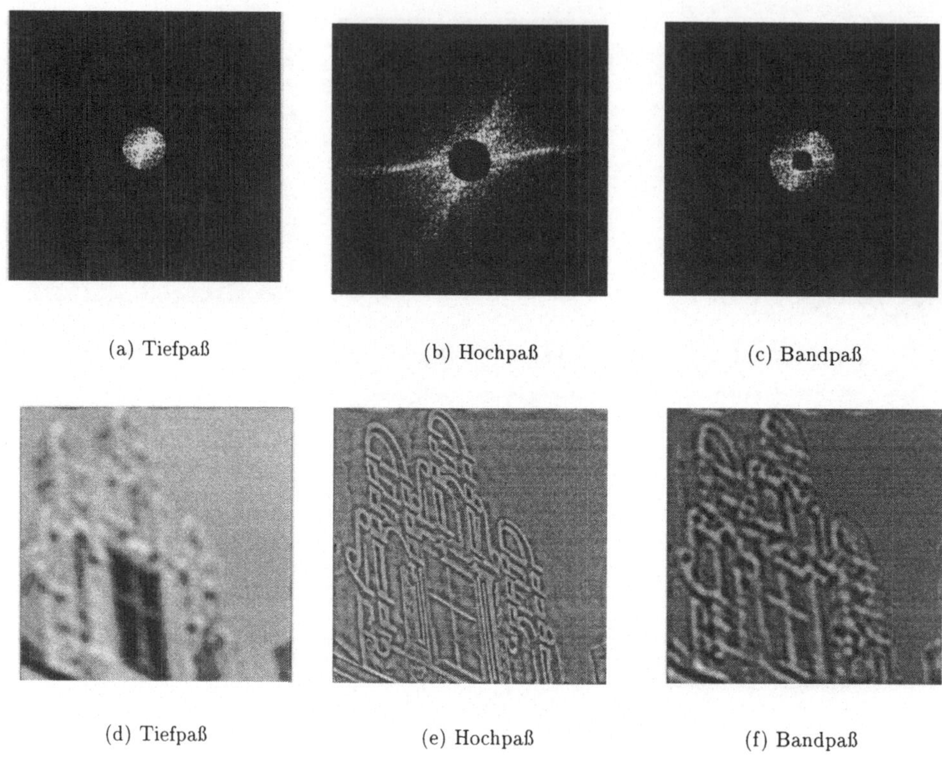

(a) Tiefpaß   (b) Hochpaß   (c) Bandpaß

(d) Tiefpaß   (e) Hochpaß   (f) Bandpaß

Abbildung 3.39: Filterung im Fourierraum

in $f(x, y)$ verschwinden alle Sinus–Terme in der Fouriertransformation. Man erhält die reellwertige Cosinus-Transformation – allerdings auf Kosten einer Vervierfachung der Bildgröße.

Weitere Beispiele für globale Operationen sind die *Karhunen-Loeve-Transformation (Hauptkomponenten-Transformation)* und die *Hadamard-Transformation* (siehe z.B. [GW87]).

3.10 Bildpyramiden

Unter einer Bildpyramide versteht man eine Menge von Bildern mit *unterschiedlicher räumlicher Auflösung* und *gleichem Inhalt*. Die Bilder werden dabei entsprechend ihrer Auflösung in *Ebenen* angeordnet. Der Zusammenhang zwischen zwei benachbarten Ebenen ist üblicherweise *regelmäßig* und *lokal*. Die einfachste Pyramidenarchitektur

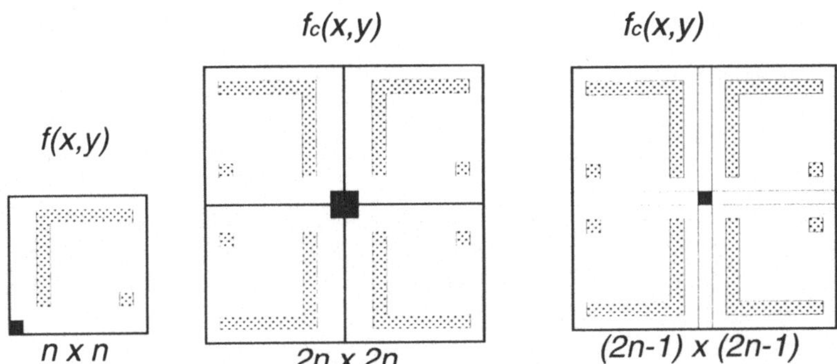

Abbildung 3.40: Symmetrische Fortsetzung des Bildes bei der Cosinustransformation

zeigt Abb. 3.41.a. Es werden jeweils vier Pixel (ein 2×2 Fenster) der unteren Ebene zu einem Pixel der darüberliegenden Ebene zusammengefaßt. So ergibt sich eine *Datenreduktion* um den Faktor 4. Hat etwa die Ebene n 512×512 Pixel, so hat die Ebene $n-1$ nur mehr 256×256 Pixel. Das Ergebnis dieses Prozesses des Zusammenfassens hängt natürlich von der Art der gewählten *Reduktionsfunktion* ab. Abbildung 3.41.b zeigt eine Bildpyramide, in der die vier Pixel der unteren Ebene durch arithmetische Mittelwertbildung zusammengefaßt werden.

(a) Architektur

(b) Beispiel

Abbildung 3.41: $2 \times 2/4$ Bildpyramide

Allgemein kann jede Pyramide (genauer: *jede regelmäßige Pyramide*) durch *drei Kenngrößen* beschrieben werden:

- Reduktionsfenster,

- Reduktionsfaktor und

- Reduktionsfunktion.

Die Architektur der Pyramide wird durch Reduktionsfenster und Reduktionsfaktor festgelegt und in einer Kurzschreibweise der Form Fenster/Faktor angegeben. In dieser Notation ist die oben beschriebene Pyramide eine $2 \times 2/4$–Pyramide. Andere gängige Architekturen sind zum Beispiel $4 \times 4/4$, $3 \times 3/4$, $2 \times 2/2$. Beispiele für $4 \times 4/4$ und $2 \times 2/2$ zeigt Abb. 3.42.

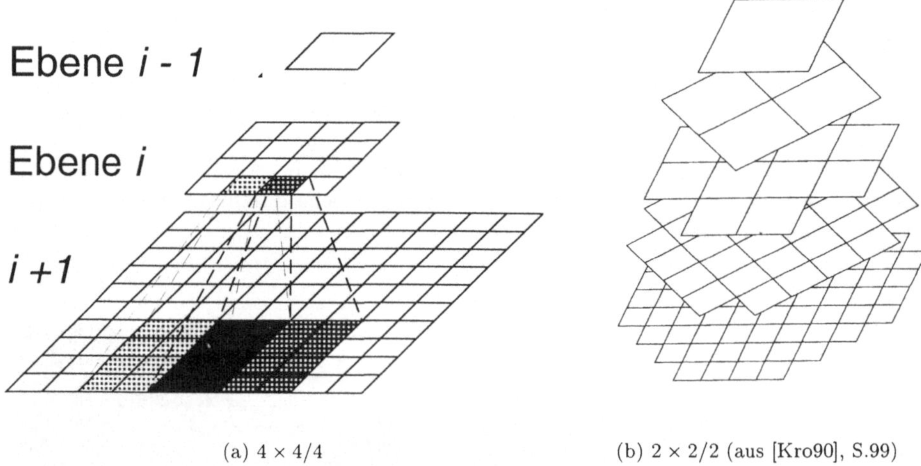

(a) $4 \times 4/4$ (b) $2 \times 2/2$ (aus [Kro90], S.99)

Abbildung 3.42: Pyramidenarchitekturen mit Überlapp

Bei allen Architekturen, wo das Reduktionsfenster größer ist als der Reduktionsfaktor (z.B. $4 \times 4/4$) ergibt sich ein sogenannter *Überlapp*, das heißt, jedes Pixel der unteren Ebene trägt zu mehreren Pixeln der darüberliegenden Ebene bei. Dies führt zu einem *robusteren* Verhalten als in der $2 \times 2/4$–Pyramide ohne Überlapp.

Neben der schon beschriebenen arithmetischen Mittelung gibt es noch eine Vielzahl anderer denkbarer Reduktionsfunktionen. Das Reduktionsfenster kann in Form eines Gauß'schen Kernes zu einer gewichteten Mittelung verwendet werden. Eine Minimum– bzw. Maximumpyramide erhält man, wenn man jeweils das Pixel mit dem minimalen oder maximalen Grauwert im Reduktionsfenster auswählt. Eine weitere Möglichkeit ist Subsampling: Bei einem Reduktionsfaktor k wird einfach jedes k–te Pixel ausgewählt.

Bisher haben wir eine Pyramide ausschließlich als Menge von Bildern – diese wiederum als Menge von Pixeln – betrachtet. Faßt man den Begriff weiter, so kann man zu Pyramidenstrukturen kommen, in denen eine *Zelle* (ein *Knoten*) der Pyramide nicht nur Grauwertinformation trägt. Die Knoten können symbolische Information tragen, also etwa den Inhalt ihres rezeptiven Feldes beschreiben.

An dieser Stelle ist der Vergleich mit dem menschlichen visuellen System angebracht. In den Bildpyramiden werden einige Eigenschaften dieses Systems modelliert. Pyramiden sind hierarchisch aufgebaut. Jede Zelle bezieht ihren Input von mehreren Zellen der unteren Ebene. Verfolgt man den Einzugsbereich für eine Zelle bis zur untersten Ebene, so kann man das rezeptive Feld einer Zelle definieren. Bei Pyramiden mit Überlapp überlappen die rezeptiven Felder benachbarter Zellen. Auf verschiedenen Ebenen der Pyramide sind verschiedene Reduktionsfunktionen möglich (vgl. On/Off–, einfache, komplexe Zelle, Kapitel 2.1.4).

Aber die Verwendung von Bildpyramiden ist nicht nur biologisch motiviert. Da es eine regelmäßige Struktur gibt und die Reduktion lokal arbeitet, ist die Möglichkeit der *Parallelisierung* gegeben. Im Extremfall könnte in jedem Knoten der Pyramide ein Prozessor sitzen. Man erreicht dann eine drastische Reduktion der Verarbeitungsschritte für viele Aufgaben. So könnte etwa der Mittelwert eines $n \times n$ großen Bildes in $\log_2(n)$ Schritten (bei 512^2–Bildern: 9 statt 256.000 Schritte) berechnet werden. Für sehr kleine Bilder gibt es derartige Pyramidenhardware bereits. Aber auch dann, wenn keine parallele Hardware zur Verfügung steht, sind viele Aufgaben mit einer Pyramide schneller zu lösen. In einer Maximumspyramide, wo die Reduktionsfunktion das hellste aller Pixel im Reduktionsfenster wählt, kann beispielsweise das hellste Pixel des gesamten Bildes auch in $\log_2(n)$ Schritten (diesmal von der Spitze der Pyramide nach unten gehend) gefunden werden. Viele Pyramidenalgorithmen verwenden solche zweistufige Vorgangsweisen: In einem ersten Schritt wird einige Male reduziert, dann auf einer höheren Ebene verarbeitet, und das Ergebnis schließlich wieder auf die unterste Ebene projiziert.

3.10.1 Gaußpyramide

Bei der Gaußpyramide wird im Reduktionsfenster mit einem Gauß'schen Kern gewichtet gemittelt. Bei einer $3 \times 3/k$ Gaußpyramide hätte man folgenden Kern:

$$\frac{1}{16} \begin{pmatrix} 1 & 2 & 1 \\ 2 & 4 & 2 \\ 1 & 2 & 1 \end{pmatrix} \tag{3.49}$$

Anschließend an die Faltung mit diesem Kern folgt ein Subsampling jeder k–ten Stelle. Abbildung 3.43.a zeigt ein Bildbeispiel zu einer $3 \times 3/4$ Gaußpyramide, Abb. 3.43.b skizziert schematisch den Informationsgehalt der einzelnen Ebenen der Gaußpyramide.

Auf der untersten Ebene (9) findet sich das Originalbild. Es enthält alle (hohe und tiefe) vorkommenden Ortsfrequenzen. Durch die sukzessiven Tiefpaßfilterungen im Laufe des Aufbaus der Pyramide werden zunächst die ganz hohen und später auch immer tiefere Ortsfrequenzen gefiltert, bis in der obersten Ebene, dem *Apex der Pyramide* nur mehr ein Pixel mit dem mittleren Grauwert des gesamten Bildes übrig bleibt.

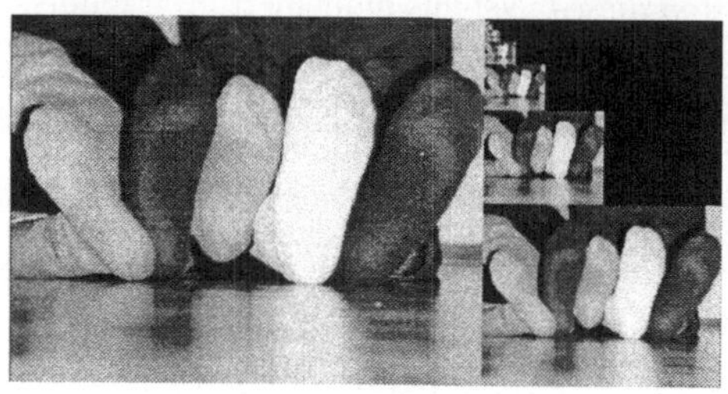

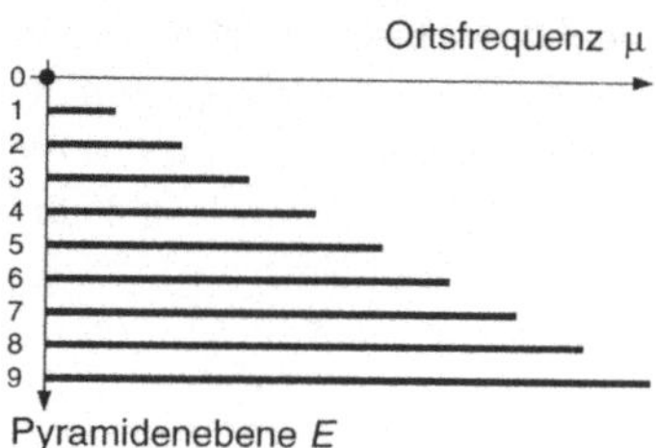

(a) 3 × 3/4 Gaußpyramide   (b) Informationsgehalt (Ortsfr.)

Abbildung 3.43: Gaußpyramide

3.10.2 Laplacepyramide

Betrachtet man Abb. 3.43.b näher, so sieht man, daß in der Gaußpyramide eigentlich sehr viel redundante Information gespeichert ist, da in den unteren Ebenen alle noch verbleibenden Ortsfrequenzen vorkommen. Eine wesentlich effizientere Bildkodierung zeigt Abb. 3.44.b. Diese Darstellung heißt *Laplacepyramide* und ist sehr einfach zu erreichen, nämlich durch eine Kodierung des Bildes in verschiedene *Frequenzbänder*. Diesen Bändern entsprechen sukzessive Bandpaßfilterungen. Man kann die Laplacepyramide parallel zur Gaußpyramide aufbauen, indem man das Bild mit dem Gaußkern faltet und dann das Ergebnis vom Originalbild subtrahiert. Abbildung 3.44.a zeigt die zur Gaußpyramide aus Abb. 3.43.a gehörige Laplacepyramide.

Abbildung 3.45 aus [BA83], S.536 zeigt die ersten 4 Ebenen von Gauß– und Laplace- pyramide. Dabei werden zwecks besserer Sichtbarkeit der höheren (kleineren) Ebenen die Bilder auf die Größe des Originalbildes expandiert.

3.10.3 Anwendungen von Pyramiden

Blobdetection: Kompakte, zusammenhängende Gebiete werden in der Literatur all- gemein als „Blobs" bezeichnet. Bildpyramiden sind ein ausgezeichnetes Werkzeug, um

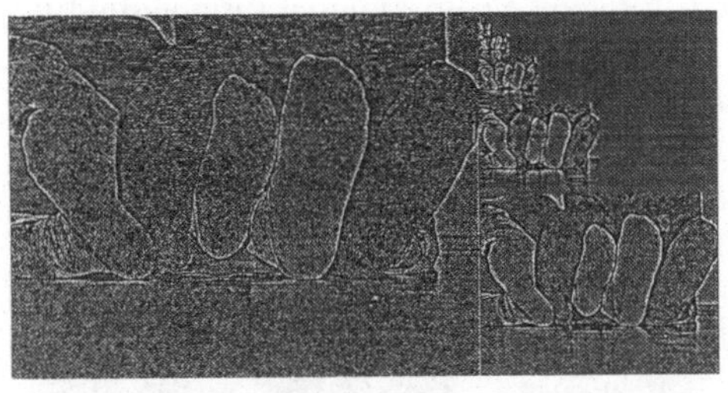

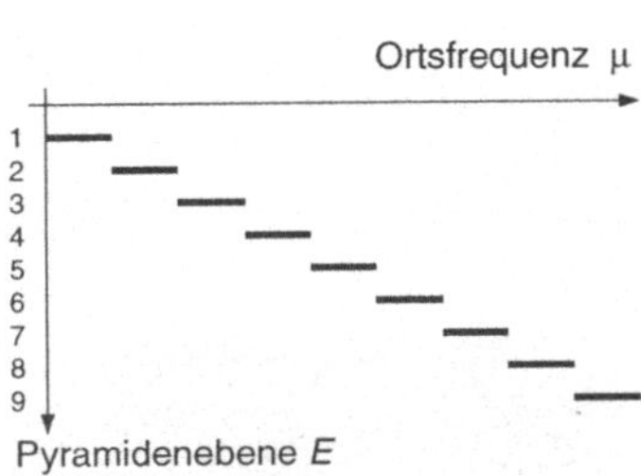

(a) 3 × 3/4 Laplacepyramide

(b) Informationsgehalt (Ortsfr.)

Abbildung 3.44: Laplacepyramide

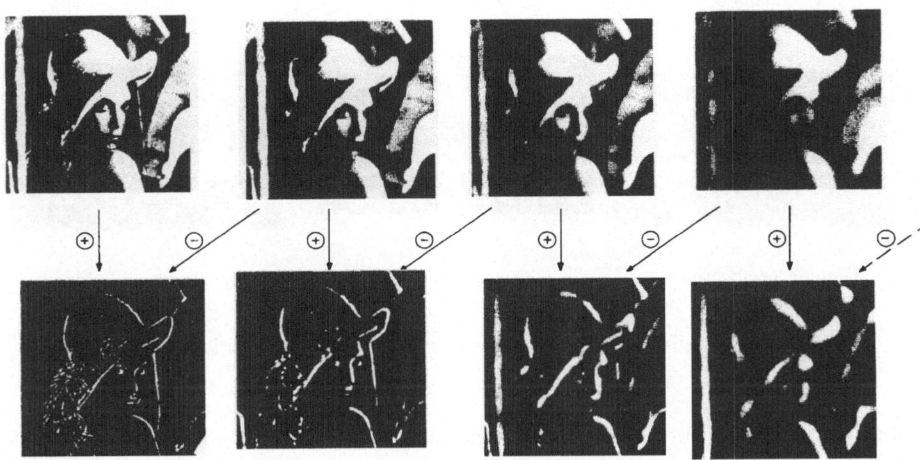

Abbildung 3.45: Konstruktion der untersten 4 Ebenen einer Laplacepyramide ([BA83], S.536)

Blobs einer bestimmten Größe zu erkennen. Die Vorgangsweise wird in Abb. 3.46 illustriert. Man geht vom Originalbild (a) aus. In diesem Bild sind helle Blobs verschiedener Größe enthalten. Auf Ebene 5 der 2 × 2/4 Gaußpyramide haben nur noch Blobs „überlebt", die im Originalbild eine bestimmte Minimalgröße aufweisen. Abbildung 3.46.b zeigt Ebene 5, (c) die durch eine Schwellwertoperation gefundenen Blobs. Projiziert man dieses Ergebnis nun in der Pyramide hinunter, so erhält man als Ergebnis in der Basis nur mehr Blobs dieser Mindestgröße. Das Ergebnis der Operation 'project down' durch Mittelwertbildung und Erhöhung der Auflösung (KBVision task ProjAvg) zeigt Abb. 3.46.d, in (e) sind die Blobs wieder durch eine Schwellwertoperation detektiert (genau diese hellen Blobs sind übrigens einem anderen Originalbild in Abb. 3.13.d überlagert worden). Eine etwas kompliziertere Variante zeigt Abb. 3.46.f. Hier wurden zunächst mit Hilfe von *'pyramid linking'* [BHR81] Verbindungen zwischen den Ebenen der Pyramide hergestellt, und dann die Marken von Ebene 5 entlang dieser Verbindungen hinunterprojiziert, was eine genauere Abgrenzung der Blobs ergibt.

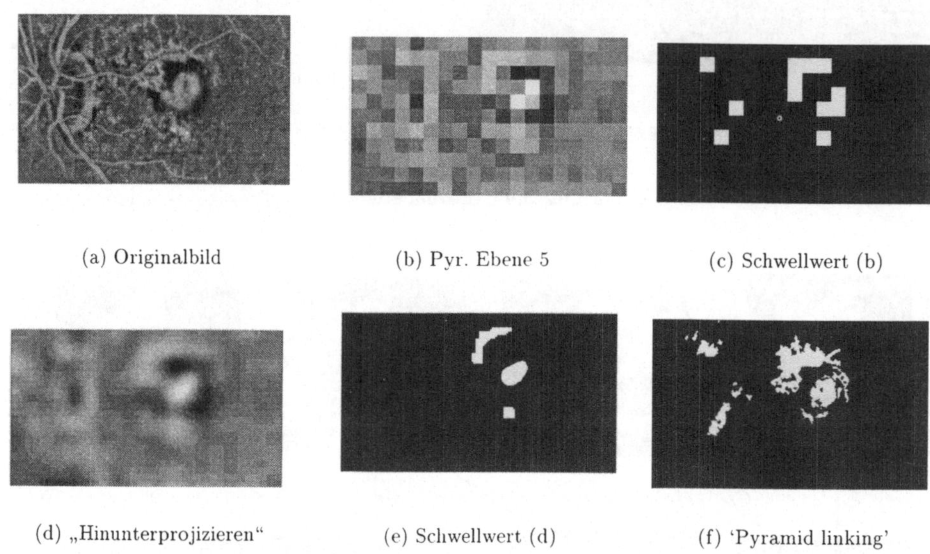

<table>
<tr><td>(a) Originalbild</td><td>(b) Pyr. Ebene 5</td><td>(c) Schwellwert (b)</td></tr>
<tr><td>(d) „Hinunterprojizieren"</td><td>(e) Schwellwert (d)</td><td>(f) 'Pyramid linking'</td></tr>
</table>

Abbildung 3.46: Blob-Detection mit Bildpyramiden

Bildkompression: Mit Hilfe der Laplacepyramide lassen sich Bildkompressionsraten von 1:2 bis 1:20 realisieren (der tatsächliche Kompressionsfaktor hängt sowohl vom Bildinhalt ab, als auch davon, ob eine informationsverlustfreie Codierung gefordert ist). Man geht dafür wie folgt vor: Bis zu einer hohen Ebene werden alle Ebenen der Laplacepyramide gespeichert, zusätzlich wird nur diese eine hohe Ebene der Gaußpyramide gespeichert. Die tieferen Ebenen der Gaußpyramide können dann rekonstruiert werden, indem die Ebene der Gaußpyramide auf die Größe der nächst tieferen Ebene expandiert und mit der zugehörigen Laplace–Ebene addiert wird. Der Vorgang ist in Abb. 3.47 schematisch dargestellt. Da die Matrizen der Laplacepyramide nur dünn besetzt sind, können sie mit herkömmlichen Kompressionsverfahren sehr stark komprimiert werden.

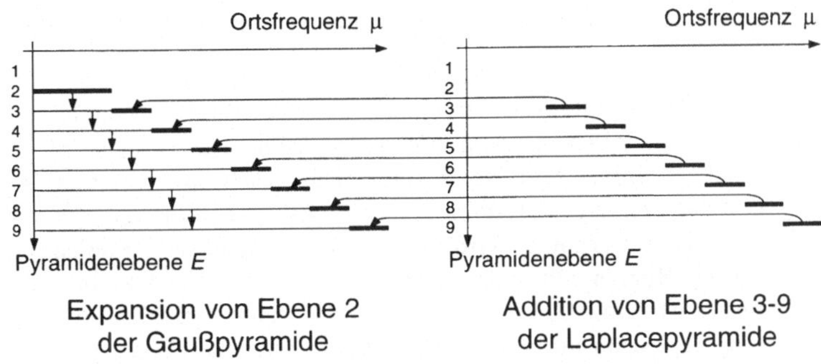

Abbildung 3.47: Bildkompression mit der Laplacepyramide

3.10.4 Zusammenfassung

Die Bildpyramiden stellen ein wichtiges Konzept dar, das im Bildverstehen häufig benutzt wird. In diesem Abschnitt wurden zunächst nur die Grundlagen zu Bildpyramiden vermittelt. Die hierarchische Struktur ermöglicht ein Arbeiten mit einer *dem Problem angepaßten räumlichen Auflösung* (siehe das Beispiel zur Blob–Detection). Neben der bereits hier besprochenen Grauwertpyramide, wo große kompakte Regionen in höheren Ebenen überleben, gibt es beispielsweise auch *Kurvenpyramiden*, wo *lange* Kurven in höheren Ebenen erhalten bleiben. Die Kurvenpyramide und einige andere Beispiele und Anwendungen mit Pyramiden werden uns in den nachfolgenden Abschnitten noch beschäftigen.

3.11 Von Pixeln zu Merkmalen

Ein Merkmal ist ein Parameter, der punktuell (je Pixel), lokal (für Regionen) oder global (für das ganze Bild) gewonnen wird. Ein punktuelles Merkmal kann beispielsweise ein spektrales Merkmal wie Farbe, Intensität oder Sättigung eines Pixels sein. Zur Erklärung lokaler Merkmale erfolgt ein kurzer Vorgriff auf spätere Kapitel. Bei einer *Bottom–Up–Vorgangsweise* in einem bildverstehenden System (das ist: von den Pixeln ausgehend zur Szenenbeschreibung gelangen) ist die *Segmentation* des Bildes einer der ersten Arbeitsschritte. Darunter versteht man die Aufteilung des Bildes in flächenhafte *Regionen* (genaueres in Kapitel 6). Anschließend versucht man, den Regionen Objektoberflächen zuzuordnen.

Für jede Region können nun Merkmale oder Eigenschaften der Region erhoben werden. Beispiele für typische Merkmale sind: Fläche, Umfang, Schwerpunkt, Glattheit des Randes, Kompaktheit (compactness) beziehungsweise längliche Form (elongatedness) der Region, durchschnittliche Farbe, Zusammenhang der Region und vieles andere mehr.

Eine einfachere Möglichkeit, ohne vorhergehende Segmentation Merkmale zu erhalten, sind lokale Fenster. Wir haben ja schon einige Operationen kennengelernt, die Bilder wieder in Bilder überführen. Man kann eine lokale Fensteroperation aber auch so interpretieren, daß das Fenster als Region gesehen wird und in diesem Fenster nun ein Merkmal (z.B. Mittelwert) erhoben wird. Ein typisches Beispiel für solche Merkmale ist die *Textur*. Eine Region mit einer bestimmten Textur wird zwar vielleicht die unterschiedlichsten Farb- und Grauwerte haben, aber nach dem richtigen Texturmaß homogen sein. Um Textur zu messen, werden also statistische Eigenschaften in einem lokalen Fenster erhoben. Einige Beispiele für mögliche Texturmaße sind:

- Mittelwert und Streuung,

- Autokorrelation bei Verschiebung,

- Anzahl der lokalen Minima oder Maxima.

Man unterscheidet zwischen *Mikrotextur*, die die direkte Nachbarschaft des Pixels betreffen und *Makrotexturen*, die sich erst bei Betrachtung größerer Regionen ausprägen.

3.11.1 Der Merkmalsraum

Benötigt man für eine Verarbeitung n Merkmale und führt man für jedes Merkmal m_i eine Koordinatenachse ein, so nennt man das entstehende Gebilde den *n-dimensionalen Merkmalsraum*. Wir wollen die Verwendung des Merkmalsraumes an einem einfachen Beispiel erläutern. Abbildung 3.48.a zeigt ein Bild, in dem es drei Arten von Regionen gibt. Während R_1 und R_2 kompakt sind, zerfällt R_3 in mehrere Teile. Eine mögliche Bedeutung dieser Regionen wären etwa folgende Objekte in einem Luftbild: $R_1 \ldots$ Teich, $R_2 \ldots$ Haus, $R_3 \ldots$ Bäume. Nun werden *für jedes Pixel jeder Region Merkmale erhoben*. Abbildung 3.48.b zeigt das Histogramm für das Merkmal m_1 – ein Beispiel für einen eindimensionalen Merkmalsraum. Trägt man nun m_1 über m_2 auf, so hat man einen zweidimensionalen Merkmalsraum. Entweder begnügt man sich mit einer zweidimensionalen Darstellung (Abb. 3.48.c), dann kann man die Häufigkeiten nur mehr andeuten, wie dies mit den ellipsenförmigen Begrenzungen der Punktwolken geschehen ist. Abbildung 3.48.d zeigt eine dreidimensionale Visualisierung desselben zweidimensionalen Merkmalsraums.

3.11.2 Klassifikation im Merkmalsraum

Das Ziel der Klassifikation ist eine Einteilung des Bildes in verschiedene Klassen. Diese Einteilung soll pixelweise erfolgen, das heißt, es soll im Fall des obigen Beispiels jedes

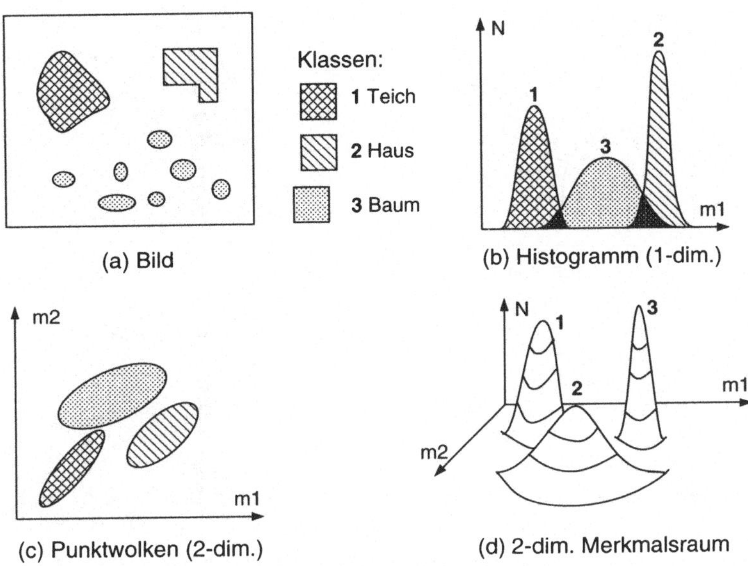

Abbildung 3.48: Merkmalsräume (b–d) zu Bild (a)

Pixel in eine von vier Klassen K_1 = Teich, K_2 = Haus, K_3 = Baum und K_4 = „Rückweisungsklasse" eingeteilt werden. Dies kann auf verschiedene Art und Weise geschehen. Wenn man einfach Häufungsbildungen ('cluster') im Merkmalsraum analysiert, ohne die zugehörigen Klassen zu kennen, so spricht man von *nicht überwachter Klassifikation* (vgl. Kapitel 4.6.1.3, unsupervised learning). Kann man jedoch, beispielsweise anhand von Trainingsdaten, die Sollklassen angeben, so handelt es sich um eine *überwachte Klassifikation* (vgl. Kapitel 4.6.1.3, supervised learning). In diesem Fall wird die Klassifikation für einige ausgewählte Bildregionen sozusagen vorab händisch durchgeführt. Die entstehenden Verteilungen werden im Merkmalsraum eingetragen. Es entstehen Darstellungen analog zu Abb. 3.48.c und d. Nun erfolgt die *Aufteilung des Merkmalsraumes* für die es eine Vielzahl verschiedener Algorithmen gibt (eine ausgezeichnete, ausführliche und gut verständliche Darstellung findet sich in [Kra90], Kapitel 6.8). Abbildung 3.49.a zeigt eine mögliche händische Aufteilung des Merkmalsraums, Abb. 3.49.b zeigt das Ergebnis einer möglichen automatischen Aufteilung. Hier wurde als zu Grunde liegendes Modell angenommen, daß die drei Klassen normalverteilt sind – dies ist in der Realität nicht immer gewährleistet. Die 1–σ–Grenzen der Verteilungen können im zweidimensionalen Merkmalsraum als Ellipsen dargestellt werden ('maximum likelihood' Klassifikation).

Die so gefundene Aufteilung des Merkmalsraumes wird dann zur punktweisen Klassifikation des gesamten Bildes verwendet. Dies bedeutet, daß für jeden Punkt des Bildes alle Merkmale erhoben werden, der zugehörige Ort im Merkmalsraum aufgesucht wird,

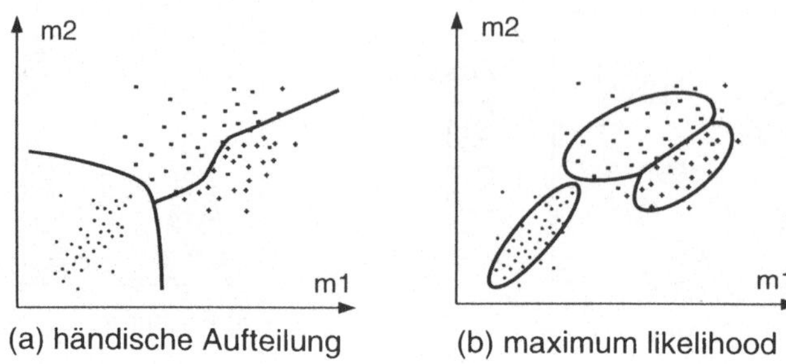

Abbildung 3.49: Klassifikation im Merkmalsraum

und die dort vorgefundene Klasse dem entsprechenden Punkt des Ausgabebildes zugewiesen wird.

Dieser kurze Ausflug in die Klassifikation soll mit einem Beispiel aus der multispektralen Klassifikation in der Fernerkundung abgeschlossen werden. Als Merkmale wurden hier einfach spektrale Merkmale, das heißt die einzelnen Farbauszüge eines Landsat-TM Bildes verwendet. Abbildung 3.50.a zeigt einen Farbauszug des Originalbildes (nordwestlicher Stadtrand von Wien, Wienerwald und ein Teil des Tullnerfeldes), Abb. 3.50.b eine von Hand durchgeführte (generalisierende) Klassifikation (aus [Wag91]) und Abb. 3.50.c das Ergebnis einer automatischen Klassifikation (siehe [BSP92] und Kapitel 7.2.2.2).

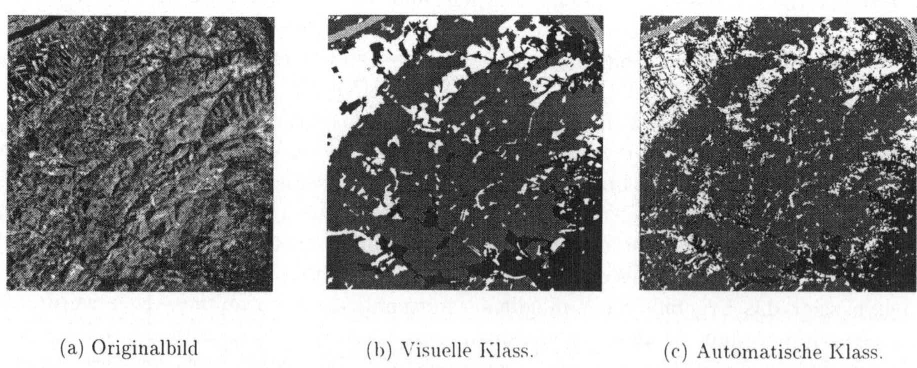

(a) Originalbild   (b) Visuelle Klass.   (c) Automatische Klass.

Abbildung 3.50: Multispektrale Klassifikation eines Landsat-TM Bildes

3.12 Bibliographie

Digitale Bildverarbeitung mit Betonung der Fernerkundung behandeln [Bä85, Moi80].
Ein Standardlehrbuch zur Fernerkundung ist [KS88], [Kra90] geht auch auf digitale
Bildverarbeitung ein.

Die Bücher [BB82], [DH73], [GW87], [Hor86], [Pra78] (2. Auflage [Pra91]) und [RK82a,
RK82b] sind Standardwerke über digitale Bildverarbeitung und Mustererkennung, der
Sammelband [Ros84] für Bildpyramiden. Das zweibändige Werk [CS85a, CS85b] stellt
eine Sammlung von wichtigen wissenschaftlichen Artikeln zu diesem Themenbereich
dar. Es ist in die beiden Teile Digital Image Processing und Digital Image Analysis
gegliedert.

Fouriermethoden werden in [GW87] und [Moi80] ausführlich behandelt.

Der Artikel [Har79] gibt einen guten Überblick über verschiedene Ansätze zur Behandlung von Textur.

Neuere Werke in deutscher Sprache stellen [Jae91], [Zam91], [BB91a] und [Hab91] dar.
[Jae91] enthält einen Anhang über PC-basierte Spezialhardware für die Bildverarbeitung. [Zam91] ist sehr gut lesbar, verständlich und gleichzeitig kompakt gehalten, und
kann daher als vertiefende Einführung sehr empfohlen werden. Das soeben erschienene
Buch [Rad93] beschäftigt sich nicht nur mit dem Verarbeiten, sondern auch mit dem
Verstehen von Bildern.

Eine sehr ausführliche Darstellung der mathematischen Morphologie – auch für Grauwertbilder – bietet [Ser82, Ser88].

In jüngster Zeit sind einige ausgezeichnete neue Werke erschienen. Besonders erwähnenswert erscheinen: [Wec90, HS92, HS93a, SHB93].

Kapitel 4

Grundlagen aus Artificial Intelligence

Bei näherer Betrachtung dieses Kapitels wird der Leser feststellen, daß es nahezu lächerlich kurz ausgefallen ist. Dies liegt *nicht* in einer Geringschätzung des Wissensgebietes begründet, eine ausführliche Einführung, wie sie zum Beispiel [Gö93] auf rund 1000 Seiten bietet, würde den Rahmen dieses Buches aber bei weitem sprengen. Zudem kann von der Mehrzahl der Leser bereits grundlegendes Wissen über AI angenommen werden. Einige wenige ausgewählte Bereiche, auf die in späteren Kapiteln direkt Bezug genommen wird, werden etwas ausführlicher gebracht (z.B. neurale Netze). Die meisten Abschnitte sind jedoch mehr als eine Art Kurzbeschreibung des jeweiligen Gebietes zu betrachten.

Was verstehen wir eigentlich unter 'Artificial Intelligence'? Die direkte Übersetzung des Begriffes ins Deutsche – „Künstliche Intelligenz" – verfälscht ihn bereits, da im Deutschen der Begriff Intelligenz wesentlich weiter gefaßt ist als das Englische 'Intelligence'. Man findet auch in der Literatur ganz unterschiedliche Definitionen:

- "AI is the study of ideas that enable computers to be intelligent."

- "The goals of AI are to make computers more useful and to understand the principles that make intelligence possible." [Win84]

- " 'Intelligent' program execution involves:
    - non-determinism,
    - parallelism
    - pattern-directed procedure call." [CM84]

- "AI is the study of how to make computers do things at which, at the moment, people are better." [Ric84]

Diese Definitionen sind so weit gefaßt, daß die gewünschten Ziele auf ganz unterschiedlichen Wegen erreicht werden können. Ein möglicher Ansatz ist der Versuch, so viel wie möglich in *expliziter* Form zur Verfügung zu stellen. Man hat dann die Möglichkeit, auf einer höheren, *symbolischen* Ebene zu argumentieren. Wissen, Strukturen und Objekte müssen dazu in geeigneter Form repräsentiert werden. Diese Form der *Symbol-Verarbeitung* stellt gewissermaßen die „klassische AI" dar, während im *Konnektionismus* (auch *sub-symbolische AI*) der entgegengesetzte Weg beschritten wird: Wissen ist implizit und verteilt repräsentiert. Eine sehr interessante Diskussion der Entwicklung von Kybernetik, Konnektionismus und Kognitivismus bietet [Var90]. Mit den biologischen Wurzeln des menschlichen Erkennens beschäftigt sich [MV90].

4.1   Produktionssysteme (PS)

Ein AI-Produktionssystem besteht aus drei Hauptkomponenten:

- Daten (global database),

- Operationen (set of production rules) und

- Kontrolle (control system) [Nil82].

Eine Operation (production rule) ist dabei in ihrer einfachsten Form eine Regel der Form `if Prämisse then Conclusio`. Das Kontrollsystem analysiert, welche Prämissen auf Grund der aktuellen Daten erfüllt sind, und entscheidet, welche der daher anwendbaren Regeln ausgeführt werden sollen. Die Conclusio bewirkt dann eine Änderung der Daten.

Man erkennt folgende wesentliche Unterschiede zu „konventionellen" Systemen bzw. Programmen: Es gibt keine lokalen Daten, keinen „Aufruf" einer Regel von einer anderen Regel (im Sinne eines Call) und keine hierarchische Organisation. Es gibt auch keine starr vorgegebene Sequenz von „Programmbefehlen". Das Systemverhalten ist durch den Zustand der globalen Daten bestimmt (data driven), allerdings deterministisch, das heißt, ein gegebenes PS verhält sich bei identischen Daten immer in der gleichen Art.

Will man Aufgaben mit Hilfe eines PS lösen, so erfordert dies eine Transformation der Problembeschreibung in die Darstellung in Form von globaler Datenbasis, Regeln und Kontrollstrategie. Diese Aufgabe wird als *Repräsentationsproblem* bezeichnet. Die Kunst des sogenannten 'knowledge engineer' besteht in der Auswahl der geeigneten Repräsentation für eine bestimmte Aufgabenstellung. Diese Lösung des Repräsentationsproblems ist keineswegs trivial und selten eindeutig.

4.1.1 Die Problemlösung im PS

Das PS geht von einem Anfangszustand A aus. Dieser, so wie alle nachfolgenden Zustände sind eindeutig durch den jeweiligen Inhalt der globalen Daten charakterisiert. Auch das Ziel Z ist in dieser Form repräsentiert. In Abb. 4.1 sind verschiedene Zustände eines PS in Form von Knoten eines Graphen dargestellt. Eine Kante verbindet zwei Knoten, wenn man durch Anwendung der Regel R von einem Zustand in den anderen gelangen kann. Der vollständige Graph für ein PS würde alle erlaubten Zustände des PS beschreiben und zeigen, durch Anwendung welcher Regel sie erreicht werden. Im Normalfall ist der vollständige Graph sehr groß oder unendlich. Deswegen werden spezielle Kontrollstrategien zum Durchlaufen des Graphen benötigt.

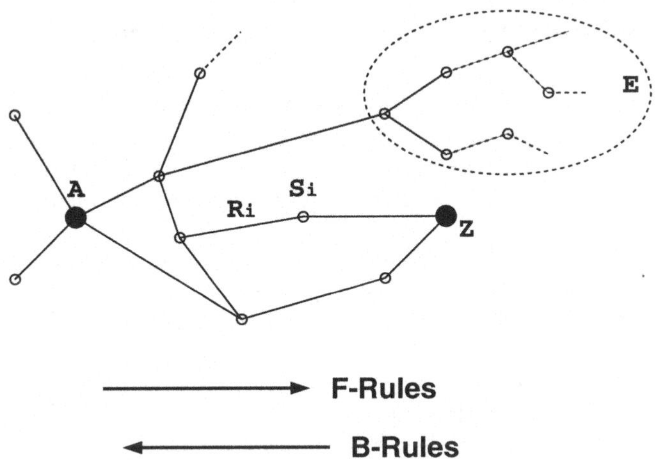

Abbildung 4.1: Darstellung eines PS in Form eines Graphen

Die Aufgabe der Kontrollstrategie ist es, einen Weg vom Anfangszustand A zum Ziel Z zu finden. Man unterscheidet zwischen *unwiderruflichen (irrevocable)* und *versuchenden (tentative)* Kontrollstrategien. Wie man sich leicht vorstellen kann, gibt es Fälle, wo eine unwiderrufliche Kontrollstrategie in einen Teil des Graphen gerät, aus dem kein Weg zum Ziel Z führt (z.B. Subgraph E in Abb. 4.1). Versuchende Kontrollstrategien wären etwa Graph–Search–Methoden oder Backtracking. Sie sind in der Lage, einen „falschen" Weg zu erkennen und aus Sackgassen wieder herauszufinden.

Die Aufgabe kann noch zusätzlich erschwert werden, wenn gefordert ist, daß der *optimale* (kürzeste, billigste, ...) Weg von A nach Z zu finden ist.

Je nach der Art der verwendeten Regeln können PS in die drei Gruppen Forward–PS, Backward–PS und Bidirectional–PS eingeteilt werden. Beim Forward–PS wird vom

Anfangszustand A ausgegangen und durch Anwendung sogenannter F–Rules ('Forward-Rules') versucht, das Ziel Z zu erreichen. Die Kanten im Graphen wären dann von A weggerichtet. Beim Backward–PS geht man vom Ziel Z aus, es werden B–Rules ('Backward-Rules') angewendet. Beim Forward–PS muß der aktuelle Zustand immer mit Z verglichen werden, beim Backward–PS mit A (matching). Das Bidirectional–PS stellt eine Kombination von Forward– und Backward–PS dar. Es gibt F– und B–Rules, das heißt, einige Kanten im Graphen können in beiden Richtungen durchlaufen werden. Die Kontrollstrategie geht dann gleichzeitig von A und Z aus. Dieses Verfahren bietet den Vorteil höherer Flexibilität bei größerer Komplexität (mehrere Wege müssen gleichzeitig gespeichert werden, matching auf beliebigen Zwischenzuständen wird benötigt, usw.).

4.1.2 Prädikatenlogik erster Ordnung, Prolog

Die Komponenten einer Prädikatenlogik erster Ordnung sind Prädikatssymbole, Funktionssymbole, Konstantensymbole und Variablensymbole. Die Prädikatenlogik wird durch ihre Syntax definiert. Erlaubte Ausdrücke heißen 'well-formed-formula' (wff) [Nil82]. Der Bezug zu Produktionssystemen ergibt sich, wenn die Komponenten der globalen Datenbasis des PS als wff's betrachtet werden. Die AI–Programmiersprache Prolog (PROgramming in LOGic) entspricht einem regelbasierten Backward–PS [CM84]. Da die meisten bildverstehenden Systeme mit dieser starren Kontrollstrategie nicht das Auslangen finden, wird Prolog im Bildverstehen kaum verwendet.

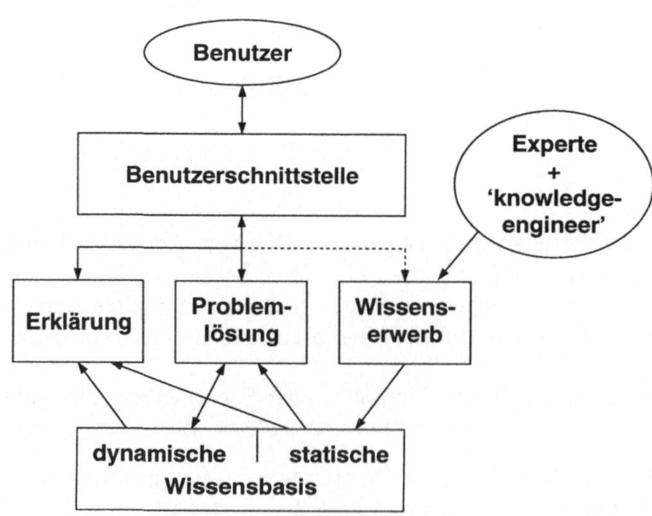

Abbildung 4.2: Die Hauptkomponenten eines Expertensystems

4.2 Expertensysteme

Werner Horn definiert den Begriff „Expertensystem" wie folgt:

> „Computersystem, das in einem spezialisierten, diffusen Bereich über ausreichendes Wissen verfügt und fähig ist, dieses Wissen zur Lösung von Aufgabenstellungen eines Benutzers auf einem einem Experten entsprechenden Niveau anzuwenden." [Hor84]

Die Aufgabenstellungen an ein Expertensystem lassen sich in folgende Funktionen gliedern:

- Verstehen der Benutzeranfrage,

- Entscheiden, ob das System auf Grund seines Wissens die Aufgabe lösen kann,

- Lösen der Aufgabenstellung,

- die Lösung dem Benutzer verständlich präsentieren,

- den Lösungsweg erklären,

- Erweitern und Warten der Wissensbestände (Wissenserwerb).

Aus diesen Anforderungen ergibt sich die übliche Gliederung eines Expertensystems in seine Hauptkomponenten (siehe Abb. 4.2). Wir wollen mit der Erläuterung dieser Abbildung ganz unten, bei der Wissensbasis, beginnen. Die Wissensbasis zerfällt in zwei Teile, die *statische* und die *dynamische Wissensbasis*. Im statischen Teil ist das gesamte Wissen des Systems *vor Beginn* einer Konsultation gespeichert, es wird üblicherweise durch eine Konsultation nicht verändert. Das Wissen wird über die Wissenserwerbskomponente in die statische Wissensbasis eingebracht. Die strichlierte Verbindung zwischen Benutzerschnittstelle und Wissenserwerbskomponente deutet an, daß der Benutzer bei manchen Systemen die statische Wissensbasis verändern darf. Bei vielen Systemen erfolgt dieser Wissenserwerb jedoch 'off–line' durch intensive Zusammenarbeit zwischen Experten des jeweiligen Fachgebietes und dem Knowledge–Engineer. Der Knowledge–Engineer löst das Repräsentationsproblem und füllt dann mit Hilfe der Wissenserwerbskomponente die statische Wissensbasis. Die dynamische Wissensbasis ist zu Beginn einer neuen Konsultation leer. Der Benutzer aktiviert über die Benutzerschnittstelle durch die Spezifikation seiner Anfrage die Problemlösungskomponente. Diese legt das zum laufenden Problemlösungsvorgang entstehende Wissen – Daten über die Problemstellung selbst, Hypothesen, bereits verifizierte Hypothesen (= Fakten) und den bisherigen Lösungspfad – in der dynamischen Wissensbasis ab. Durch die Arbeit der Problemlösungskomponente wird die dynamische Wissensbasis laufend verändert. Schließlich gibt es noch die Erklärungskomponente. Am Ende der Konsultation, aber auch zu jedem beliebigen früheren Zeitpunkt, soll der Benutzer die Möglichkeit haben, den bisherigen Lösungsweg mit Hilfe der Erklärungskomponente erläutert zu bekommen (Antwort auf die Fragen *warum?* und *wie?*).

Die Struktur des Wissens in der Wissensbasis ist wichtig für die Funktion des Gesamtsystems. Wissen kann implizit oder explizit repräsentiert sein. Da nur explizites Wissen von der Erklärungskomponente erklärt werden kann, ist so weit als möglich explizit repräsentiertes Wissen anzustreben.

Viele Expertensysteme basieren auf Produktionssystemen. Man kann dann eine grobe Einteilung treffen, nach der Produktionsregeln in der statischen Wissensbasis und die globale Datenbasis in der dynamischen Wissensbasis abgelegt sind. Für solche Systeme haben sich verschiedene Bezeichnungen etabliert:

- Rule–based expert system,

- Blackboard system,

- Pattern directed inference system.

Einige in der Literatur häufig referenzierte Expertensysteme waren:

- MYCIN ([Sho76]): Bakterielle Erkrankungen,

- PROSPECTOR ([DGH79]): Geologie,

- X-CON ([BO89]): Rechnerkonfiguration,

- MOLGEN ([Ste81]): Molekulargenetik.

Beispiele für bildverstehende Systeme, die stark regelbasiert arbeiten, sind:

- SPAM ([MHM85]): Luftbildinterpretation,

- Mapsee ([HM83]): Interpretation von Landkarten.

4.3   Repräsentation ↔ Beschreibung

Dieser sehr kurze Abschnitt hat ausschließlich den Zweck, an einer Stelle im vorliegenden Buch explizit auf den Unterschied zwischen den Begriffen „Repräsentation" und „Beschreibung" hinzuweisen. P.H. Winston hat ihn in sehr klarer Weise definiert:

> "In general, a *representation* is a set of conventions about how to describe a class of things. A *description* makes use of the conventions of a representation to describe some particular thing." ([Win92], S.16)

4.4   Wissensrepräsentation

„Eine Repräsentation ist eine Menge von syntaktischen und semantischen
Konventionen, die es ermöglicht, Dinge zu beschreiben. Die Syntax einer
Repräsentation spezifiziert die Symbole, die benützt werden dürfen, und
wie man diese Symbole kombinieren darf. Die Semantik einer Repräsentation spezifiziert, welche Bedeutung die Symbole und Symbolkombinationen
haben." [Win84]

Die Wissensrepräsentation stellt einen zentralen Problembereich dar, unabhängig davon, welche Art von AI-System man für die Lösung eines bestimmten Problems bevorzugt (Produktionssystem, Expertensystem, Neurales Netz). Die Struktur der Wissensbasis ist letztlich ausschlaggebend für eine effiziente Funktion des Gesamtsystems. Dies
wurde auch schon bei den Produktionssystemen angemerkt (Repräsentationsproblem).

Eine Möglichkeit stellt die Wissensrepräsentation in Form von Regeln dar. Dabei
kommt man schnell zu einer großen Anzahl verschiedener Regeln und die Wissensbasis
wird unübersichtlich. Außerdem werden oft gleichzeitig die Prämissen mehrerer Regeln erfüllt sein. Das Kontrollsystem ist dann vor die komplizierte Aufgabe gestellt,
welche Regel es feuern lassen soll. Deshalb wurden in vielen regelbasierten Systemen
sogenannte *Metaregeln* eingeführt: Die Regeln werden in einzelne Regelgruppen zusammengefaßt, das Feuern einer Metaregel bedeutet das Aktivieren der zugehörigen
Regelgruppe.

Oft ist es erwünscht, *Unsicherheit* auszudrücken, das heißt, eine bestimmte Aussage soll
nicht nur die Werte False (0) oder True (1) annehmen können. Ihr Wertebereich wird
auf ein kontinuierliches Intervall (z.B. $[0, 1]$) erweitert, der jeweilige Wert bedeutet dann
eine bestimmte *Sicherheit*, daß die zugehörige Aussage zutrifft (uncertainty, confidence,
fuzzy reasoning, ..., siehe z.B. [Tan90], Kapitel 7).

4.4.1   Semantische Netze

Abbildung 4.3 zeigt ein einfaches Beispiel für ein semantisches Netz. Dieses semanti-
sche Netz hat folgende Bedeutung: Stein3 ist ein Spielzeugstein, seine Farbe ist rot.
Steine sind im allgemeinen quaderförmig. Man beachte, daß die Semantik des Net-
zes erst durch unsere Interpretation der natürlichsprachlichen Bezeichnungen entsteht!
Semantische Netze erlauben es, einige beim Menschen beobachtete Mechanismen, wie
Erfahrung oder Generalisierung, darzustellen ([Win84]):

Vererbung (inheritance): Allgemeine Eigenschaften eines Überkonzeptes werden ent-
lang von IS-A–Kanten an Individuen weitergegeben (vererbt). Hat ein bestimmter
Stein, wie in unserem Beispiel Stein3, keine eigene Formkante, und wird nach seiner
Form gefragt, so kann als Antwort Quader geliefert werden, da Stein ein Überkonzept

von `Stein3` ist und `Stein` die Form `Quader` hat. Sowohl die Vererbung, als auch die unten beschriebenen Defaults werden in dem Augenblick unwirksam, wo die entsprechende Eigenschaft beim jeweiligen Individuum explizit angegeben ist (z.B. Form von `Stein3: Zylinder`).

Dämonen (demons) sind Prozeduren, welche automatisch dann aufgerufen werden, wenn sie benötigt werden. So könnte es beispielsweise eine passende IF-NEEDED Prozedur geben, die, wenn das Gewicht von `Stein3` benötigt wird, das Produkt aus Volumen und spezifischem Gewicht errechnet.

Defaults ermöglichen auch dort Überlegungen, wo noch wenig spezifisches Wissen vorhanden ist. So könnte zum Beispiel als Default für Spielzeuge angegeben sein, daß sie aus Holz gemacht sind.

Bei den meisten realen Problemen stellt sich heraus, daß das zugehörige semantische Netz enorm groß und unübersichtlich werden würde. Deshalb ist es nicht zielführend, ausschließlich semantische Netze zur Wissensrepräsentation zu benutzen. Jedoch können die oben angesprochenen Stärken semantischer Netze in einer Kombination mit anderen Wissensrepräsentationsmechanismen genutzt werden.

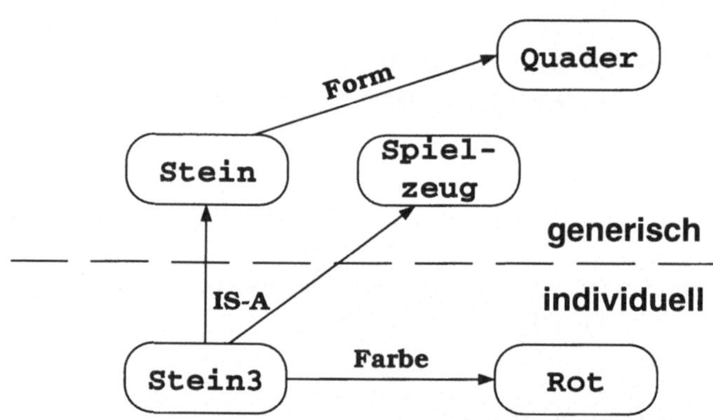

Abbildung 4.3: Beispiel für ein einfaches semantisches Netz

4.4.2 Frames

Der Begriff Frame bedeutet Rahmen oder Schema. Frames stellen eine Weiterentwicklung des semantischen Netzes dar. Sie wurden erstmals 1975 von Minsky als geeignete Wissensrepräsentation für bildverstehende Systeme vorgeschlagen (der Artikel [Min75] in dem Buch [Win75]). In einem Frame können einerseits mehrere Knoten eines semantischen Netzes zusammengefaßt sein, andererseits können in einem Frame–System mehrere semantische Netze gleichzeitig aufgebaut sein. Ziel der Wissensrepräsentation in Frames ist es, in einem Frame alles explizite Wissen für ein Objekt zusammenzufassen. Abbildung 4.4 zeigt die grundsätzliche Struktur eines Frames. Ein Frame besteht aus beliebig vielen *Slots*, ein Slot wiederum aus beliebig vielen *Facets*. Es gibt reservierte Slots und Facets mit spezieller Bedeutung.

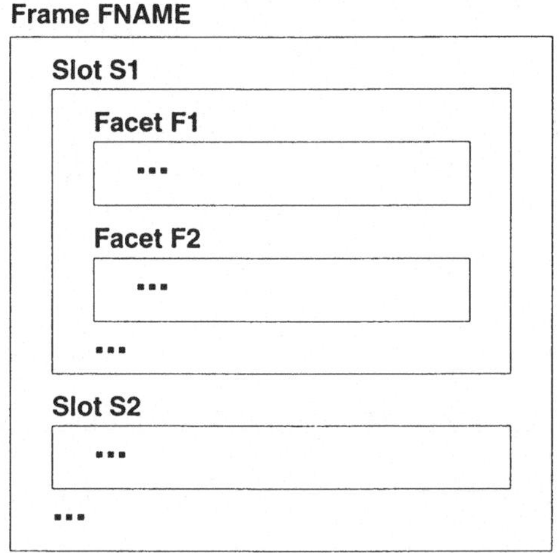

Abbildung 4.4: Struktur eines Frames

4.4.2.1 Reservierte Slots

AKO (A kind of): entspricht der IS-A Relation im obigen Beispiel zu semantischen Netzen. Mit Hilfe von AKO wird generalisiert, also auf ein Überkonzept gezeigt (z.B. `Stein3 AKO Stein` oder `Kuh AKO Saeugetier`). Die inverse Relation zu AKO ist INSTANCE.

INSTANCE: Mit Hilfe dieser Relation wird spezialisiert, also ein Überkonzept aufgespalten (z.B. `Stein INSTANCE (Stein1, Stein2, ...)` oder `Saeugetier INSTANCE (Kuh, Katze, Hund, ...)`).

AKO und INSTANCE zeigen auf andere Frames, sie sind also Kanten eines semantischen Netzes, dessen Knoten die Frames darstellen. Üblicherweise wird verlangt, daß das Netz eine Baumstruktur hat, das heißt, es darf keine Schleifen geben und ein Frame darf nicht gleichzeitig INSTANCE von mehreren verschiedenen Überkonzepten sein (sonst würde die Vererbung nicht mehr funktionieren).

CLASSIFY: In diesem Slot ist vermerkt, ob das zugehörige Frame eine Klasse von Objekten oder ein spezielles Individuum repräsentiert. Der CLASSIFY–Slot kann nur die beiden Werte GENERIC und INDIVIDUAL annehmen (z.B. Kuh: GENERIC, Stein3: INDIVIDUAL). Ein Frame, das ein Individuum repräsentiert, kann keine INSTANCES haben, es steht also jedenfalls auf der untersten Ebene des AKO-INSTANCE Relationenbaumes.

In einigen Frame–Systemen gibt es zusätzlich die reservierten Slots PART und WHOLE, um das Wissen zu repräsentieren, daß ein Objekt aus mehreren Teilen besteht.

4.4.2.2   Reservierte Facets

VALUE: In der VALUE-Facet wird der Wert des zugehörigen Slots gespeichert.

REQUIRE: Hier stehen Bedingungen für den VALUE (z.B. der Wertebereich).

DEFAULT: Der DEFAULT–Wert wird so lange benutzt, so lange keine VALUE–Facet existiert.

IF-ADDED, IF-REMOVED, IF-NEEDED sind, ähnlich wie bei semantischen Netzen, genormte Dämonen oder „attached procedures", die vom Frame–System automatisch aufgerufen werden, wenn der zugehörige Slot eingefügt oder entfernt wird, oder wenn sein VALUE benötigt wird.

4.4.2.3   Ein Beispiel mit Frames in FRL

Im Anschluß an diese Definition der Frames durch Minsky [Min75] wurde das erste Frame–System, die 'Frame Represenation Language' FRL [RG77b, RG77a], erstellt. Abbildung 4.5 zeigt ein einfaches Beispiel, in dem die FRL Notation benutzt wird, die entsprechende graphische Veranschaulichung zeigt Abb. 4.6.

Das Beispiel aus Abb. 4.5 und Abb. 4.6 behandelt Wissensrepräsentation über Möbelstücke. Zwei mögliche INSTANCEs von Moebel sind Sessel und Regal. Während die Frames Moebel, Sessel und Regal GENERIC sind, also ganze Objektklassen darstellen, ist S2 ein ganz bestimmter Sessel und R1 ein bestimmtes Regal, S2 und R1 sind daher INDIVIDUAL. Abbildung 4.6 zeigt das durch die AKO und INSTANCE Relationen entstehende semantische Netz (einfache, durchgezogene Pfeile). Dieses Netz wird in zwei Fällen verwendet, beide Male handelt es sich um Vererbung. Im Frame für das Regal R1 gibt es keinen Slot Material. Deshalb wird entlang der AKO-Kanten so lange nach oben gegangen, bis ein Frame mit einem Slot Material erreicht wird. Dies ist erst beim Frame Moebel der Fall. Dort gibt es zwar auch keine VALUE–, aber eine DEFAULT–Facet. So wird, wenn nach dem Material des Regals R1 gefragt wird, der Defaultwert Holz vererbt. Im zweiten Fall sollen die Maße des Regals R1 bestimmt werden. Die VALUE–Facet des Slots Hoehe wird gesetzt, indem die passende IF-NEEDED

```
(FRAME (Moebel (INSTANCE
                (VALUE (Regal, Sessel, Tisch,...)))
              (Material
                (DEFAULT (Holz)))
              (CLASSY GENERIC)))
(FRAME (Sessel (AKO (VALUE (Moebel)))
              (CLASSY GENERIC)
              (INSTANCE (VALUE (S1, S2,...)))))
(FRAME (Regal (AKO (VALUE (Moebel)))
              (CLASSY GENERIC)
              (INSTANCE (VALUE (R1, R2,\dots )))
              (Hoehe (IF-NEEDED (Real-Eingabe "Hoehe")))
              ...
              ))
(FRAME (S2 (CLASSY INDIVIDUAL)
          (Material (VALUE (Plastik)))
          (AKO (VALUE (Sessel)))))
(FRAME (R1 (CLASSY INDIVIDUAL)
          (AKO (VALUE (Regal)))
          (Breite (VALUE (150)))))
```

Abbildung 4.5: Beispiel zur Frame Representation Language (FRL)

procedure zunächst vom Frame `Regal` vererbt wird und dann als Dämon abläuft. Im Fall des Sessels `S2` ist der Slot `Material` explizit auf einen VALUE (`Plastik`) gesetzt, deshalb wird kein Vererbungsmechanismus benötigt.

Man sieht schon an diesem an sich sehr einfachen Beispiel, wie rasch die Gesamtsituation in einem derartigen Frame–System sehr komplex werden kann. Eine solche Form der Wissensrepräsentation muß daher auf einen *speziellen, kleinen Problembereich beschränkt* bleiben.

Neben den Frames gibt es auch noch eine Reihe anderer, sehr ähnlicher Konzepte (z.B. schemas und scripts). Zur Implementation dieser Wissensrepräsentationsformen wird oft, so wie in FRL, die Sprache LISP verwendet. Seit einigen Jahren sind Frame–ähnliche Konzepte in gängigen LISP-Systemen bereits direkt integriert. Während die 'flavors' noch nicht die von FRL gewohnte Flexibilität boten, erscheint ein neuerer Standard, das Common Lisp Object System (CLOS [BDG+88, LM91, Kee89]), sehr vielversprechend.

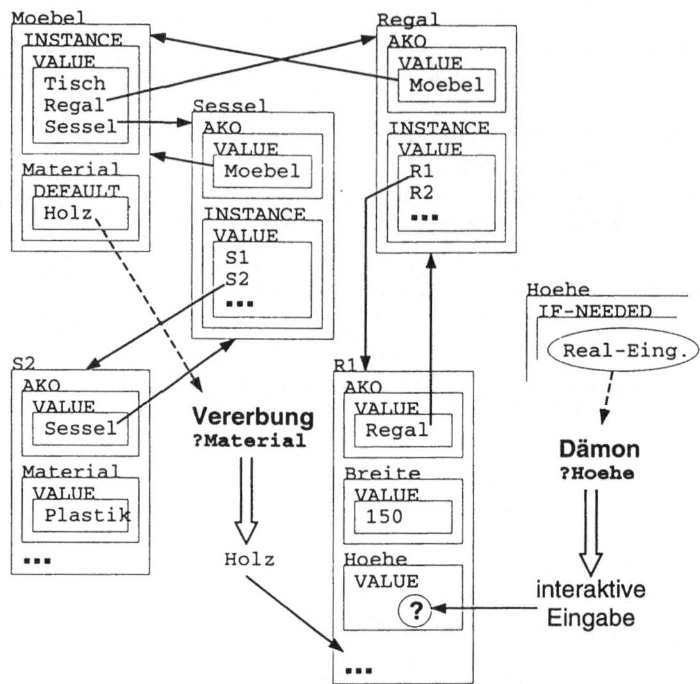

Abbildung 4.6: Graphische Darstellung zu Abb. 4.5

4.5   Funktionale Programmierung, LISP

Die Programmiersprache LISP (LISt Processor) hat nicht nur in der AI, sondern auch
im Bildverstehen eine große Verbreitung gefunden. Die Beispiele zu Frames (Abb.
4.5 und 4.6) sind in LISP formuliert und auch in späteren Abschnitten dieses Buches
werden noch einige solche Beispiele folgen. Als Standard für LISP hat sich in den letzten
Jahren Common Lisp durchgesetzt [WH89, Ste90]. Auch der *Knowledge Module* von
KBVision [Ameb] ist in LISP geschrieben. Allerdings ist in jüngster Zeit ein neuer
Trend zu bemerken – auch 'high level vision' wird verstärkt in C programmiert.

In LISP gibt es eine einzige einheitliche Datenstruktur für Daten und Programme,
die *S-Expression*. Eine S-Expression kann entweder ein Atom oder eine Liste von
S-Expressions sein. Die *funktionale Form* ist eine spezielle Liste, bei der das erste
Element der Liste als Funktionsname interpretiert wird. Abbildung 4.7 zeigt Beispiele
für Atome, Listen und funktionale Form.

In der obersten Ebene interpretiert das LISP-System jede Eingabe als funktionale
Form und versucht, diese Form zu evaluieren. Eine Sitzung mit einem LISP-Interpreter

```
Atome:             A XYZ
                   4.1 ''Bildverstehen''
Listen:            (A XYZ 4.1)
                   (A (1 2 3) 4)
Funktionale Form:  (Fktname S-Expr-1 ... S-Expr-n)
```

Abbildung 4.7: Atome, Listen und funktionale Form

könnte etwa so aussehen:

```
?  (+ 1 2 3)
6
?  (myfunction 'x 3 '(a b c))
(X X X A B C)
?
usw.
```

Funktionen können beliebig definiert werden und selbst wieder neue Funktionen aufrufen. So kann ein beliebiger Abstraktionsgrad erreicht werden.

4.6 Neurale Netzwerke (Konnektionismus)

Während in den vorangegangenen Abschnitten Modelle der „klassischen AI" besprochen wurden, wollen wir uns nun dem *Konnektionismus*, einer Strömung, die sich stärker am biologischen Vorbild (Mensch) orientiert, zuwenden. Schon zu Beginn von Kapitel 2 haben wir Überlegungen angestellt, die es nahelegen, daß die Prozesse im Gehirn *massiv parallel* ablaufen. Im Konnektionismus (andere gängige Bezeichnungen sind: Neurale Netzwerke, subsymbolische AI, PDP – Parallel Distributed Processing) versucht man, allgemeine Prinzipien der Informationsverarbeitung im Gehirn zu nutzen, und diese auf den Computer zu übertragen.

So wie das Gehirn ist auch ein künstliches neurales Netzwerk aus sehr vielen, einfachen Elementen aufgebaut, die *hochgradig parallel* und *unabhängig voneinander* arbeiten. Im Gegensatz zu einem herkömmlichen Computersystem, wo die Information lokal (an einer bestimmten Stelle) gespeichert ist, findet man in neuralen Netzen eine *verteilte* Art der Informationsspeicherung. Dies läßt sich mit Hologrammen vergleichen, wo aus einem Teil des Hologramms noch das gesamte Bild, wenngleich etwas unschärfer, reproduziert werden kann. Im Gehirn ist es zwar möglich, Regionen anzugeben, in denen gewisse Arten von Information gefunden werden können, es ist aber unmöglich, zu bestimmen, wo in einer Region eine bestimmte Information liegt.

Während Wissen in der klassischen AI symbolisch repräsentiert wird, und man besonders darauf achtet, möglichst viel Information explizit zu machen, ist dies beim Konnektionismus nicht der Fall. Bei den meisten konnektionistischen Modellen gibt es Lernalgorithmen, die das Wissen, das zum Lösen einer Aufgabe nötig ist, aus Trainingsbeispielen extrahieren. Dieses Wissen ist vielfach *nicht symbolisch repräsentiert* (daher *„subsymbolische AI"*).

Ein weiteres interessantes Faktum des Konnektionismus ist, daß sich Wissenschafter der unterschiedlichsten Disziplinen (Biologen, Mathematiker, Physiker, Informatiker, Psychologen, Philosophen) mit diesem Gebiet beschäftigen, wodurch sich eine starke Interdisziplinarität ergibt, die stimulierend auf alle beteiligten Disziplinen wirkt.

Es ist klar, daß wir hier nicht alle Bereiche des Konnektionismus erörtern können. Daher soll ausgehend von einem allgemeinen Modell eher exemplarisch ein Überblick über einige häufig verwendete Modelle gegeben werden. Besondere Beachtung finden Modelle, die im Bereich Mustererkennung und Bildverstehen eingesetzt werden.

4.6.1   Allgemeines Modell für ein Neurales Netz

In diesem Abschnitt soll ein allgemeines Schema für ein neurales Netzwerk beschrieben werden, wobei manche Modelle in der Literatur auch etwas von diesem Schema abweichen können. Es ist aufgrund der rasanten Entwicklung dieses Gebietes nicht möglich, ein Modell anzugeben, das alle Facetten beinhaltet, daher sollte dieses Modell nicht als Definition eines neuralen Netzwerkes verstanden werden, sondern eher als Schema, das bei vielen Netzwerkmodellen erfüllt ist.

4.6.1.1   Units

Konnektionistische Systeme verarbeiten Information in vielen einfachen Prozessoren (*Units* genannt). Diese Units besitzen untereinander Verbindungen, mit denen sie Information austauschen können. Abbildung 4.8 zeigt eine schematische Skizze einer Unit.

Eine Unit besitzt zahlreiche Eingänge, die mit $o_1 \ldots o_j$ bezeichnet sind, da sie gleichzeitig Outputs anderer Units sind. Die Eingänge sind mit Gewichten $w_1 \ldots w_j$ versehen. Außerdem besitzt eine Unit noch einen internen Zustand (auch als Aktivierung *act* bezeichnet), eine Outputfunktion g und einen Outputwert o. Die Aufgabe einer Unit ist es nun, aus den Eingängen und den Gewichten, die diesen Eingängen zugeordnet sind, einen Wert zu errechnen, der als Nettoinput *net* bezeichnet wird. Aus dem Nettoinput

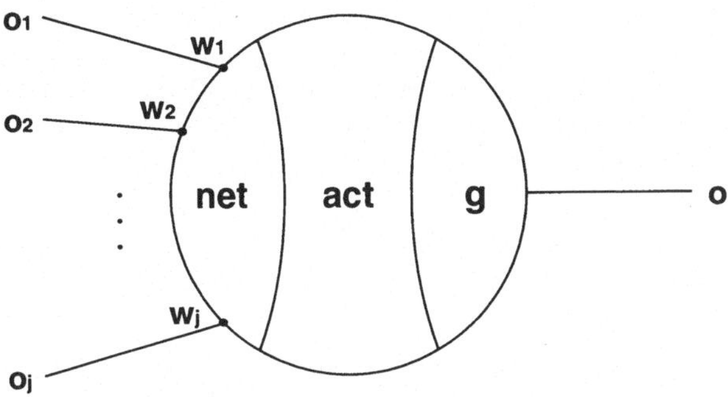

Abbildung 4.8: Schema einer Unit

wird mittels einer Funktion f, die als Aktivierungsfunktion bezeichnet wird, die Aktivierung der Unit berechnet. Aus der Aktivierung wird durch die Outputfunktion g der Outputwert der Unit berechnet. Dieser Wert wird dann an alle Units im Netzwerk geschickt, die mit dieser Unit verbunden sind. Formal läßt sich dieser Vorgang, der auch als *Update einer Unit* bezeichnet wird, wie folgt schreiben (die „..." bedeuten, daß auch noch andere interne Parameter einer Unit am Update beteiligt sein können):

$$net = F(o_1 \ldots o_j, w_1, \ldots w_i) \tag{4.1}$$
$$act = f(net, \ldots) \tag{4.2}$$
$$o = g(act, \ldots) \tag{4.3}$$

Als Funktional F wird meist eine gewichtete Summe $\sum w_j o_j$ verwendet. Gebräuchliche Aktivierungs- und Outputfunktionen sind die identische Funktion $f(x) = x$, lineare Funktionen $f(x) = ax + b$, Schwellwertfunktionen $f(x) = 0$ wenn $x < th$, $f(x) = 1$ wenn $x \geq th$, oder auch sigmoide Funktionen wie $f(x) = 1/(1 + e^{-x})$. In Abb. 4.9 sind einige dieser Funktionen zu sehen.

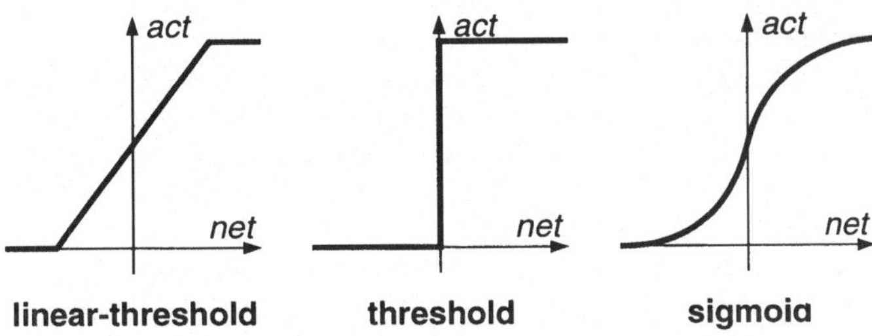

Abbildung 4.9: Aktivierungsfunktionen

Wichtig an diesem Schema ist, daß eine Unit nur Information verwendet, die ihr *lokal* zur Verfügung steht. Damit ist sie in der Lage, *parallel* zu allen anderen Units im Netzwerk zu arbeiten. Es besteht auch nicht mehr das Bedürfnis nach einem externen Synchronisationsmechanismus. Bei der Simulation eines neuralen Netzes auf einem seriellen Rechner geht der Vorteil der Parallelität natürlich verloren.

4.6.1.2 Topologie

Betrachtet man nun mehrere Units, die zu einem Netzwerk verbunden sind, so läßt sich diese Struktur durch einen gerichteten Graphen $G =< U, E >$ beschreiben. Die Knoten U entsprechen den Units des Netzwerks, die Kanten $E = \{< i, j > | i, j \in U\}$ den Verbindungen zwischen den Units, das heißt $< i, j > \in E$ genau dann, wenn Unit i mit Unit j verbunden ist.

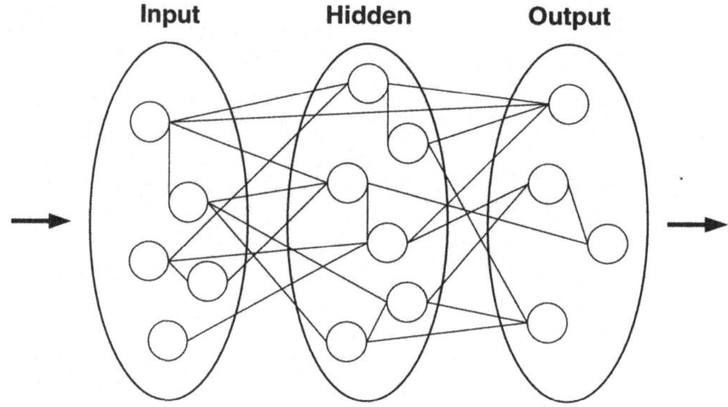

Abbildung 4.10: Netzwerktopologie

Üblicherweise werden Units in einem Netzwerk in drei Gruppen geteilt: Input, Hidden und Output Units (Abb. 4.10). Input Units sind Units, die auch von außerhalb des Netzwerks Information empfangen können, über sie erfolgt die Eingabe an das Netzwerk. Output Units geben ihren Outputwert nach außen ab, sie repräsentieren das Ergebnis der Berechnung. Hidden Units sind alle Units, die weder Input noch Output Units sind, sie dienen der internen Informationsverarbeitung. Es ist zu beachten, daß Units gleichzeitig sowohl Input als auch Output Units sein können.

Die Verarbeitung von Information in einem derartigen Netzwerk geschieht nach dem Schema der *Aktivierungsausbreitung*. Man legt an den Input Units ein Muster an und läßt die Aktivierungen sich ausbreiten, indem jede Unit einen oder mehrere Updates durchführt. Dies wird solange fortgesetzt, bis sich im Netzwerk ein annähernd stabiler

Zustand ergibt (d.h. die Aktivierungen der einzelnen Units ändern sich kaum). Die Werte der Output Units werden nun als Ausgabe des Netzwerks interpretiert. Ein solcher stabiler Zustand ist natürlich nicht bei jedem Netzwerk garantiert. Wenn Rückkoppelungsschleifen vorkommen, kann es, falls die Gewichte nicht geeignet gewählt sind, zu oszillierendem oder chaotischem Verhalten des Netzwerks kommen.

4.6.1.3 Lernen

Um eine bestimmte Aufgabe mit einem neuralen Netzwerk zu lösen, ist es notwendig, die *Gewichte der Verbindungen geeignet zu wählen*. Dazu gibt es prinzipiell drei Möglichkeiten:

- Händisch,

- analytisch,

- Lernalgorithmus.

Das händische Setzen von Gewichten ist, wie man sich leicht vorstellen kann, sehr mühsam und wird deshalb auch nur bei sehr kleinen ($\ll 100$ Gewichte) Netzen angewandt.

Bei analytischen Verfahren versucht man eine Reihe von Gleichungen aufzustellen, in denen die Gewichte als Unbekannte vorkommen. Die Gleichungen werden dann mit herkömmlichen Verfahren gelöst. Diese Verfahren funktionieren meist nur für sehr einfache Netzwerke (lineare Aktivierungs- und Outputfunktionen), und sind oft sehr rechenintensiv. Bei nichtlinearen Systemen ist ein analytisches Lösen der Gleichungen nur mehr selten möglich. Außerdem kann man in Fällen, wo man eine analytische Lösung finden kann, gut ohne ein neurales Netz auskommen.

Aus diesen Gründen verwendet man *Lernalgorithmen* (meist iterative Verfahren), um ein gewünschtes Input/Output Verhalten des Netzwerkes zu erhalten. Sie stellen die bei weitem am häufigsten verwendete Methode zum Setzen der Gewichte eines Netzwerkes dar und sind einer der Hauptgründe für das große Interesse an neuralen Netzwerken. Es werden drei Arten von Lernalgorithmen unterschieden:

- Supervised Learning,

- Reinforcement Learning,

- Unsupervised Learning.

Beim *Supervised Learning* (oder Lernen mit Lehrer) wird zusätzlich zu jedem Inputmuster das gewünschte Outputmuster (Target Output) angegeben. Das Netzwerk ändert die Gewichte nun so, daß bei der nächsten Präsentation dieses Musters der Output des Netzwerkes dem Target Output etwas näher ist.

Beim *Reinforcement Learning* (oder Lernen durch Belohnung), wird nicht für jede Output Unit ein Lernsignal zur Verfügung gestellt, sondern für eine Gruppe von Units ein globales reinforcement Signal. Dieses Signal gibt an, wie gut oder schlecht das erhaltene Ergebnis ist (z.B. richtig oder falsch). Die Gewichte werden so geändert, daß das reinforcement Signal maximal wird. Das besondere an dieser Art des Lernens ist, daß meist die Umgebung, in der das Netzwerk arbeitet explizit einbezogen wird.

Beim *Unsupervised Learning* (oder Lernen ohne Lehrer) wird dem Netzwerk nur das Input Muster präsentiert. Das Netzwerk muß, aufgrund von Ähnlichkeiten der Input Muster, diese gruppieren und in verschiedene Klassen einteilen.

Am häufigsten werden Supervised Lernalgorithmen verwendet, obwohl sie vom biologischen Standpunkt aus nicht sehr plausibel sind, da es sicher nicht für jedes Neuron einen privaten Lehrer gibt. Eine der ersten und einfachsten Lernregeln ist die sogenannte Hebb'sche Regel, die im Jahr 1949 von Donald Hebb, einem Neurophysiologen, postuliert wurde [Heb49]: „Wenn Unit i und Unit j zur gleichen Zeit stark aktiviert sind, dann erhöhe das Gewicht w_{ij}, das diese beiden Units verbindet". Mathematisch läßt sich diese Regel wie folgt formulieren:

$$w_{ij}^{neu} = w_{ij}^{alt} + \Delta w_{ij} \tag{4.4}$$
$$\Delta w_{ij} = \alpha o_i o_j \tag{4.5}$$

wobei Δw_{ij} die Gewichtsänderung bezeichnet. Diese Lernregel hat einige Schwächen, beispielsweise können Gewichte nur größer werden, aber sie bildet dennoch die Grundlage für sehr viele heute verwendete Lernalgorithmen. Es ist außerdem bemerkenswert, daß im Gehirn Prozesse in den Synapsen nachgewiesen werden konnten, die der Hebb Regel entsprechen.

Eine weitere einfache Lernregel ist die Delta Rule, oder Widrow-Hoff Regel [WS85]:

$$\Delta w_{ij} = \alpha(t_j - o_j)o_i \tag{4.6}$$

wobei t_j den Target Output für Unit j bezeichnet. Bei dieser Regel können Gewichte sowohl größer als auch kleiner werden. Die Gewichtsänderung ist proportional zum Fehler an den Output Units.

4.6.1.4 Repräsentation

Bisher wurde nur davon gesprochen, daß ein Inputmuster an den Input Units anliegt, und daß die Aktivierungen der Output Units das Verarbeitungsergebnis des Netzwerks darstellen. Soll das Netzwerk aber eine bestimmte Aufgabe erfüllen, so muß eine Abbildungsvorschrift von der Welt, in der sich das Netzwerk befindet, auf die Input Units vorhanden sein. Analoges gilt für die Output Units, denn nur so kann das Netzwerk mit seiner Umwelt interagieren. Man spricht in diesem Zusammenhang von *Codierung* oder *Repräsentation*. Im Prinzip kann eine Repräsentation willkürlich gewählt werden, solange sie nur eindeutig ist, jedoch zeigt die Erfahrung, daß einige Repräsentationsformen für neurale Netze besonders geeignet sind, andere hingegen nicht. So ist zum Beispiel für die Repräsentation von numerischen Werten eine Gray–Codierung viel günstiger als eine binäre Codierung.

Generell werden zwei Arten der Repräsentation unterschieden (siehe Abb. 4.11):

- lokale Repräsentation und

- verteilte Repräsentation.

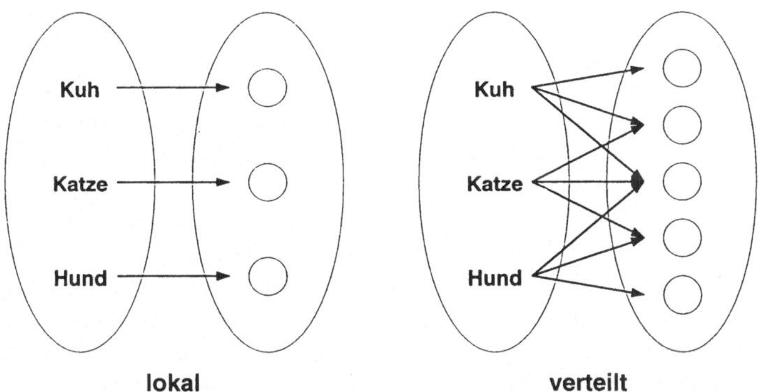

Abbildung 4.11: Lokale versus verteilte Repräsentation

Bei der *lokalen Repräsentation* entspricht einem Konzept (Objekt) in der Welt genau eine Unit. Das heißt, genau dann, wenn dieses Konzept im Input vorhanden ist, wird die entsprechende Unit aktiviert. Lokale Repräsentation wird vor allem für symbolische Information verwendet. Der Vorteil dieser Repräsentationsart ist die leichte Interpretierbarkeit der Ergebnisse, allerdings nützt die lokale Repräsentation nicht alle Vorteile von neuralen Netzwerken aus.

Bei einer *verteilten Repräsentation* wird ein Konzept (Objekt) durch eine Gruppe von Units repräsentiert. Die Gruppen, die verschiedene Konzepte repräsentieren, können beziehungsweise sollen dabei überlappen. Das heißt, es ist keine eindeutige Zuordnung zwischen einer einzelnen Unit und einem Konzept gegeben. Dies hat natürlich den Nachteil der schwierigen Interpretierbarkeit, bietet aber Vorteile wie *Fehlertoleranz* und *Generalisierungsfähigkeit*. Generalisierung wird durch das Überlappen verwandter Konzepte möglich (wenn für ein Konzept etwas gelernt wird, dann wird auch das überlappende Konzept mitgelernt).

In vielen Netzwerken findet man beide Arten der Repräsentation. Manchmal sind auch Mischformen der beiden Repräsentationsarten zu finden.

4.6.2 Beispiele häufig verwendeter Netzwerkmodelle

Nachdem im Abschnitt 4.6.1 ein allgemeines Modell für neurale Netze vorgestellt wurde, wollen wir nun anhand von zwei häufig verwendeten Modellen die Möglichkeiten von neuralen Netzen aufzeigen.

4.6.2.1 Feedforward Netz mit Backpropagation

Das am häufigsten verwendete Netzwerkmodell ist ein Feedforward Netz oder Pattern Associator, wie es in Abb. 4.12 zu sehen ist. Die Units sind dabei in Schichten, sogenannten Layers, angeordnet. Der erste Layer heißt Input Layer und der letzte Output Layer. Die Layers dazwischen werden Hidden Layers gennant. Man bezeichnet ein Netzwerk mit N Schichten von Units als N-Layer Netzwerk (Achtung: manchmal werden in der Literatur die Verbindungen als Layers gezählt, d.h. ein Netzwerk mit N-Layers von Units wird als $N-1$ Layer Netzwerk bezeichnet). Verbindungen existieren nur zwischen benachbarten Layers in *Vorwärtsrichtung*. Ein solches Netz heißt *voll verbundenes Feedforward Netz*, wenn jeweils alle Units des Layers i mit allen Units des Layers $i+1$ verbunden sind. Da im Netz keine Rückkoppelungsschleifen vorkommen, ist immer ein stabiler Zustand des Netzwerks garantiert.

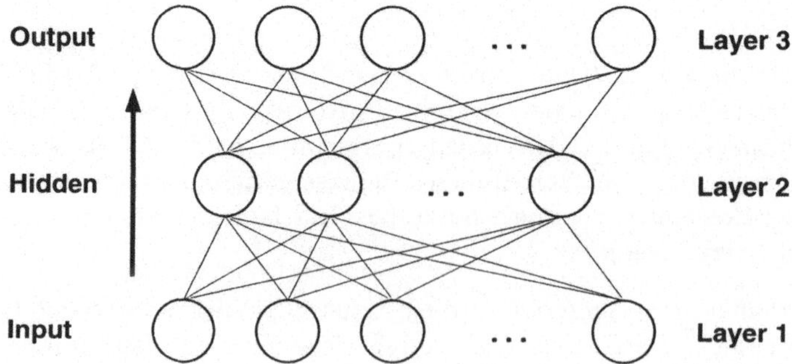

Abbildung 4.12: Voll verbundenes Feedforward Netzwerk

Das einfachste Netzwerk dieses Typs ist ein 2-Layer Netzwerk, manchmal auch als *Perceptron* bezeichnet. Als Lernregel wird oft entweder die Hebb Regel (Perceptron Convergence Rule) oder die Widrow-Hoff Regel (Delta Rule) verwendet. Man kann für diese einfachen Netze sogar einen Erfolg der Lernregel garantieren. Allerdings können nur lineare Funktionen von 2-Layer Netzwerken dargestellt werden, weshalb ihre Leistungsfähigkeit stark beschränkt ist.

Verwendet man Netzwerke mit mehr als zwei Layern, so stellt sich unmittelbar die Frage, wie eine Lernregel die Gewichte der Hidden Units ändern kann, da diese ja keine direkte Verbindung zur Außenwelt haben. Eine mögliche Lösung bietet die *'Generalized Delta Rule with Error Backpropagation'*, kurz *Backpropagation*. Dieser Algorithmus wurde bereits 1974 von Werbos entdeckt [Wer74], geriet aber wieder in Vergessenheit und wurde erst 1985 unabhängig von Paker, Le Cun und Rumelhardt wiederentdeckt [Par85, LC86, RHW86]. Backpropagation ist ein Gradientenverfahren und benötigt wie jedes derartige Verfahren eine Fehlerfunktion, die minimiert wird. Als Fehlerfunktion wird meist der quadratische Fehler verwendet:

$$E = \sum (o_i - t_i)^2 \tag{4.7}$$

wobei die Summation über alle Output Units erfolgt, t_i bezeichnet wieder den Target Output. Die Änderung der Gewichte ergibt sich nun bei Gradientenverfahren derart, daß ein Schritt in die Richtung unternommen wird, in der der Gradient am steilsten abfällt, das heißt:

$$\Delta w_{ij} = -\alpha \frac{\partial E}{\partial w_{ij}} \tag{4.8}$$

wobei α ein Proportionalitätsfaktor ist (auch *Lernfaktor* genannt). Bildlich gesprochen kann man sich das Verhalten des Lernalgorithmus so vorstellen (siehe Abb. 4.13), daß von den Gewichten ein Raum aufgespannt wird und die Fehlerfunktion an jedem Punkt dieses Raumes einen bestimmten Wert annimmt. Backpropagation geht nun einfach in die Richtung, in der der Fehler maximal abnimmt. Die Schrittweite wird durch den Lernfaktor gegeben. Es ist leicht ersichtlich, daß dieses Verfahren auch Probleme birgt. So kann es vorkommen, daß man in einem lokalen Minimum hängen bleibt (ein generelles Problem aller Gradientenverfahren).

Trotz dieser Probleme ist Backpropagation die am häufigsten verwendete Lernregel. Es hat sich gezeigt, daß das Überwinden der lokalen Minima in der Praxis kein all zu großes Problem darstellt. Es wurden auch mehrere Verfahren vorgeschlagen, um die Konvergenzgeschwindigkeit zu steigern. Weiters wurde das Lernverfahren auch auf rekurrente Netze (das sind Netze mit Rückwärtsverbindungen) verallgemeinert.

Es gibt eine Unzahl von Anwendungen für Backpropagation Netzwerke. Sie reichen von einfachen Klassifikationsaufgaben bis hin zum Erkennen von Handschrift [LMB+90]. Andere erfolgreiche Anwendungen sind beispielsweise das Umwandeln von geschriebener in gesprochene Sprache (Nettalk, Netzsprech [SR86, Dor88]), Interpretation von Satellitenbildern und Luftbildern [BSP92, PZB+93], Sekundärstrukturvorhersage für Proteine [QS88] und Shape from Shading [SL88].

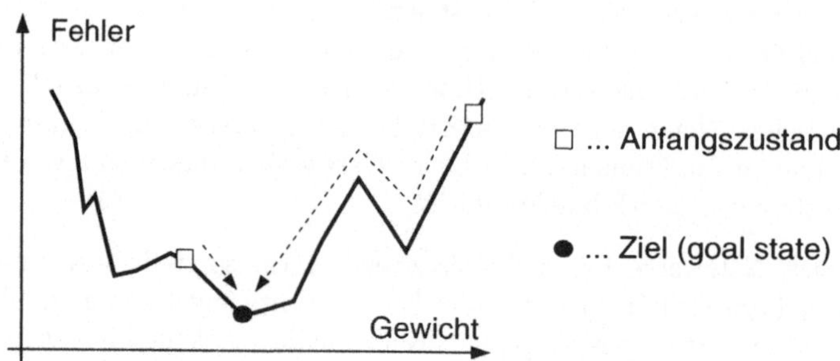

Abbildung 4.13: Fehlerminimierung durch die Backpropagation Lernregel

4.6.2.2　Kohonen Feature Maps

Als zweites Beispiel für ein neurales Netzwerkmodell werden die *'Selforganizing Feature Maps'* von Kohonen behandelt [Koh89]. Diese verwenden im Gegensatz zur Backpropagation ein unsupervised Lernverfahren. Das Netzwerk besteht aus zwei Layern, Input und Output Layer sind in Vorwärtsrichtung miteinander verbunden. Die Units im Output Layer sind typischerweise ein- oder zweidimensional angeordnet. Die Updatefunktion der Units im Output Layer ist die Distanz zwischen den Outputwerten der Input Units und den Gewichten:

$$o_i = ||\boldsymbol{x} - \boldsymbol{w}_i|| \tag{4.9}$$

wobei $\boldsymbol{x}$ den Vektor der Outputwerte der Input Units bezeichnet und $\boldsymbol{w}_i$ den Gewichtsvektor der Unit i. Für die Unit c, die am besten zum Input adaptiert ist, gilt: o_c ist das Minimum über alle Outputwerte der Output Units. Die Units ändern ihre Gewichte nun wie folgt:

$$\boldsymbol{w}_i(t+1) = \begin{cases} \boldsymbol{w}_i(t) + \alpha(t)(\boldsymbol{x}(t) - \boldsymbol{w}_i(t)) & \text{wenn} \quad i \in N_c(t) \\ \boldsymbol{w}_i(t) & \text{wenn} \quad i \notin N_c(t) \end{cases} \tag{4.10}$$

wobei t die Zeit bezeichnet, $\alpha(t)$ ist der Lernfaktor, der mit der Zeit verringert wird, um Stabilität zu garantieren. $N_c(t)$ ist eine Region um die am besten adaptierte Unit, typischerweise ist diese Region am Beginn des Lernens sehr groß und wird dann reduziert.

Weniger formal gesprochen bedeutet diese Lernregel nichts anderes, als daß die Unit, die am besten zum Input paßt, ihre Gewichte dem Input anpaßt. Auch die Units in der Nähe dieser Unit ändern ihre Gewichte, sodaß sie dem Input ähnlicher werden.

Diese einfache Lernregel hat erstaunliche Eigenschaften. Es kann gezeigt werden, daß die Units im Output Layer geordnet werden, benachbarte Units sprechen auf ähnliche

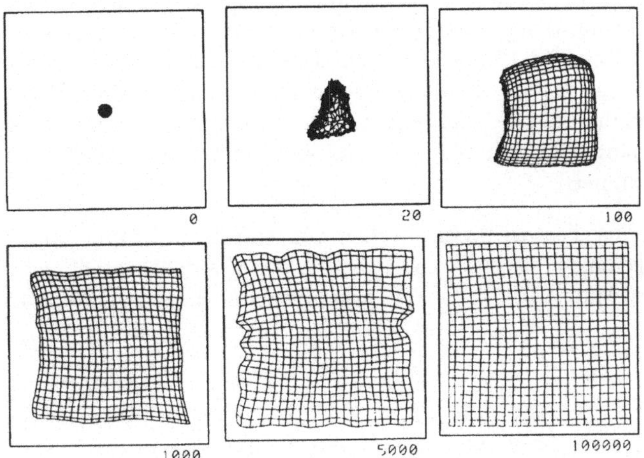

Abbildung 4.14: Zweidimensionale Feature Map (aus [Koh89], S.136)

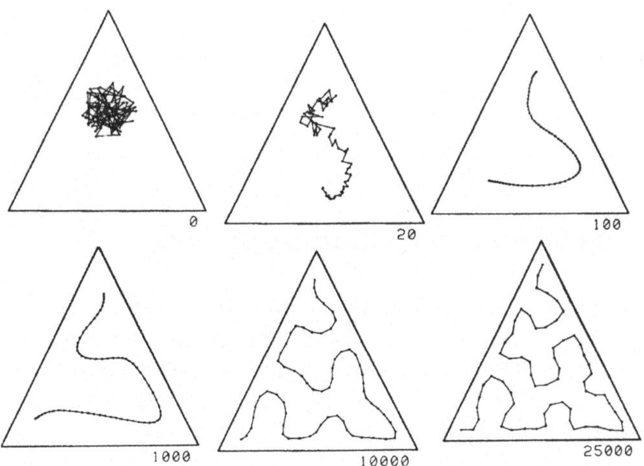

Abbildung 4.15: Eindimensionale Feature Map (aus [Koh89], S.136)

Stimuli an. Weiters werden die Units so angeordnet, daß sie die Wahrscheinlichkeiten der Input Daten approximieren, in Regionen, wo viele Input Muster liegen, werden also auch viele Units vorhanden sein, während in Regionen mit wenigen oder keinen Input Mustern nur wenige oder keine Units auftreten. Dieses Verhalten ist in den Abbildungen 4.14 und 4.15 illustriert, die die Entwicklung solcher Netze während des Lernens darstellen. In Abb. 4.14 ist eine zweidimensionale Feature Map gezeigt, die ein Quadrat approximiert. Die Trainingsdaten in diesem Fall sind gleichverteilte Vektoren aus diesem Quadrat. Abbildung 4.15 zeigt eine eindimensionale Feature Map, die ein Dreieck approximiert.

Anwendungen der Feature Maps reichen von einfachen Gruppierungsaufgaben über Buchstabenerkennung bis hin zum Erkennen von gesprochener Sprache [Koh89]. Oft werden Feature Maps auch in Verbindung mit anderen Netzwerken eingesetzt.

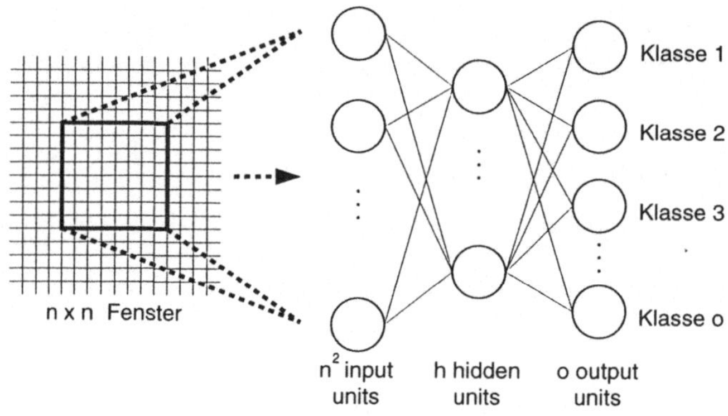

Abbildung 4.16: Ein feedforward Netzwerk für die Bildinterpretation

4.6.3 Ein Netzwerk zur Bildinterpretation

Zum Abschluß dieses Abschnittes über neurale Netzwerke wollen wir ein einfaches Beispiel geben, wie ein Netzwerk für die Bildinterpretation eingesetzt werden kann. In Abb. 4.16 sehen wir ein feedforward Netzwerk mit einem Hidden Layer. Es wird jeweils ein $n \times n$ Fenster eines größeren digitalen Rasterbildes als Input an das Netz angelegt (n^2 Input Units). Dabei kann entweder direkt der Grauwert des Pixels oder eine beliebige (z.B. sigmoide) Codierung dieses Grauwerts verwendet werden. Diese Vorgangsweise ist sinnvoll, wenn wir die Annahme zugrunde legen können, daß *relativ kleine, kompakte* Bildobjekte - das heißt, Objekte die in das $n \times n$ Fenster passen - interpretiert werden sollen. Das Netzwerk hat einen Hidden Layer mit h Hidden Units und einen Output Layer. In der hier dargestellten Architektur liegt an der Output

Seite des Netzes eine lokale Repräsentation vor, da jede der o Output Units einer Klasse zugeordnet ist. Das Netzwerk aus Abb. 4.16 kann also zwischen o verschiedenen Objekten klassifizieren. Die Anwendung einer solchen Architektur auf das Erkennen der Baumart in Farb-Infrarot-Luftbildern des Waldes ist in [PZB$^+$93] beschrieben (siehe dazu auch die Abb. 6.14 und 7.7, sowie Kapitel 7.2.2).

4.7 Bibliographie

Ein „Klassiker" zur Einführung in die AI ist [Win92]. Ergänzend zu diesem Buch kann [WH89] empfohlen werden, das die Programmiersprache LISP und viele AI-Anwendungen behandelt. Weitere gute (teilweise schon ältere) Einführungen in die AI sind [Ric84, CM85, Tan90]. [Tan90] verwendet für die meisten Beispiele ebenfalls LISP, außerdem enthält es ein eigenes Kapitel über Bildverstehen. Jüngst ist ein sehr umfangreiches, empfehlenswertes Werk in deutscher Sprache erschienen, in dem jedes Kapitel von Experten des jeweiligen Fachgebietes verfaßt ist [Gö93].

Die theoretischen Grundlagen der AI werden von [Nil82] ausgezeichnet behandelt. Einige empfehlenswerte Referenzen über Expertensysteme sind [GFH90], [HK85], sowie [HRWL83]. Literatur über Frames und CLOS wurde schon im Text referenziert: [Min75], [RG77b], [RG77a], [BDG$^+$88], [LM91], [Kee89].

Standardwerke über neurale Netzwerke sind die Bücher [RM86] [MR86], im dritten Band [RM88] findet man praktische Beispiele mit einigen Programmen. Die beiden Sammelbände [AR88] und [AR90] enthalten eine Reihe von wichtigen Artikeln, wobei auch historisch interessante Artikel aufgenommen wurden. In [Koh89] werden unter anderem Self-organizing Feature Maps näher behandelt. Der Artikel [Hin89] bietet einen sehr guten Überblick über verschiedene Lernverfahren. [Pao89] setzt neurale Netzwerke in Bezug zur Mustererkennung. Neuere einführende Werke über neurale Netzwerke in deutscher Sprache sind [Dor90] und [Kö90]. Eine gute Einführung in die mathematischen Grundlagen der 'Neural Computation' bietet [HKP91].

Kapitel 5

Ein Systemmodell für Bildverstehen

Ausgangspunkt für unser Systemmodell ist die Darstellung von Abb. 1.2. In Analogie zum Informationsverarbeitungsansatz nach David Marr [Mar82] versuchen wir in diesem Kapitel, die Darstellung schrittweise zu verfeinern. Wir werden die verschiedenen *Repräsentationsebenen*, die *Prozesse* (Algorithmen), die diese Repräsentationen ineinander überführen, sowie mögliche *Kontrollstrukturen* für diese Prozesse besprechen. Beginnen wollen wir jedoch mit der einfachen Darstellung des Prozesses „Bildverstehen" gemäß Abb. 1.2, wo von einem Bild ausgehend eine Szenenbeschreibung erstellt wird. Dieser Teil unseres Systemmodells ist erstmals von Marr sehr gut und allgemein behandelt worden und wir wollen sein Modell als Einleitung zu diesem Kapitel näher betrachten.

Abbildung 5.1 zeigt die verschiedenen Repräsentationsebenen nach Marr. Ausgehend vom digitalen Rasterbild, in dem die *radiometrischen* Eigenschaften (Intensität und eventuell Farbe) jedes Bildpunktes repräsentiert sind, gelangt Marr in einem ersten Verarbeitungsschritt zum *'primal sketch'*. Dieser vielleicht mit „erster Eindruck" zu übersetzende Begriff wird in der Literatur häufig verwendet (z.B. [LE92]) und charakterisiert den ersten Versuch, die sehr große Datenmenge des digitalen Rasterbildes sinnvoll zu reduzieren, ohne gleichzeitig wesentliche Information für die nachfolgenden Verarbeitungsschritte zu verlieren. Je nach Algorithmus kann in einem primal sketch ganz unterschiedliche Information explizit gemacht werden. Bei Marr sind dies Intensitätsänderungen und deren geometrische Verteilung über das 2-dimensionale Bild. In Abb. 5.2 sehen wir das Ausgangsbild a., dessen primal sketch b. und eine Rekonstruktion des ursprünglichen Bildes aus dem primal sketch. Diese Abbildung soll zeigen, wie wenig Information beim Schritt vom Bild zum primal sketch verloren geht.

Der '$2\frac{1}{2}$-*D sketch*' ist eine Repräsentation, in welcher Tiefeninformation, die Konturen von Oberflächendiskontinuitäten und die Orientierung der sichtbaren Flächen dargestellt wird. Man kann sich alle sichtbaren Oberflächen aus kleinen Flächenelementen,

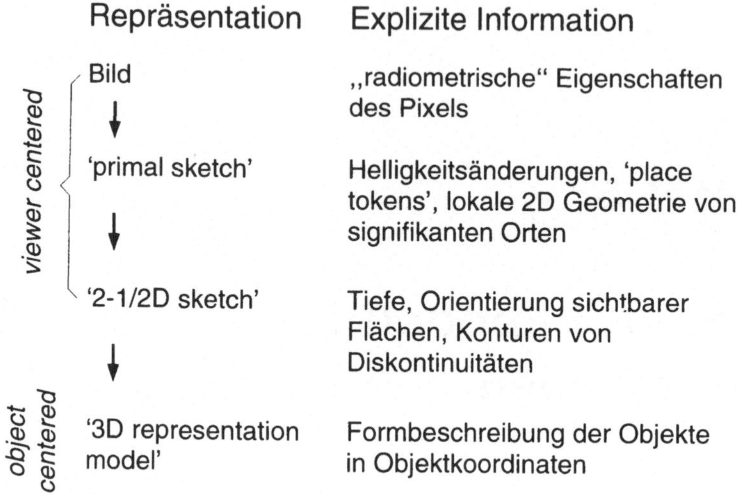

Abbildung 5.1: Die Repräsentationsebenen nach David Marr (nach [Mar82], S.37)

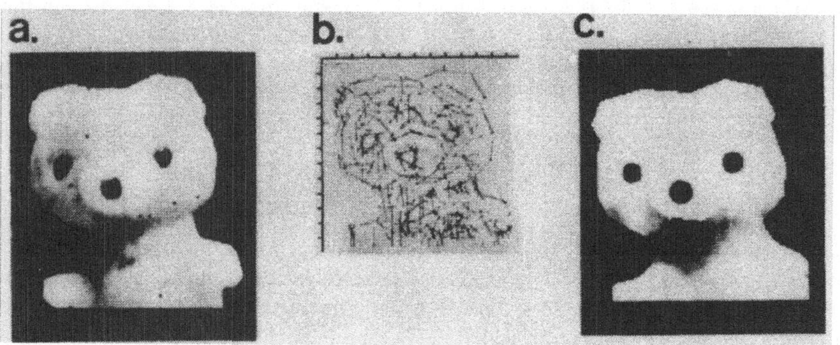

Abbildung 5.2: Der 'primal sketch' nach David Marr (aus [Mar78], S.66)

den sogenannten 'surface patches', die durch ihren Normalvektor dargestellt werden, zusammengesetzt vorstellen. Abbildung 5.3.a zeigt die Flächenelemente (kleine Quadrate) und die Darstellung der Normalvektoren, in Abb. 5.3.b sehen wir die Oberflächenorientierungen für ein Objekt, das aus zwei Zylindern besteht. Der volle $2\frac{1}{2}$-D sketch beinhaltet zusätzlich Tiefeninformation (Abstand vom Beobachter zu den Fußpunkten der Normalvektoren), Konturen von plötzlichen Orientierungssprüngen (punktierte Linien) und Konturen, wo sich die Entfernung plötzlich ändert (volle Linien). Die Bezeichnung „$2\frac{1}{2}$-dimensional" rührt daher, daß zwar bereits räumliche Information repräsentiert wird, dies aber nur für die *sichtbaren Oberflächen* geschieht. Eine volle 3-dimensionale Repräsentation würde auch Aussagen über verdeckte Teile und die Rückseite von Objekten zulassen. Für die Berechnung des $2\frac{1}{2}$-D sketches sind verschiedenste Algorithmen vorgeschlagen worden (z.B. 'shape from shading, shape from stereo, shape from contour', in [AS89a] als „visuelle Module" bezeichnet, siehe auch Kapitel 7.3). Neben der Berechnung des $2\frac{1}{2}$-D sketches aus Grauwertbildern, gibt es auch die Möglichkeit, Sensoren zu verwenden, die Teile des $2\frac{1}{2}$-D sketches *direkt erfassen* können, so liefern *Laser Range Finder* [BRD91] ein Tiefenbild ('depth map'), das die Entfernung jedes Oberflächenpunktes zum Sensor enthält.

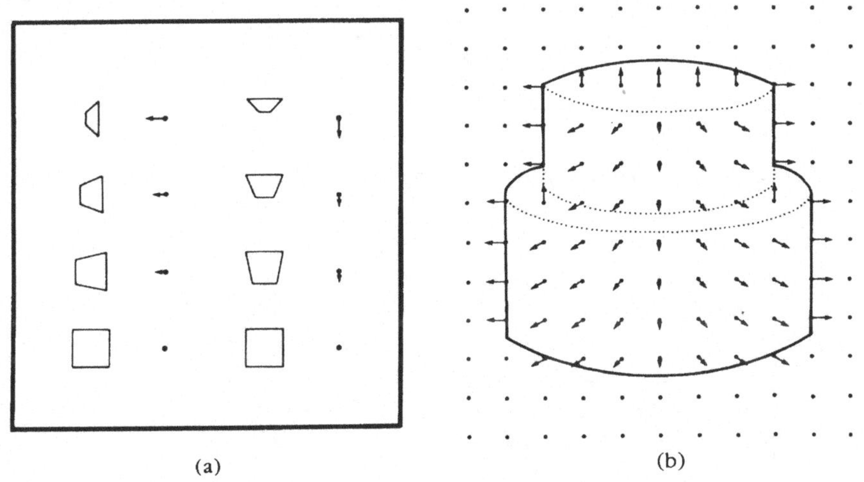

(a) (b)

Abbildung 5.3: Der $2\frac{1}{2}$-D sketch nach David Marr (aus [Mar82], S.129)

Für sein *3D representation model* schlägt Marr vor, es modular aus einzelnen Komponenten aufzubauen. Für jede Komponente soll versucht werden, eine Modellachse zu finden und den räumlichen Zusammenhang der verschiedenen Achsen untereinander anzugeben. Entlang der Achsen können verschiedene 3D Modelle entwickelt werden. Das einfachste Modell sind Zylinder. Abbildung 5.4 zeigt eine hierarchische Zerlegung in Zylinder für einen aufrecht stehenden menschlichen Körper. Eine bessere Annäherung an die tatsächliche Form kann mit sogenannten *verallgemeinerten Zylindern* ('generalized cylinder', 'generalized cone') erreicht werden. Ein verallgemeinerter Zylinder wird durch ein Formelement erzeugt, das entlang einer glatten Kurve im Raum bewegt wird. Während dieser Bewegung kann sich die Größe des Formelementes, nicht jedoch seine Form, kontinuierlich ändern. In Abb. 5.5 sehen wir vier verschiedene Beispiele für solche verallgemeinerte Zylinder.

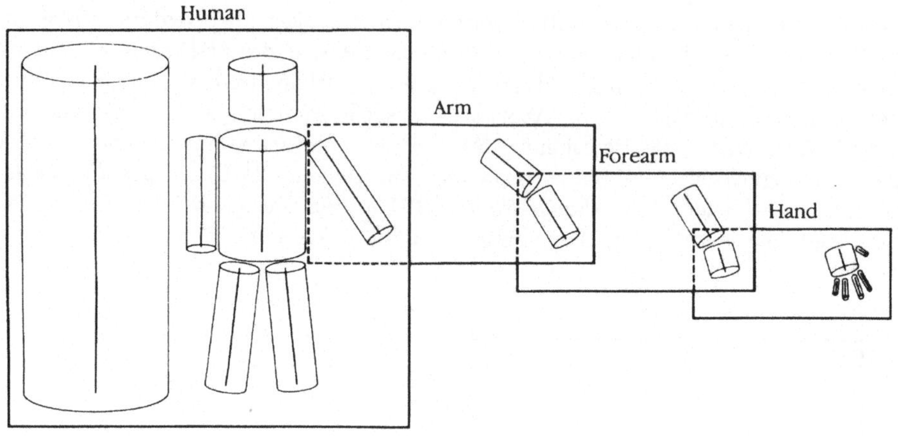

Abbildung 5.4: Hierarchische Zerlegung in Zylinder (aus [Mar82], S.306)

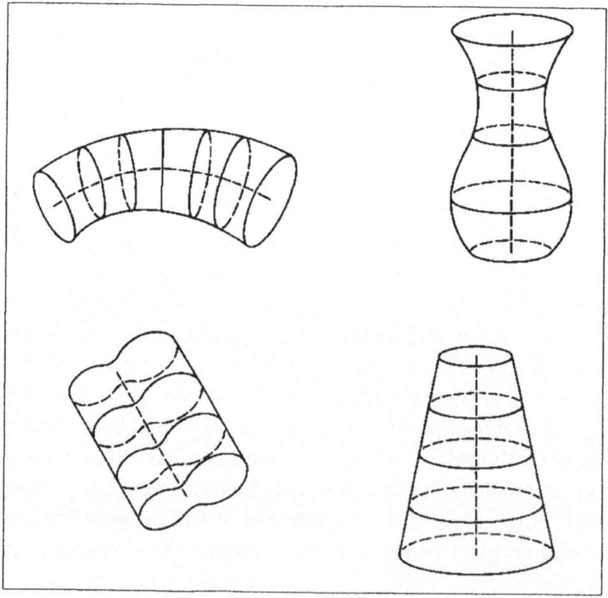

Abbildung 5.5: Beispiele für verallgemeinerte Zylinder (aus [Mar82], S.224)

Bild, primal sketch und $2\frac{1}{2}$-D sketch sind 'viewer centered' Repräsentationen, das heißt, sie beziehen sich auf das ursprüngliche Bildkoordinatensystem. Die 3D Objektrepräsentation dagegen ist 'object centered' in eigenen Objektkoordinatensystemen für jedes Objekt. Damit ist die Diskussion der Repräsentationsebenen nach Marr (Abb. 5.1) abgeschlossen.

Ist das 'representational framework' einmal abgesteckt, sind also die verschiedenen Repräsentationsebenen festgelegt, dann können die *Prozesse* näher betrachtet werden, die auf oder zwischen diesen Ebenen arbeiten. Mehrere Prozesse, die hintereinander ausgeführt werden, können zu *Prozeßketten* zusammengefügt werden. Da es immer mehrere verschiedene Prozesse gibt, die zu einem bestimmten Zeitpunkt ausgeführt werden könnten, müssen geeignete Mechanismen für *Kontrolle* und *Auswahl* der Prozesse zur Verfügung gestellt werden. In diesem Zusammenhang spricht man immer wieder von *Top-Down* beziehungsweise *Bottom-Up* Strategien in bildverstehenden Systemen. Da diese Begriffe in der Literatur unterschiedlich gebraucht werden, müssen wir hier näher darauf eingehen.

In Bezug auf die verschiedenen Repräsentationen und die damit verbundenen Abstraktionsebenen geht eine Bottom-Up Strategie vom Bild aus, erhält nach einigen Verarbeitungsschritten entsprechende Repräsentationen, beispielsweise 3D Objektmodelle, und versucht, diese mit in der Wissensbasis des Systems gespeicherten Repräsentationen für bekannte Objekte zu vergleichen. Im Gegensatz dazu beginnt eine Top-Down Strategie auf einer hohen Repräsentationsebene, beispielsweise mit der Fragestellung „Finde eine bestimmte Objektkategorie". Aufgrund von Merkmalen dieser Objektkategorie wird von der Top-Down Strategie dann ein bestimmter Verarbeitungsablauf festgelegt. Da sowohl Bottom-Up als auch Top-Down Strategie oft nicht flexibel genug sind, hat man auch Kombinationen, sogenannte *bidirektionale* Strategien versucht. Diese wären zwar flexibler, allerdings können dann in den Abläufen Schleifen auftreten (Problem der kombinatorischen Explosion). Diese Sichtweise von Bottom-Up, Top-Down und bidirektional ist die in der Literatur meist vertretene (z.B. Matsuyama [Mat87, MH90]), sie wird in Abb. 5.6 skizziert. Der aufmerksame Leser wird in diesem Buch viele Berührungspunkte zu dieser Sichtweise finden (vergleiche etwa 4.1.1, 2.2.1).

Eine andere Sichtweise im Zusammenhang mit dem Marr-Paradigma (siehe Kapitel 2.3, Abb. 2.25) findet sich in [AS89a]. Aloimonos unterscheidet hier zwischen zwei verschiedenen Schulen im Bildverstehen. Die *reconstruction school* versucht, die physikalischen Parameter der Außenwelt zu rekonstruieren, die *recognition school* versucht, Objekte zu erkennen oder zu beschreiben und daraus Prozesse abzuleiten, deren Endprodukt ein bestimmtes Verhalten oder eine Bewegung des Systems ist (siehe auch [AR91a]). Die reconstruction school wird mit Top-Down Vorgangsweise assoziiert (finden von *spezifischen* Lösungen für *allgemeine* Probleme), die recognition school mit Bottom-Up (finden von *allgemeinen* Lösungen für ein *spezifisches* Problem).

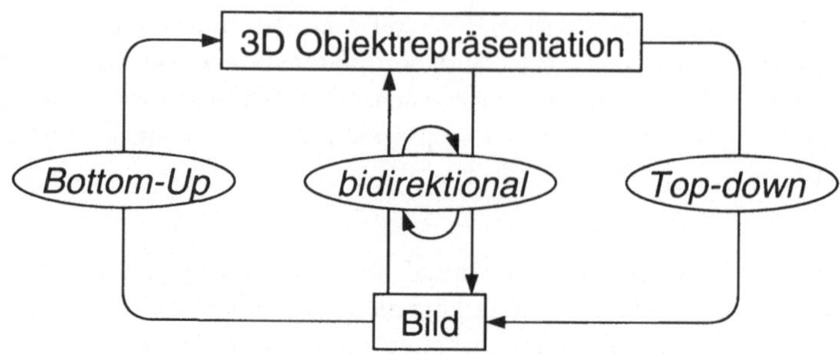

Abbildung 5.6: Kontrollstrategien im Bildverstehen

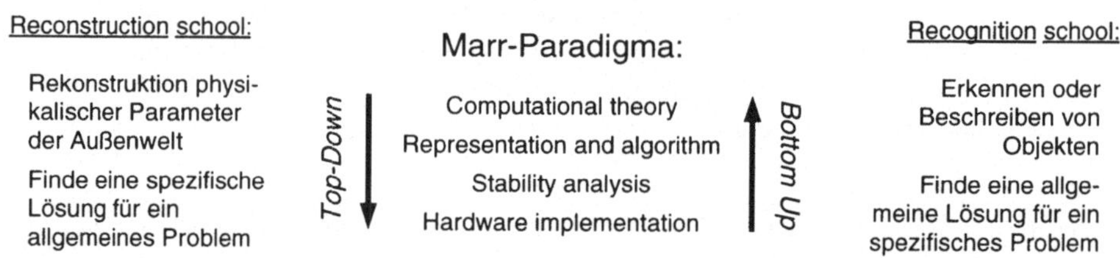

Abbildung 5.7: 'Reconstruction' und 'Recognition' im Marr-Paradigma ([AS89a], S.10)

Schließlich muß an dieser Stelle nochmals ausdrücklich auf den Unterschied zwischen
den Begriffen *Repräsentation* und *Beschreibung* hingewiesen werden (siehe Kapitel 4.3).
Übersetzt auf die Problematik der Beschreibung von Szenen und Bildern, wie sie nachfolgend dargestellt wird, bedeutet das, daß einerseits eine Szenenbeschreibung die Konvention einer Repräsentation nutzt, um den *Inhalt* einer bestimmten Szene zu beschreiben. Andererseits wird auf Repräsentationsebene überlegt, *wie* die Szenenbeschreibung
repräsentiert werden kann und *was* über Szenen im allgemeinen repräsentiert werden kann. Wir wollen daher sorgfältig zwischen den Begriffspaaren Bildbeschreibung
– Repräsentation von Bildbeschreibungen, Szenenbeschreibung – Repräsentation von
Szenenbeschreibungen und Weltbeschreibung – Repräsentation von Weltbeschreibun-
gen unterscheiden.

Nun haben wir für die einfache Darstellung Abb. 1.2 das bekannteste Systemmodell
für Bildverstehen nach Marr einleitend kennengelernt. Wir können jetzt eine erste
Erweiterung von Abb. 1.2 vornehmen. Da es uns beim Bildverstehen nicht um das
Bild, sondern eigentlich um die Modellierung der dem Bild zugrunde liegenden Szene
geht, sollte die Szene und der Aufnahmeprozeß explizit in das Modell aufgenommen
werden. Dies ist in Abb. 5.8 geschehen. Dabei befindet sich bei einem passiven System
die Kontrolle über die Szene und den Aufnahmeprozeß außerhalb des Systems, weshalb
diese beiden Komponenten strichliert eingerahmt sind.

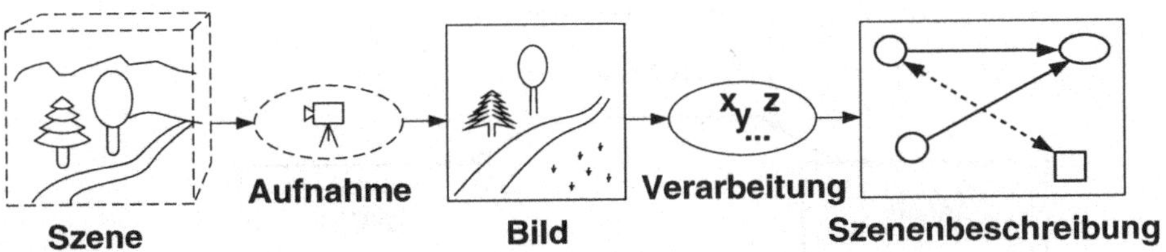

Abbildung 5.8: Einbeziehen von Szene und Aufnahme in das Modell

Kaum ist dieses erweiterte Modell skizziert, so drängen sich schon neue Fragen auf: Was wäre, wenn ein aktives System (z.B. Roboter) in der Lage wäre, den Aufnahmeprozeß und damit die Auswahl der Szene zu steuern? Ist die Darstellung Bild → Verarbeitung → Szenenbeschreibung nicht zu grob? Sollten ähnlich wie beim Marr'schen Modell Zwischenebenen eingezogen werden (z.B. „Bildbeschreibung")? Läßt sich die Darstellung für verschiedene Situationen erweitern (z.B. zwei Sensoren und teilweise überlappende Szenen bei einem Stereosystem; Bewegungsanalyse bei einem Robotsystem, das in der Lage ist, mit der Umwelt zu interagieren und so die Szene verändert)? Eigentlich ist ein lineares Modell unzulänglich, könnte man es nicht zu einem Kreis schließen? Aus diesen und vielen weiteren Fragen ist ein Modell entstanden, das ich nachfolgend im Detail einführen will. Natürlich erhebt auch dieses Modell keinen Anspruch auf Vollständigkeit. Ich glaube aber, daß es bei gerade noch vertretbarer Komplexität in der Lage ist, einen soliden Rahmen für die in diesem Buch behandelten Themen des Bildverstehens zu bieten. Das Modell wird in drei Schritten vorgestellt und diskutiert: Repräsentationsebenen, Prozesse und Kontrolle. Abschließend werden die drei Komponenten zum vollständigen Modell zusammengefügt.

5.1 Repräsentationsebenen

Wir unterscheiden zwischen sechs verschiedenen Repräsentationsebenen. Jede von ihnen wird durch ein Kästchen in Abb. 5.9 dargestellt. Die drei oben gezeichneten Kästchen – *Welt, Szene* und *Bild* – symbolisieren Ebenen in der Realität. In der unteren Hälfte der Abbildung sehen wir drei Repräsentationsebenen, die jeweils einer Ebene der Realität entsprechen und diese im Computer abbilden – *Bild-, Szenen-* und *Weltbeschreibung.* Die Pfeile zwischen den sechs Ebenen stehen jeweils für *Prozesse,* die von einer Ebene zur nächsten führen (siehe 5.2).

Die *Welt* ist 4-dimensional – das heißt, wir betrachten drei räumliche Dimensionen und die Zeit – und unendlich in allen diesen Dimensionen. In unserer Terminologie der Repräsentation müssen wir fragen, welche Klassen von Dingen wir in welcher Art in der Welt vorfinden. Die zunächst auf der Hand liegende Antwort, in der Welt kämen verschiedenste *Objekte* vor (z.B. Baum, Stein, Mensch, Haus, ...) erweist sich bei nähe-

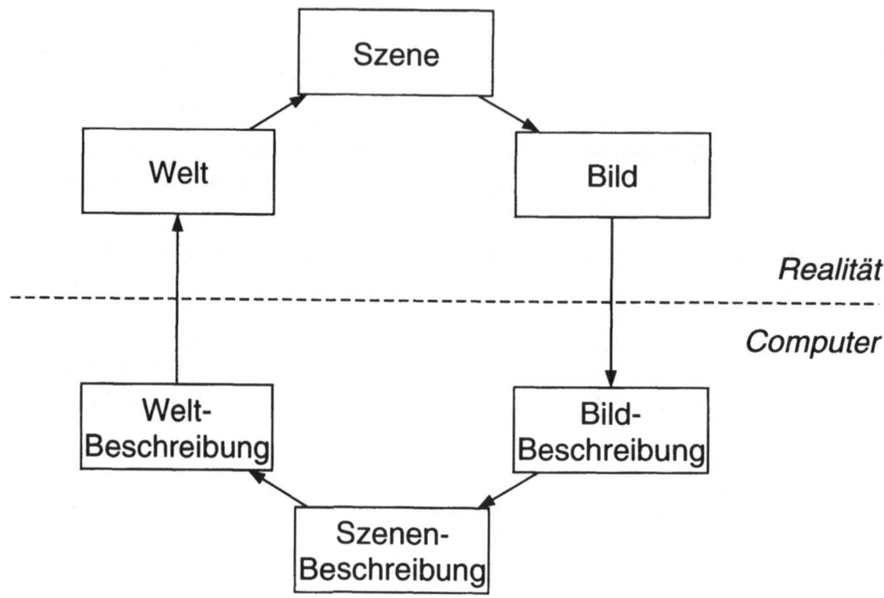

Abbildung 5.9: Die sechs Repräsentationsebenen

näherer Betrachtung zwar als etwas problematisch, beispielsweise für „Objekte" wie Wiese, Wald, See, Meer, oder Himmel. Sie wird auch durch verschiedene mikro- und makroskopische Betrachtungsmaßstäbe relativiert. Dennoch wollen wir uns – mangels einer besseren Repräsentation – auf diese Konvention einigen. Repräsentiert werden also *Objekte*, deren *Eigenschaften* (Attribute) sowie die *Beziehungen* zwischen verschiedenen Objekten. Je nach Betrachtungsmaßstab kann es auch einen *Hintergrund* geben, vor dem diese Objekte agieren. Objekte können sich im Raum bewegen und sich selbst im Lauf der Zeit verändern. Objekte verschwinden nicht plötzlich aus der Welt und tauchen nicht plötzlich wieder auf, das heißt, es gibt sie auch, wenn sie gerade nicht wahrgenommen werden (dieses Prinzip der *Objektpermanenz* lernt beispielsweise ein Kind erst relativ spät, ca. ab dem 8. Monat).

Der Begriff *Szene* hat bereits einen direkten Bezug zur Bildverarbeitung. Der Sensor (Kamera) kann immer nur einen *Ausschnitt* der Welt betrachten und ein Bild zu einem bestimmten *Zeitpunkt* erzeugen. Der Begriff „Zeitpunkt" kann dabei je nach Inhalt der Szene sehr variabel sein und von einigen Millisekunden bei der Aufnahme von schnellen Bewegungen bis zu sehr langen Zeiträumen etwa bei astronomischen Beobachtungen reichen. Oft werden auch mehrere Sensoren (z.B. Infrarot und sichtbares Licht) zur Aufnahme einer Szene eingesetzt, sodaß es mehrere Bilder von derselben Szene geben kann. Da die Szene ein 3D Ausschnitt der 4D Welt ist, gilt in Bezug auf die Repräsentation das eben für die Welt gesagte: In einer Szene gibt es Objekte mit

Eigenschaften, Beziehungen untereinander und einen Hintergrund. Zusätzliche Informationen können benötigt werden, um die nachfolgende Bildinterpretationsaufgabe zu lösen (z.B. Einbettung der Szene in ein übergeordnetes Koordinatensystem, Zeitpunkt, Lichtquellen).

Das *Bild* steht schon an der Grenze zwischen Realität und Computer. Während noch vor einigen Jahren das Bildmaterial vorwiegend in Form von Papierkopien oder Diapositiven vorlag, die dann erst digitalisiert werden mußten, stehen nun immer öfter Sensoren zur Verfügung, die direkt ein digitales Rasterbild liefern. Im Vergleich zur Szene ergibt sich eine weitere Reduktion der Dimension, das Bild ist *2-dimensional*, sodaß im Bild 2-, 1- oder 0-dimensionale *Bildobjekte* (*Flächen*, *Kurven* und *Punkte*) vorkommen. Diese Objekte haben wiederum Eigenschaften (z.B. Farbe, Länge oder Fläche) und Beziehungen untereinander. In den meisten Bildern kann man zwischen Objekten (= Vordergrund) und Hintergrund unterscheiden (Ausnahme: Flächenfüllung, siehe Abb. 3.9). Unser Repräsentationsmodell paßt an dieser Stelle nicht so gut für aktive Entfernungssensoren (z.B. laser range finder), die ja eine Art $2\frac{1}{2}$D-Darstellung liefern. Allerdings kann das Resultat einer solchen Aufnahme sehr wohl auch als 2D Bild angesehen werden, dessen Grauwerte Entfernungen entsprechen. Genau wie bei der Szene sind auch beim Bild zusätzliche Informationen zu repräsentieren (Aufnahmezeitpunkt, Kameraparameter). Die Repräsentation für das digitale Rasterbild – pixel, räumliche und radiometrische Auflösung – wurde bereits ausführlich in Kapitel 3.1 besprochen.

Bei den Repräsentationsebenen im Computer geht es nun darum, Repräsentationen für die in Welt, Szene und Bild vorkommenden Objekte zu finden und damit Bild, Szene und Welt im Computer zu beschreiben.

Die *Bildbeschreibung* repräsentiert die eben genannten 2D Bildobjekte in Bildkoordinaten, eine Aufgabe, die durch verschiedene Repräsentationsformen gelöst werden kann. In diesem Buch verwenden wir die '*intermediate symbolic representation*' (ISR, [DBB+90]), wo Bildobjekte in Form von *tokens* repräsentiert werden. Mehrere tokens in einer Bildbeschreibung bilden dann ein *tokenset* (siehe 6.1,6.5).

Die *Szenenbeschreibung* repräsentiert die 3D Objekte einer Szene, wobei für die einzelnen Objekte eine 'object centered representation' in Objektkoordinatensystemen nach Marr verwendet werden kann. Da auch die räumlichen Beziehungen zwischen verschiedenen Objekten repräsentiert werden müssen, ist zusätzlich jedes Objekt im Koordinatensystem der Szene zu repräsentieren. In noch viel höherem Maß als bei der Bildbeschreibung sind viele verschiedene 3D Modelle vorgeschlagen und benutzt worden (z.B. generalized cone [Mar82], tube [HS93b], octree [Sam90], surface model [Leo93], geon [Bie85, Low91]). Gängige Repräsentationen auf dieser Ebene sind *frames* beziehungsweise *CLOS-Objekte* (siehe 4.4.2). Sie können unabhängig vom konkret verwendeten 3D Modell benutzt werden (näheres siehe 7.5).

Die *Weltbeschreibung* muß in der Lage sein, mehrere Szenen und den räumlichen und zeitlichen Bezug zwischen diesen Szenen zu repräsentieren. Da ein Objekt in mehr als einer Szene vorkommen kann (Objektpermanenz), müssen die Objekte getrennt von den Szenen repräsentiert werden. Zusätzlich muß der räumliche Bezug der Objekte zu allen Szenen, in denen sie vorkommen, hergestellt werden. Bis auf diese Erweiterungen ist die Weltbeschreibung identisch mit der Szenenbeschreibung.

5.2 Prozesse

Zwischen den sechs Repräsentationsebenen von Abschnitt 5.1 sitzt jeweils ein Prozeß, der eine Repräsentation in die nächste überführt. Jeder dieser Prozesse wird in Abb. 5.10 durch eine Ellipse dargestellt.

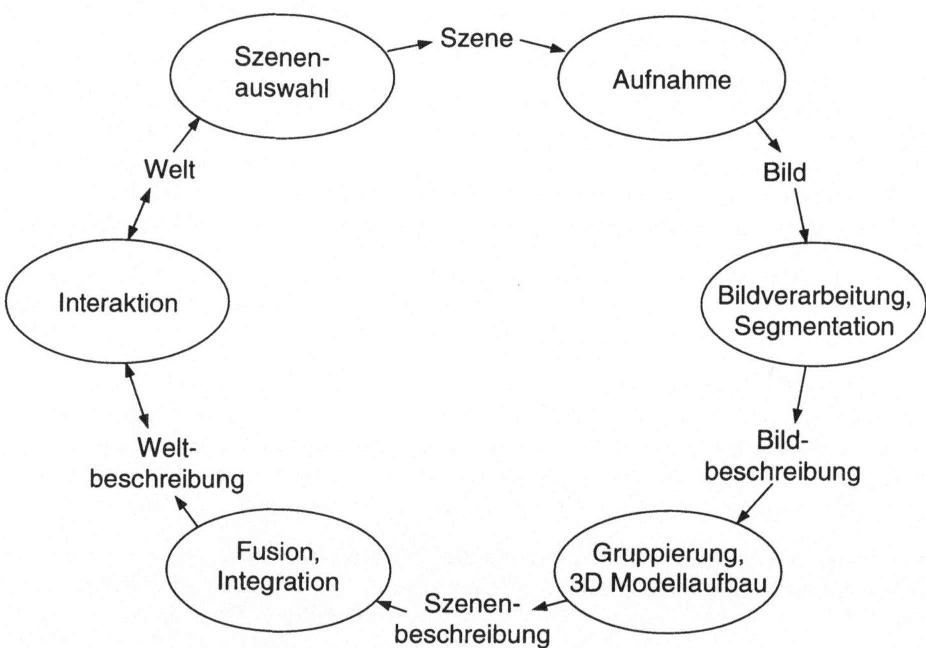

Abbildung 5.10: Prozesse zwischen den Repräsentationsebenen

In der *Szenenauswahl* werden die Fragen „*Was* soll betrachtet werden?" und „*Wann* wird betrachtet?" behandelt. Dies kann je nach Ausprägung und Aufgabe des jeweiligen Systems in völlig unterschiedlicher Weise geschehen. So könnte etwa ein aktiver Sensor (z.B. 'robot head' [BLE92, CBM92], bewegte Kamera, bewegter Robot) kontrolliert werden, um jeweils die Szene zu betrachten, die für die gegenwärtige Aufgabenstellung interessant ist.

Bei der *Aufnahme* wird die Szene vom Sensor erfaßt. Dabei müssen Eigenschaften und Parameter des Sensors modelliert und gesteuert werden. Hier wird die Frage „*Wie* soll die Szene betrachtet werden?" beantwortet, sodaß die Aufnahme auch als *Sensorauswahl* bezeichnet werden kann.

Wenn man die beiden Begriffe Szenen- und Sensorauswahl etwas weiter faßt, so werden neben den oben angesprochenen aktiven Sensoren auch viele andere Anwendungen abgedeckt. So werden etwa in einem Bildinterpretationssystem in der Fernerkundung oft viele verschiedene Bilddaten wie Satellitenbilder, Luftbilder, Radarbilder, verschiedene Aufnahmezeitpunkte und Spektralkanäle oder unterschiedliche räumliche Auflösungen vorliegen. Das günstigste Bildmaterial für eine bestimmte Interpretationsaufgabe muß dann ausgewählt werden. Ähnliches gilt für die Interpretation von medizinischen Bilddaten, wo meist mehrere Bilder für die Diagnose oder die Dokumentation von Krankheitsverläufen herangezogen werden müssen.

Die *Bildverarbeitung*sprozesse, die ein digitales Rasterbild bearbeiten und auch wieder ein solches ausgeben, sind bereits ausführlich in Kapitel 3 behandelt worden. Beim Prozeß der *Segmentation* werden Teile des Bildes, sogenannte *tokens*, extrahiert und in einer neuen 2D Repräsentation, der Bildbeschreibung, in tokensets abgelegt. Diesem 2D Segmentationsprozeß ist das ganze Kapitel 6 gewidmet.

Im nächsten Verarbeitungsschritt – *Gruppierung, 3D Modellaufbau* – werden zunächst tokens aus einem oder mehreren tokensets ausgewählt und gruppiert. Das geschieht mit Hilfe von 'constraints' (siehe 7.1). Beispiele sind Gruppierung von parallelen Linien oder von Flächen einer bestimmten Form oder Größe. So kann man einander entsprechende tokens in verschiedenen tokensets oder tokens, die gewissen Einschränkungen für Formmerkmale der verwendeten 3D Modelle genügen, identifizieren. Aus diesen ausgewählten tokens werden dann 3D Modelle entwickelt. Die gesamte Vorgangsweise – von tokens zur symbolischen Repräsentation – wird in Kapitel 7 behandelt.

Der Prozeß der *Fusion* (engl: 'information fusion') oder *Integration* von Information ist vordergründig sehr einfach zu verstehen: Ausgehend von mehreren verschiedenen Verarbeitungszyklen ergeben sich mehrere Szenenbeschreibungen. Um zu einer Weltbeschreibung zu gelangen, muß das *Gemeinsame* dieser Szenenbeschreibungen herausgefunden und dargestellt werden. Dabei kann es sowohl räumliche und zeitliche Überlappungen von Szenen, als auch inhaltliche Zusammenhänge (dasselbe Objekt in verschiedenen Szenen) geben. In Kapitel 9 werden wir eine Erweiterung unseres Systemmodells kennenlernen, wo dem Prozeß „Fusion" eine zentrale Rolle in der Integration von Information von verschiedenen Repräsentationsebenen und auch in der Kontrolle ('active fusion') zukommt.

Schließlich kommen wir zum letzten der sechs Prozesse aus Abb. 5.10, der *Interaktion* zwischen Weltbeschreibung und Welt. Dies ist der einzige Prozeß, wo doppelte Pfeile eingezeichnet sind, um anzudeuten, daß die Interaktion auf verschiedenste Art und Weise stattfinden kann. In einem passiven Bildinterpretationssystem kann eine das System bedienende Person die Ergebnisse kontrollieren, indem sie die Weltbeschreibung mit der ihr bekannten Realität *vergleicht*. Ein aktives System (z.B. Roboter) kann in direkte Interaktion mit der Umwelt treten, diese *verändern*, und so die Richtigkeit des bildverstehenden Prozesses *verifizieren*.

5.3 Kontrolle und Auswahl

Nachdem wir nun sechs Repräsentations- und Prozeßebenen kennengelernt haben, wollen wir versuchen, allgemein über die Steuerung eines bildverstehenden Systems zu sprechen. Abbildung 5.11 zeigt, was von einem solchen *Kontrollsystem* erwartet wird. Der momentane Zustand des Systems hängt ab von der *Aufgabenstellung* (z.B. Benutzeranfrage) und von den aktuellen Daten auf allen Repräsentationsebenen. Das Kontrollsystem muß auf diese Situation reagieren, indem es eine geeignete *Strategie* entwirft oder aus einem pool von vorgefertigten Strategien auswählt. Die Strategie wird dann ausgeführt, was bedeutet, daß auf verschiedenen Prozeßebenen (z.B. Segmentation und Gruppierung) Prozesse *ausgewählt* (meist können viele verschiedene Prozesse benützt werden, z.B. für Filterung), mit konkreten *Parametern versorgt* und in einer sinnvollen Reihenfolge *aktiviert* werden. Man könnte daher als Strategie auch die Auswahl und Aktivierung einer *Prozeßkette* bezeichnen. Ist die Strategie ausgeführt, so hat sie eine Änderung der Daten auf einigen der sechs Repräsentationsebenen bewirkt, sodaß das Kontrollsystem den nächsten Schritt planen kann.

Meist ist es sinnvoll, im Kontrollsystem nicht auf alle aktuellen Daten aller Repräsentationsebenen zuzugreifen, sondern vielmehr nur die für die Kontrolle relevante Information zugänglich zu machen. In vielen Systemen (z.B. VISIONS [HR78b, DCB+89], KBVision [Amee], Vision Station [BP90]) geschieht dies mit Hilfe eines „Blackboards". Abbildung 5.12 zeigt ein derartiges Kontrollsystem mit mehreren Strategien, einem Blackboard und dem eigentlichen Kontroll- und Auswahlprozeß, der die aktuelle Strategie aktiviert.

So klar und einfach sich die Situation hier darstellt, so komplex ist es, tatsächlich ein konkretes Kontrollsystem zu bauen. Dies ist eines der schwierigen, zentralen Probleme im Bildverstehen und für den Fall eines allgemeinen bildverstehenden Systems als noch nicht gelöst zu betrachten. Für konkrete und sehr eingeschränkte Anwendungsbereiche sind schon viele verschiedene Vorgangsweisen vorgeschlagen worden, deren Diskussion den Rahmen dieses Buches sprengen würde. Wir wollen hier nur auf einige bekannte Systeme verweisen.

Die zu Beginn dieses Kapitels erörterte Einteilung in Bottom-Up, Top-Down und bidirektionale Strategien (Abb. 5.6) wird häufig benutzt. Eine Hauptanwendungsdisziplin für Bildverstehen ist die Fernerkundung, wo in verschiedensten (militärischen, industriellen und umwelttechnischen) Bereichen ein großer Bedarf an intelligenter Bildinterpretation von oft sehr großen Datenmengen besteht. Brooks und Matsuyama beschreiben das Bottom-Up System ACRONYM zur Interpretation von Luftbildern

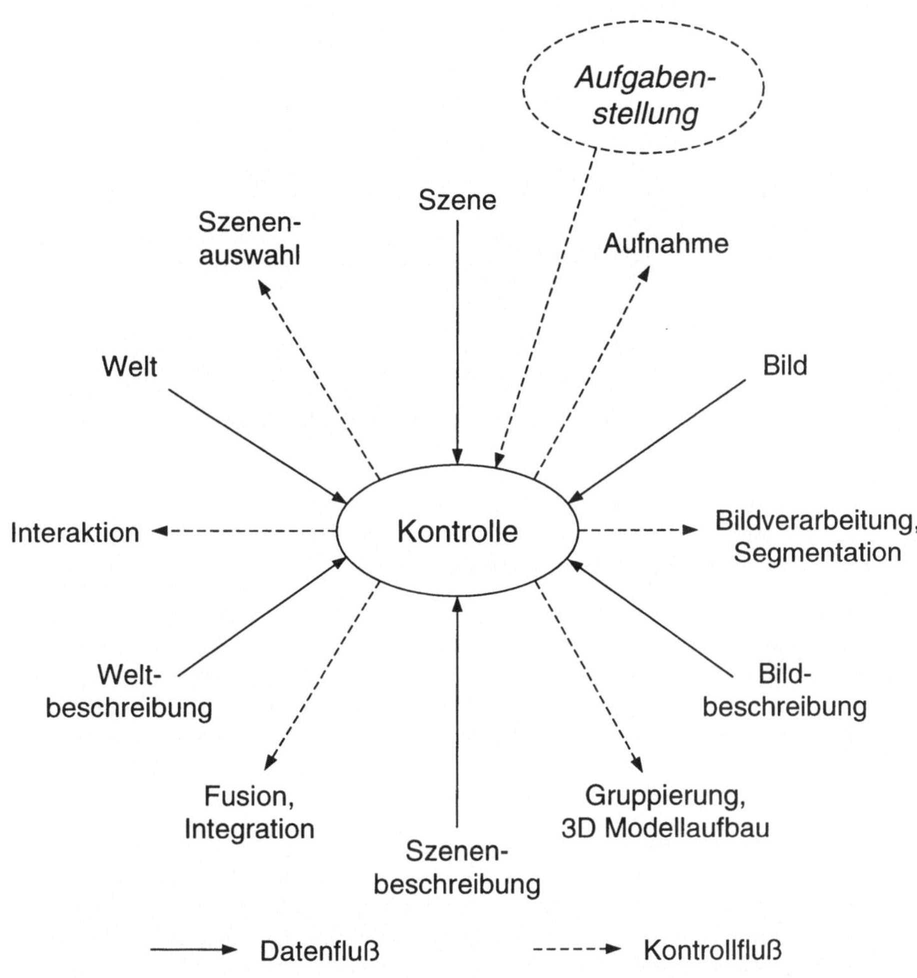

Abbildung 5.11: Kontrolle der sechs Prozeßebenen

von Flughäfen [Bro83, Mat87] (Erkennen von Flugzeugen, Vorläufer dieses Systems in [NM80]). Einen ähnlichen Aufgabenbereich versucht McKeown mit einem regelbasierten System (SPAM [MHM85]) zu bearbeiten (Finden von Runway, Taxiway, Terminal, etc.). Während regelbasierte Systeme das Problem haben, mit zunehmender Komplexität der Aufgabe immer größer und schwerfälliger zu werden, beschreibt Matsuyama in [Mat87] das Problem reiner Bottom-Up Systeme, teilweise verdeckte Objekte nicht erkennen zu können. Dies hat zur Entwicklung des Systems SIGMA [MH90] geführt, dessen bidirektionale Strategie flexibler ist. Allerdings tritt bei bidirektionalen Systemen sofort das Problem der kombinatorischen Explosion auf, das heißt, der nach

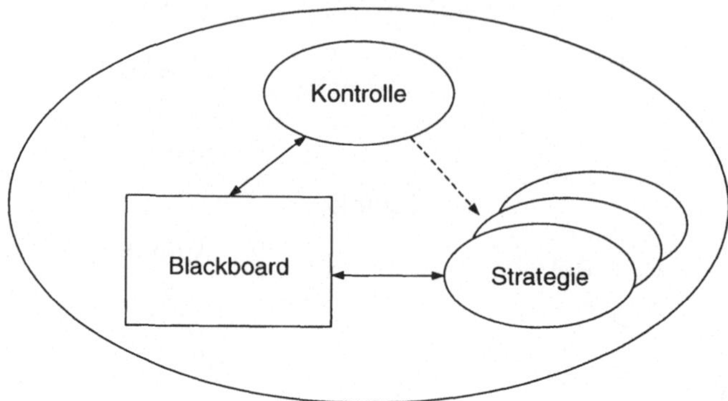

Abbildung 5.12: Ein mögliches Kontrollsystem mit Blackboard und Strategien

möglichen Lösungen zu durchsuchende Raum wird zu groß. Im Fall von SIGMA hat selbst die – erfolgreiche – Interpretation einfachster suburbaner Luftbilder (Zufahrt, Bungalow, Grünfläche) unvertretbar lang gedauert.

Ein anderes bidirektionales System – SCERPO [Low87] – hat viele Berührungspunkte mit diesem Buch und läßt sich in unserem Systemmodell gut beschreiben: Vom Bild gelangt man durch Prozesse der perzeptuellen Organisation ([Low85], siehe auch Abschnitt 2.2.1, Abb. 2.15) zu einer 2D Bildbeschreibung ('perceptual groupings') und durch Such- und probabilistische Matchingprozesse zu 3D Objektmodellen. Diese werden dann in einem Top-Down Schritt verifiziert. Lowe berichtet in [Low87] über sehr gute Ergebnisse mit einfachen Polyedern.

Ein Top-Down System zur Interpretation von Luftbildern des Waldes für die österreichische Waldzustandsinventur (VES [Pin86, Pin89]) zeigt deutlich die Probleme reiner Top-Down Strategien: Derartige Systeme sind sehr gut und effizient, wenn die erste Annahme über den Bild- oder Szeneninhalt korrekt ist, können aber andernfalls völlig versagen (siehe dazu auch die Bezeichnung 'controlled hallucination' in [Win84]).

Verschiedene Versuche sind in Richtung Einschränkung der Komplexität durch bessere Strukturierung des Suchraumes unternommen worden, beispielsweise durch die Einführung hierarchischer Strukturen in Burt's 'pattern tree' [Bur88] und Matsuyama's hypergraph [Mat88], oder in Draper's Schema Learning System SLS [DHR93] durch Lernen des besten Verarbeitungspfades. Derzeit sind starke Trends in Richtung zweckorientierter, aktiver Strategien vorhanden ('active vision' [AWB87], 'purposive vision' [Alo91], 'active perception' [Alo93]). Auch der Verzicht auf genaue Messung zugunsten von qualitativer Interpretation erscheint erfolgversprechend ('qualitative vision' [Alo91], fuzzy focus of expansion [BB92]). Mein eigener Ansatz beruht auf 'information fusion' ([PB92a, PB92b, BPS93], siehe auch [AS89a] zur eindeutigen Lösung inverser Probleme durch Integration visueller Module) und ist in Kapitel 9 ausführlicher dargestellt.

5.4 Das vollständige Modell

In den vorangegangenen Abschnitten wurden in jeweils einer eigenen Abbildung Repräsentationen (Abb. 5.9), Prozesse (Abb. 5.10) und Kontrollsysteme (Abb. 5.11) besprochen. Wenn wir diese drei Abbildungen etwas vereinfachen und zusammenfügen, ergibt
sich Abb. 5.13, das *vollständige Systemmodell*. Im restlichen Teil dieses Buches werden
wir, wenn wir einzelne Komponenten des Systems genauer besprechen, immer wieder
auf Abb. 5.13 verweisen und die jeweils aktuellen Komponenten in einer schematischen
Darstellung hervorheben (siehe z.B. Abb. 6.1).

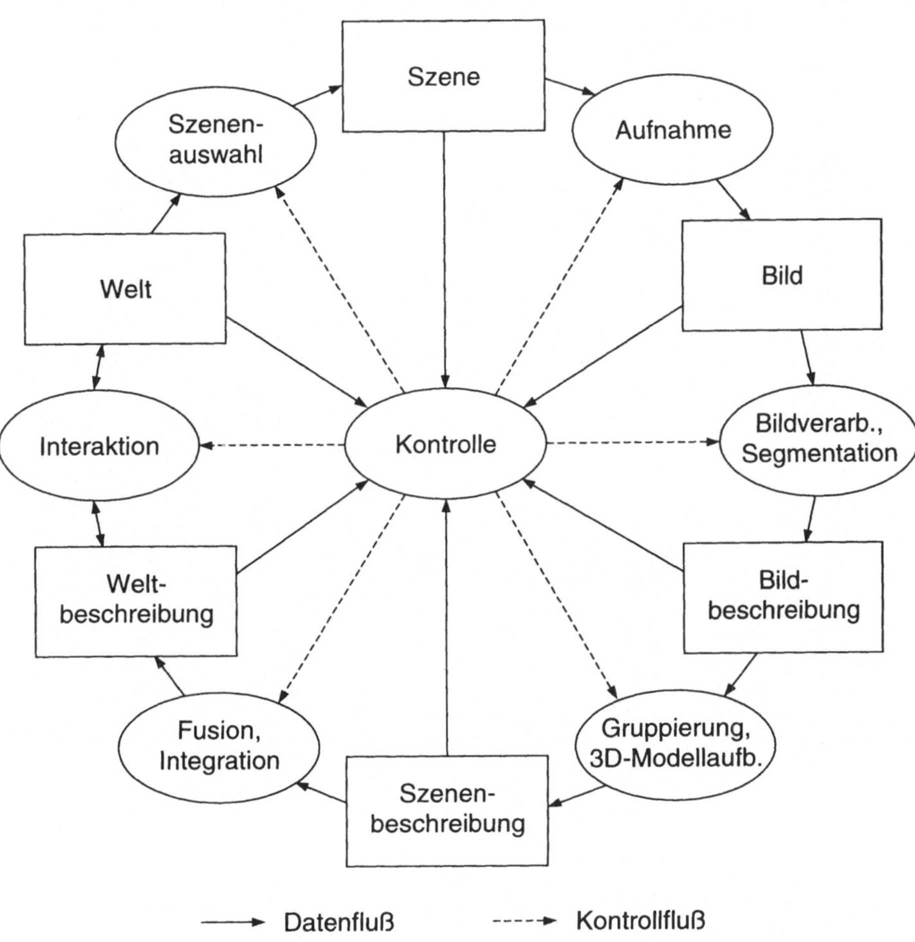

Abbildung 5.13: Vollständiges Modell für ein bildverstehendes System

Kapitel 6

Segmentation: Vom Bild zu Bildobjekten

Der Titel dieses Kapitels ist eigentlich nicht ganz korrekt, da der Begriff „Segmentation" sehr genau und streng definiert ist (z.B. [HS92], S.509ff) und wir im Laufe des Kapitels über die Grenzen des Begriffes hinausgehen werden. Mit *Segmentation* bezeichnet man den Vorgang, das Bild in sinnvolle Bildteile aufzuteilen, es zu *segmentieren*. Die Aufteilung muß in einander nicht überlappende Regionen erfolgen, deren Vereinigung wieder das gesamte Bild ergibt. Um dabei tatsächlich zu sinnvollen Bildteilen zu kommen, geht man von der Annahme aus, daß Objektoberflächen in der Szene homogen erscheinen und auch *homogenen Flächen im Bild* entsprechen. Man versucht daher, das Bild in homogene Bildteile aufzuteilen, wobei je nach Bildmaterial sehr unterschiedliche Homogenitätskriterien zur Anwendung gelangen können (z.B. Farbe, Grauwert, Textur). Mathematisch läßt sich das allgemeine Segmentationsproblem wie folgt beschreiben (siehe z.B. [HP74, Zuc76, LGB90]): Sei das Bild B die Menge aller pixel $p(x, y)$ und die Segmentation S bestehe aus einer Aufteilung von B in insgesamt N_R verschiedene Regionen R_i unter dem Homogenitätskriterium H. Dann müssen unter Annahme von 4-Nachbarschaft folgende Bedingungen für die Menge $S = \{R_i \mid i = 1 \ldots N_R\}$ erfüllt sein:

$$\bigcup_{i=1}^{N_R} R_i = B, \quad wobei \; \forall i : R_i \subseteq B \tag{6.1}$$

$$\forall i \neq j : R_i \cap R_j = \emptyset \tag{6.2}$$

$$H(R_i) = true \tag{6.3}$$

$$H(R_i \cup R_j) = false, \quad wenn \; R_i \; Nachbar \; von \; R_j \; ist. \tag{6.4}$$

In diesem Kapitel beschäftigen wir uns mit rein *2-dimensionalen* Vorgängen, die vom 2D Bild ausgehend 2D Bildobjekte liefern. Abbildung 6.1 zeigt, welcher Ausschnitt unseres Systemmodells dabei betroffen ist. Da man solche Bildobjekte im Englischen häufig (z.B. auch in KBVision, siehe Anhang A) als *'token'* bezeichnet, werden wir diese Bezeichnung in der Folge ebenfalls verwenden und in Abschnitt 6.1 genau beschreiben. Im Unterschied zur oben gegebenen strengen Definition von Segmentation ist es möglich, daß verschiedene tokens einander überlappen und daß die Vereinigung aller tokens eines tokensets nicht das gesamte Bild abdecken.

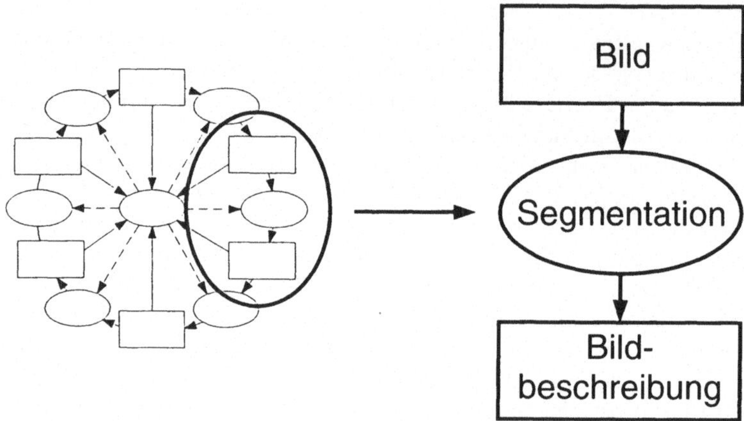

Abbildung 6.1: In diesem Kapitel behandelte Teile unseres Systemmodells

Um die reine 2-Dimensionalität der hier behandelten Probleme zu betonen, habe ich nach geeignetem Bildmaterial gesucht, und schließlich selbst ein 2D Beispiel ausgearbeitet. Die Szene ist praktisch völlig flach, sie besteht aus einem Blatt weißen Papiers, auf das verschiedene Formen verteilt sind. Die Formen wurden aus verschiedenen Buntpapieren (blau, orange und gelb) ausgeschnitten und wahllos auf dem Hintergrund verteilt, allerdings so, daß sie sich nicht überlappen. Es gibt Quadrate, Kreise, rechtwinkelige Dreiecke, gewellte Formen und einen Balken, insgesamt 11 verschiedene Objekte. Die Objekte wurden zweimal in unterschiedlicher Verteilung ausgelegt – zwei verschiedene Szenen – und mit einer Videokamera gefilmt. Aus beiden Videos wurde ein Bild digitalisiert, so entstanden die beiden Testbilder „shapes1" und „shapes2", Abb. 6.2.a und b. Beide Bilder sind 600×430 pixel groß, die radiometrische Auflösung von 8 bit wird relativ schlecht genutzt – es gibt nur Grauwerte im Intervall [60,110] – und bei „shapes1" ist der Hintergrund weniger homogen als bei „shapes2".

Wie gelangt man nun vom Bild zu seiner Segmentation? Im Fall unserer shapes-Bilder wollen wir dünklere Objekte vor einem hellen Hintergrund segmentieren. Wenn wir die Problemstellung zunächst einmal 1-dimensional mit Hilfe eines Grauwertprofiles entlang einer Geraden, die wir beliebig durch das Bild legen, betrachten, so ergibt sich der in Abb. 6.3 schematisch gezeigte Sachverhalt. In der Realität ist natürlich das Bild und damit auch das Profil verrauscht, sodaß man das Bild meist glätten muß, um Artefakte zu vermeiden. Abbildung 6.4 zeigt reale Profile für einen Ausschnitt des

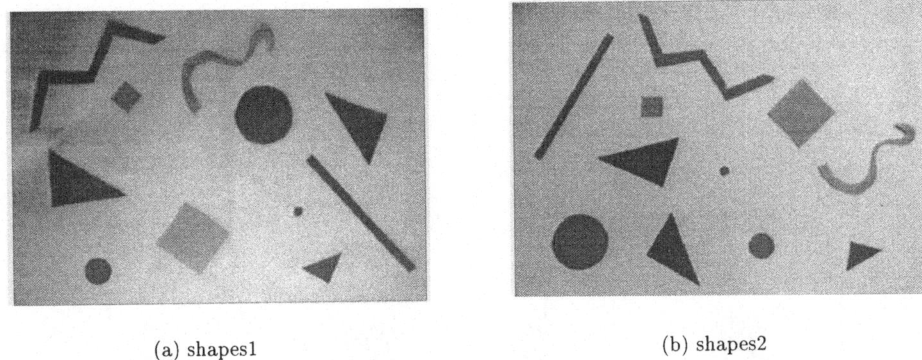

(a) shapes1   (b) shapes2

Abbildung 6.2: Testbilder mit 2D Szenen und 2D Formen

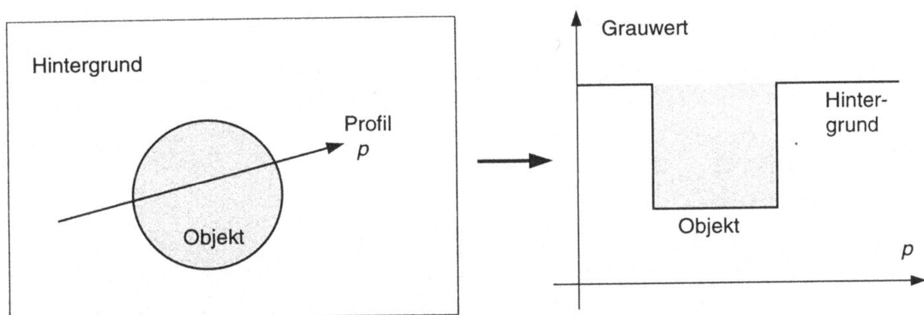

Abbildung 6.3: Idealisierte Darstellung des Grauwertprofils entlang eines Schnittes durch ein Objekt

Bildes „shapes1" ohne (links) und mit Glättung (rechts) durch einen Gauß'schen Kern. Nun gibt es zwei grundsätzliche Möglichkeiten, an die Segmentation heranzugehen:

1. Finden der Objekte als homogene *Flächen* (siehe Abschnitt 6.2) und

2. Finden der *Grenzen* zwischen Objekt und Hintergrund (siehe Abschnitt 6.3).

Andere Segmentationsalgorithmen legen oft Modelle zugrunde, meist sind dies 3D Modelle und in vielen Fällen gelangt man direkt vom Bild zu 3D Objektmodellen, weshalb diese Algorithmen erst in Kapitel 7 besprochen werden (siehe Abschnitt 7.4).

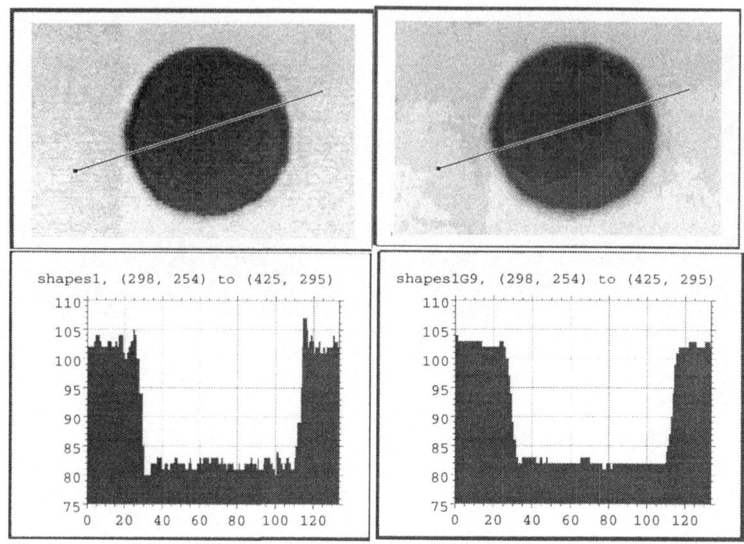

Abbildung 6.4: Grauwertprofile im Originalbild (li) und im geglätteten Bild (re)

6.1 „Token" und „Tokenset"

Alle Beispiele über Bildobjekte sind mit KBVision (Anhang A) erzeugt. KBVision verwendet die *'Intermediate Symbolic Representation ISR'* [DBB⁺90], das ist 'a set of tools for representing image events that are more abstract than pixels' [Amec]. Bildobjekte werden hier also 'image events' genannt. Die zugehörige Datenstruktur, in der ein image event abgespeichert wird, heißt *'token'*. Schließlich heißt eine Menge von tokens, die von einem bestimmten Bild mit einem bestimmten Algorithmus erzeugt wurden, *'tokenset'*. Ein tokenset wird jeweils in einer Datei abgespeichert.

Ein token in einem tokenset besteht aus einer eindeutigen Identifikations-Nummer ('token index') und einer Menge von *'features'*, also Attributen, die das token beschreiben. Das gesamte tokenset kann man sich dann als eine Liste vorstellen, in der eine Zeile je token angelegt ist. Zusätzlich sind noch die Namen der einzelnen features in einem Lexikon abgespeichert. Abbildung 6.5 zeigt diese Struktur eines tokensets. Verschiedene tokensets können unterschiedliche features enthalten. Innerhalb eines tokensets müssen nicht für jedes token alle features angegeben sein.

Nun müssen noch die sogenannten *'location features'*, die es erlauben, ein token räumlich mit dem Originalbild in Bezug zu setzen, besprochen werden. Später (siehe 6.5) werden wir noch andere token features, hauptsächlich 2D Formmerkmale, kennenlernen. Alle Koordinatenangaben sind in *Bildkoordinaten* des Bildes, aus dem das tokenset errechnet wurde, das heißt, sie beginnen mit (0/0) in der linken unteren Ecke des

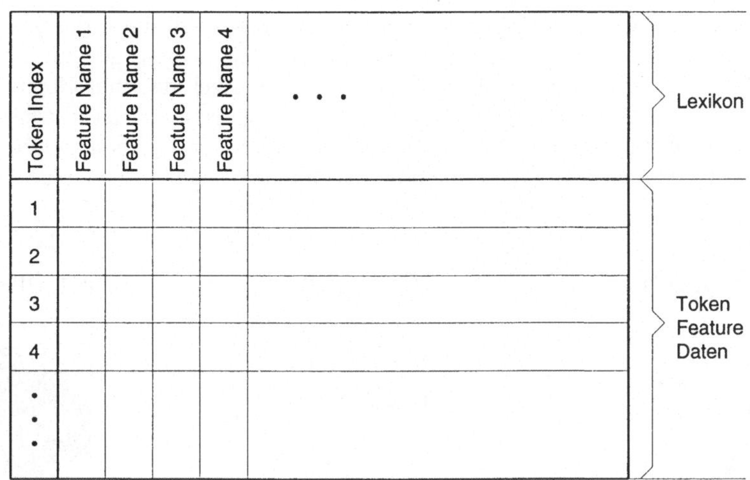

Abbildung 6.5: Struktur eines tokensets

Bildes und die Koordinaten laufen *ganzzahlig in pixeln.* Dennoch sind für alle token Typen außer 'constellation' reelle Koordinatenwerte möglich (subpixel genaue Positionen). Alle 2D Objekte werden neben ihrer direkten Beschreibung (z.B. Polygonpunkte) durch das kleinste, *achsenparallele,* umschreibende Rechteck eingegrenzt (im Gegensatz zum 'minimum bounding rectangle MBR' in 6.5). Folgende *token Typen* werden unterschieden: *Punkt, Linie, Rechteck, Polylinie ('chain'), Polygon* und *'constellation'.* Nachfolgend sind ihre location features angegeben. Beispiele für die komplizierteren token Typen – chain, Polygon und constellation – zeigt Abb. 6.6.

- Punkt (0-dimensional): x/y-Koordinatenpaar.

- Linie (1-dimensional): x/y-Koordinaten von Anfangs- und Endpunkt.

- Rechteck (2-dimensional): Dieser token Typ erlaubt nur *achsenparallele* Rechtecke und kann daher durch die x/y-Koordinaten von linker unterer und rechter oberer Ecke des Rechtecks dargestellt werden.

- Polylinie (1.x-dimensional): Diese Aneinanderreihung von mehreren Linien wird *'chain'* genannt und als Kette von x/y-Koordinaten der Verbindungspunkte dargestellt.

- Polygon (2-dimensional): Darstellung wie bei Polylinie, aber Anfangs- und Endpunkt sind miteinander verbunden, sodaß sich eine geschlossene Fläche ergibt.

- 'Constellation' (2-dimensional): Während alle anderen token Typen zwar das Bildkoordinatensystem verwenden, aber auch nicht ganzzahlige Koordinatenwerte vorkommen können, verwendet constellation *denselben pixel Raster* wie das ursprüngliche Bild. Eine constellation wird dargestellt durch das umgebende, achsenparallele Rechteck (*Ferret box*) und die innerhalb dieses Rechtecks liegende *'bitmap'* im pixel Raster. In der bitmap ist jedes pixel, das zum Objekt gehört, gesetzt, die pixel des Hintergrundes sind nicht gesetzt. In einer constellation können beliebig komplexe Objekte dargestellt werden, beispielsweise Objekte mit Löchern, oder Objekte, die in mehrere nicht zusammenhängende Teile zerfallen.

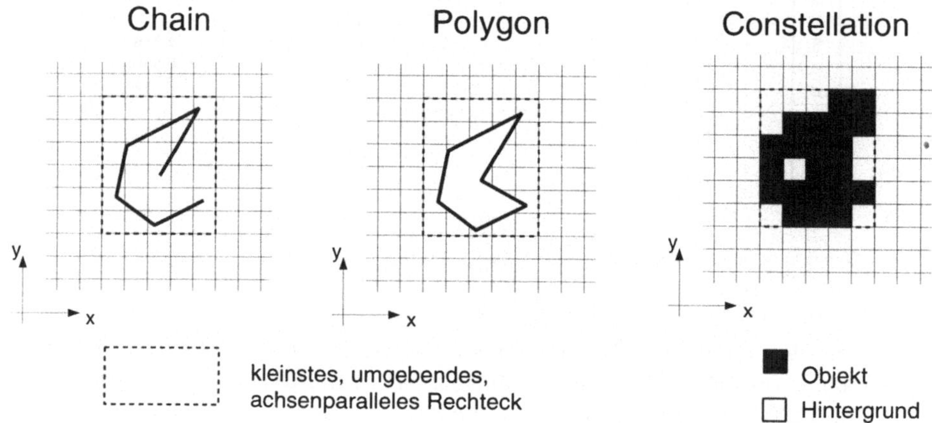

Abbildung 6.6: Token Typen und ihre location features

6.2 Flächenbasierte Segmentation

Bei der flächenbasierten Segmentation versucht man, Bildobjekte als *homogene Flächen* vom Hintergrund oder von anderen Bildobjekten zu trennen. In unseren Beispielen wird sich die Homogenität immer auf Grauwerte beziehen, es sind jedoch auch andere Homogenitätskriterien (z.B. Textur, Farbe) möglich. Da die erfolgreiche Segmentation von Bildern ein zentrales Problem in der Mustererkennung darstellt, ist in der Literatur eine Vielzahl von verschiedenen allgemeinen und auch anwendungsspezifischen Segmentationsverfahren vorgeschlagen worden. Wir wollen hier einige bekannte Techniken vorstellen.

6.2.1 Schwellwerte Setzen ('Histogram Thresholding')

Das Setzen globaler Schwellwerte stellt sicher die einfachste denkbare Form der flächenbasierten Segmentation dar. Ein Beispiel für ein sehr einfaches Bild mit einem ausgeprägt bimodalen Histogramm haben wir schon kennengelernt (Kapitel 3.3, Abb. 3.17). Bei gutem Kontrast zwischen Vorder- und Hintergrund, etwa bei der Segmentation von Stanzteilen (reflektierend, hell) auf einem dunklen Förderband kann dieses Verfahren oft sehr gute Ergebnisse liefern. Wenn mehrere Objekte mit verschiedenen Grauwerten vorkommen, ergibt sich ein multimodales Histogramm und ein einziger Schwellwert reicht nicht mehr aus. Dies zeigt Abb. 6.7, wo wir links oben einen kleinen Ausschnitt aus „shapes1" sehen. Das zu diesem Ausschnitt gehörende Histogramm rechts oben ist deutlich bimodal und legt nahe, einen Schwellwert von 93 zu wählen. Links unten sieht man das Ergebnis der Schwellwertoperation auf diesem Bildausschnitt, rechts unten den Schwellwert auf das ganze Bild angewandt. Es ist sofort klar, daß ein einziger Schwellwert für „shapes1" nicht genügt, da beispielsweise das große helle Quadrat (unten Mitte, vergleiche Abb. 6.2.a) gänzlich dem Hintergrund zugeordnet wird.

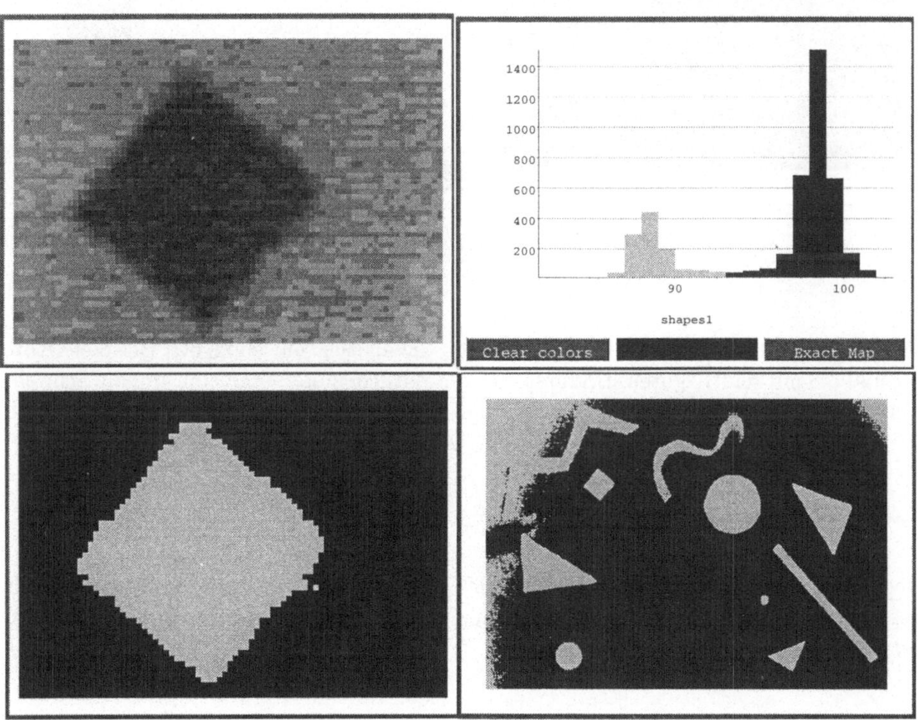

Abbildung 6.7: Segmentation von „shapes1" durch einen Schwellwert S=93

Abbildung 6.8 zeigt den Versuch, auf das multimodale Histogramm (hier von „shapes2") mit mehreren verschiedenen Schwellwerten zu reagieren. Den drei Farben orange, blau und gelb der Buntpapierformen können annähernd mittlere Grauwerte von 75, 83 und 89 zugeordnet werden, dem weißen Hintergrund 102. Dies führt zur Wahl der Schwellwerte 79, 86 und 94 und zur Segmentation in der linken Hälfte von Abb. 6.8. Man erkennt verschiedene Fehler dieser Segmentation – einerseits werden Teile des linken Bildrandes wegen der inhomogenen Ausleuchtung der Szene als gelbe Objekte segmentiert, andererseits ergibt sich wegen der nahe beieinanderliegenden peaks für die blauen und orangen Objekte ein starker Überlapp und damit eine starke Vermischung dieser beiden Klassen.

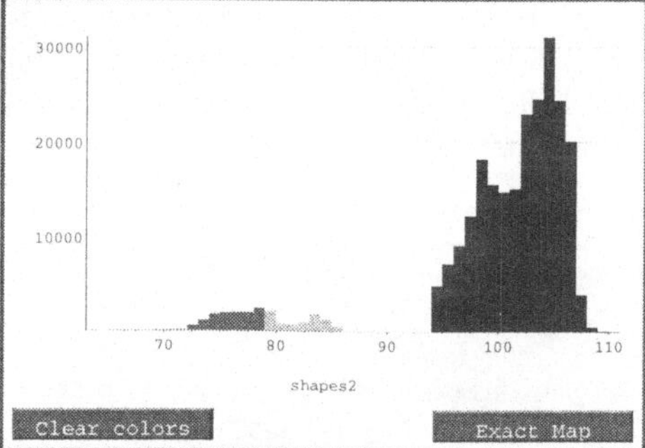

Abbildung 6.8: Segmentation von „shapes2" durch mehrere Schwellwerte

Zusammenfassend kann man feststellen – und die an sich sehr einfachen Beispiele Abb. 6.7 und 6.8 mit relativ gutem Bildmaterial verdeutlichen das – daß eine globale Schwellwertbildung in den seltensten Fällen für eine akzeptable Segmentation ausreichen wird.

6.2.2 'Region Growing'

Region Growing geht genau von den in den Gl. 6.1-6.4 formulierten Bedingungen für Segmentation aus und verwendet folgenden Algorithmus, um zu den Regionen R_i zu gelangen:

1. Sogenannte *„Saatzellen"* werden über das Bild verteilt. Dies geschieht, indem bei n Saatzellen n pixel als der Region R_i, $i = 1 \ldots n$ zugehörig markiert werden. Die Saatzellen können zufällig (Bottom Up Strategie), oder auf Grund von Annahmen über den erwarteten Bildinhalt (Top Down) ausgewählt werden.

2. In jeweils einem parallelen Schritt werden alle Regionen wie folgt bearbeitet: Man betrachtet alle Nachbarn (4-Nachbarschaft) einer Region, die noch zu keiner

anderen Region gehören, und nimmt diese in die Region auf, wenn dabei das Homogenitätskriterium erfüllt bleibt.

3. Sobald zwei Regionen einander berühren, wird überprüft, ob das Homogenitätskriterium für die Vereinigung der Regionen erfüllt ist. Ist dies der Fall, so werden die beiden Regionen zu einer einzigen verschmolzen.

4. Schritte 2 und 3 werden so lange wiederholt, bis keine Änderungen mehr eintreten. Wenn noch nicht alle pixel zu einer Region zugewiesen wurden, so gibt es verschiedene Varianten, eine vollständige Segmentation zu erreichen:

    (a) Alle diese pixel als (ggf. nicht zusammenhängenden) Hintergrund markieren, oder

    (b) jeweils zusammenhängende pixel zu einer neuen, zusätzlichen Region machen, oder

    (c) in noch nicht markierten Bereichen neue Saatzellen setzen und wieder zu Schritt 2 gehen.

Abbildung 6.9 illustriert, wie man durch Region Growing Segmentation erreicht. Schon aus der Beschreibung des Algorithmus wird klar, daß zwei Parameter das Segmentationsergebnis entscheidend beeinflussen, nämlich das Homogenitätskriterium und die Auswahl der Saatzellen.

Wir wollen nun die Charakteristika und Probleme des Region Growing an den beiden „shapes“-Bildern demonstrieren. Abbildung 6.10 zeigt verschiedene Ergebnisse, die alle mit der KBVision task 'GrowReg' [Amee] erreicht wurden. Dieses Programm weicht insofern von der oben beschriebenen Vorgangsweise ab, als nicht parallel vorgegangen wird, sondern in der linken unteren Ecke eine Saatzelle gesetzt wird und diese Region solange wie möglich wächst. Anschließend wird die nächste Saatzelle direkt an diese Region angrenzend (wieder links unten) gesetzt. Abbildung 6.10 zeigt links oben das Ergebnis für „shapes1“. Insgesamt wurden 1302 Regionen statt der 11 Objekte segmentiert. Wesentlich besser ist das Ergebnis rechts oben (265 Regionen), wo an Stelle des Originalbildes ein leicht geglättetes Eingabebild verwendet wurde (vergleiche auch Abb. 6.4). Rechts unten sieht man die Segmentation des ebenso geglätteten „shapes2“ (213 Regionen). Links unten wurden genau 11 Saatzellen *manuell* auf die 11 Bildobjekte verteilt und auch 11 Regionen (plus Hintergrund in schwarz) segmentiert. Allerdings konnte das große helle Quadrat auch hier nicht gegen den Hintergrund abgegrenzt werden. Diese vier Beispiele stellen sicher kein optimales Ergebnis von Region Growing mit dem vorhandenen Bildmaterial dar (es sollte beispielsweise möglich sein, das große helle Quadrat bei geeigneter Parameterwahl (z.B. Schwellwert für Homogenität) zu segmentieren). Wenn wir allerdings fordern, daß ein halbwegs allgemeiner Segmentierungsalgorithmus benutzt wird, der nicht händisch auf jedes neue Eingabebild abgestimmt werden muß, so sind die Ergebnisse durchaus als realistisch zu bezeichnen. Generell läßt sich erkennen, daß beim Region Growing an den Rändern

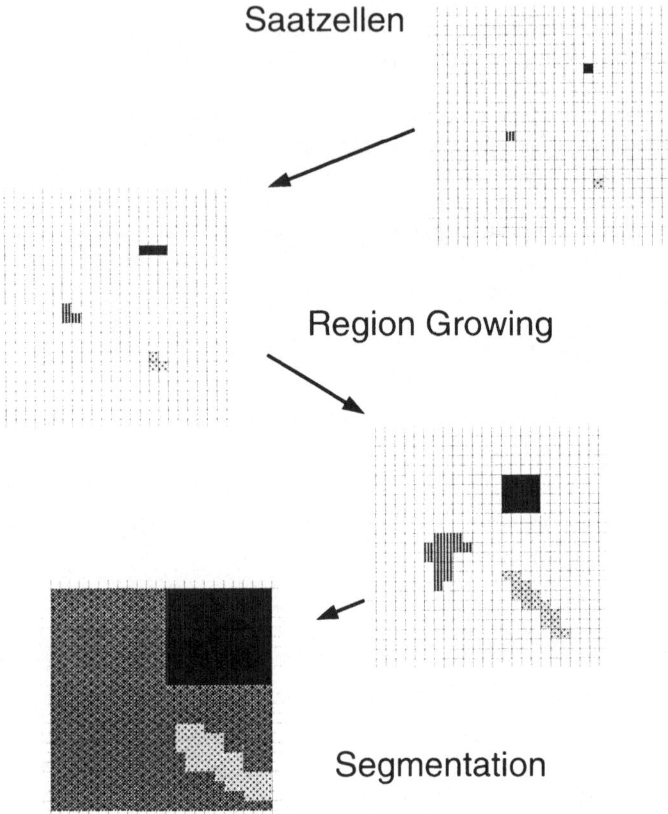

Abbildung 6.9: Das Prinzip des Region Growing

von Regionen, wo bei ungenügender Glättung viele kleine Regionen entstehen, sowie bei Regionen, die sich nur schwach vom Hintergrund unterscheiden und mit diesem verschmolzen werden, Probleme auftreten.

6.2.3 'Split' und 'Merge'

Während beim Region Growing eine 'Merge' Strategie Verwendung findet – es werden zu einer Region immer weitere Stücke (pixel) hinzugegeben –, geht eine 'Split' Strategie von einer groben Segmentierung in große Bildteile aus und versucht diese durch Aufteilen (split) in homogenere Teile zu verbessern. Unter *'Split and Merge'* versteht man eine Kombination dieser beiden Strategien (siehe dazu z.B. [HS92], S.540, oder [RK82b], S.150). Auch für Split und Merge sind verschiedene Algorithmen vorgeschlagen wor-

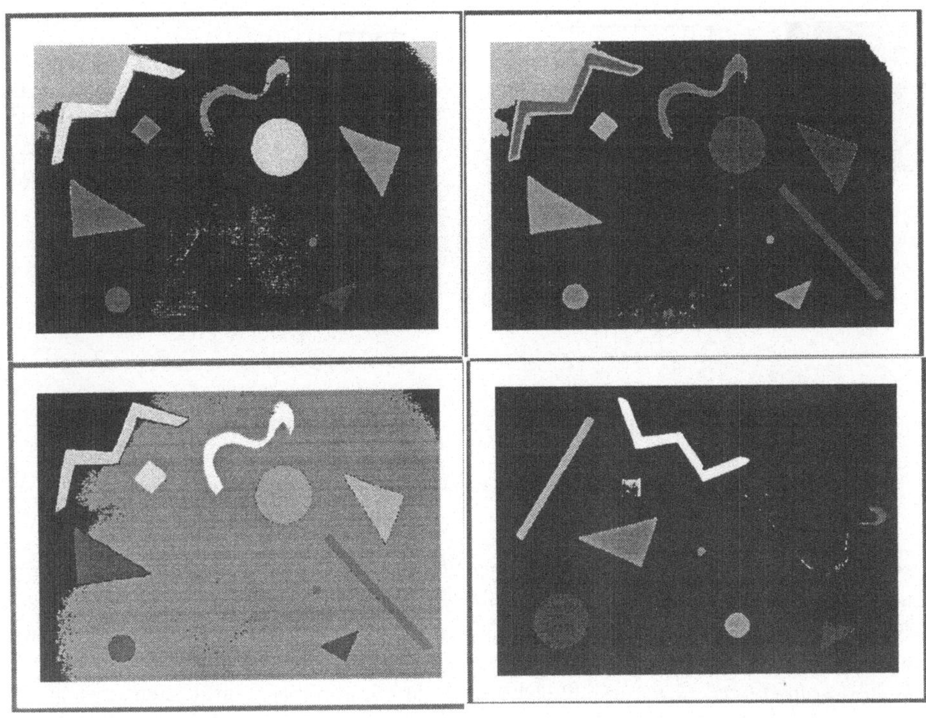

Abbildung 6.10: Beispiele für Segmentation durch Region Growing

den. Wir skizzieren hier den Algorithmus nach Horowitz und Pavlidis [HP76] (siehe Abb. 6.11). Hier wird vom gesamten Bild als einem einzigen Segment ausgegangen. Ist dieses Segment nicht homogen genug, so wird es in 4 gleich große Teile aufgeteilt. Diese neuen Segmente werden dann wieder analysiert und bei Bedarf geteilt. Dieser Split Vorgang endet spätestens auf der Ebene der einzelnen pixel. Die Datenstruktur, die dabei entsteht, ist ein sogenannter *Quadtree* [Sam90]. Im anschließenden Merge Vorgang werden dann, ganz ähnlich wie beim Region Growing, einander benachbarte Segmente verschmolzen, wenn das Homogenitätskriterium erfüllt ist.

Um das Split und Merge Prinzip an unseren „shapes" zu demonstrieren, wurden die beiden KBVision tasks SpltPVCnst und MergeCnst [Amee] benutzt. Der Split Algorithmus erzeugt hier keinen Quadtree, sondern Regionen, deren lokale Histogramme sehr einheitlich sind, sodaß man, von einem einzigen großen Segment für das gesamte Bild ausgehend, eigentlich bereits eine sehr ansprechende Segmentation erhält. Im anschließenden Merge Vorgang werden nur mehr einige wenige, sehr kleine Segmente mit größeren Regionen verschmolzen, sodaß in diesem Fall optisch kein Unterschied zwischen 'Split' und 'Split and Merge' zu erkennen ist. Das Ergebnis (226 Regionen)

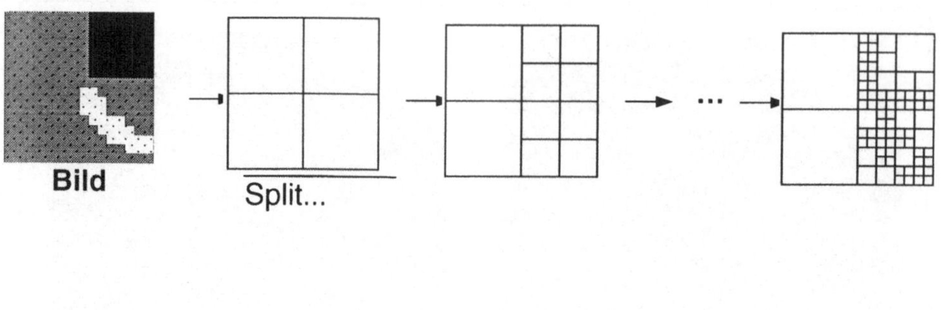

Abbildung 6.11: Das Prinzip des Split und Merge

sehen wir in Abb. 6.12 links. Abbildung 6.12 rechts zeigt den Versuch, Region Growing und Split and Merge miteinander zu *kombinieren.* Hier wurde die Segmentation aus Abb. 6.10 rechts oben als Ausgangspunkt für den Split Prozeß vorgegeben. Das Ergebnis sind zwar mehr Regionen (434), aber nun sind zum ersten Mal *alle 11 Bildobjekte korrekt segmentiert.* Generell läßt sich sagen, daß bessere Segmentationen erreicht werden, wenn sowohl Aufteilung (split), als auch Verschmelzung (merge) benutzt werden (siehe dazu auch [RK82a], S.150).

Abbildung 6.12: Beispiele für Segmentation durch Split und Merge

6.2.4 'Blobs' und 'Scale Space'

Im allgemeinen ist eine flächenbasierte Segmentation dann sinnvoll, wenn es im Bild *größere*, zusammenhängende und *kompakte* Regionen gibt, während für stark elongierte, linienhafte Bildobjekte kanten- oder linienbasiert (siehe 6.3) vorgegangen wird. Solche kompakte Bildobjekte werden häufig als *'blobs'* bezeichnet (vgl. auch Kapitel 3.10.3, blobdetection). Betrachtet man einen blob in verschiedenen Maßstäben (*'scale'*), so kann man sagen, daß das „*Überleben*" eines blobs über mehrere Maßstäbe ein Maß für die *Signifikanz* dieses Bildobjektes darstellt [CS87]. Außerdem treten natürlicherweise in vielen Bildern verschiedene Objekte in verschiedenen Maßstäben auf (z.B. Haus – Fenster). Diese Überlegungen haben zur Formulierung der *'scale space'* Theorie geführt [Wit83, BWBD86]. In [LE92] sind *'scale space blobs'* beschrieben, das sind 4D Bildobjekte (2D Raum, Maßstab und Grauwert). Solche blobs können bei größer werdendem Maßstab verschwinden, mit anderen blobs verschmelzen, oder auch in mehrere blobs aufgespalten werden oder gänzlich neu entstehen.

Wir wollen nun an einem konkreten Beispiel eine flächenbasierte Segmentation betrachten, wo nicht mehr, so wie in den vorangegangenen Beispielen, jedes pixel des Originalbildes genau einem Bildobjekt zugewiesen wird. Vielmehr wird einfach nach blobs eines bestimmten Maßstabes gesucht, diese werden dann über einen („Mittel")-Punkt lokalisiert und nur ungefähr gegen den Hintergrund abgegrenzt.

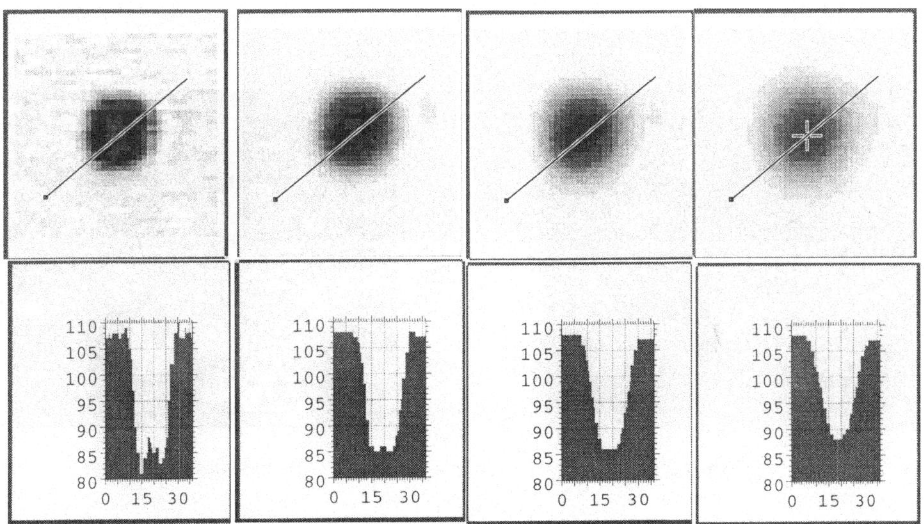

Abbildung 6.13: Lokalisieren eines dunklen blobs durch Glättung und Minimasuche

Abbildung 6.13 zeigt, wie ein dunkler blob (ein kleiner Kreis aus „shapes1") durch zunehmende Glättung immer verwaschenere Konturen bekommt, bis schließlich der Mittelpunkt der blob eindeutig durch Bestimmen des *Minimums* (minimaler Grauwert, im Bild ganz rechts markiert) gefunden werden kann. Diese Idee läßt sich in mehrfacher Hinsicht verallgemeinern: Wenn es mehrere dunkle Objekte von annähernd der gleichen Größe gibt, so müssen an Stelle eines (globalen) Minimums *alle lokalen Minima* aufgesucht werden. Gibt es helle Objekte, so sucht man *lokale Maxima*. Kommen schließlich blobs verschiedener Größe vor, so müssen *verschiedene Maßstäbe* durchsucht und die Ergebnisse miteinander *kombiniert* werden (siehe dazu auch „Fusion", Kapitel 9).

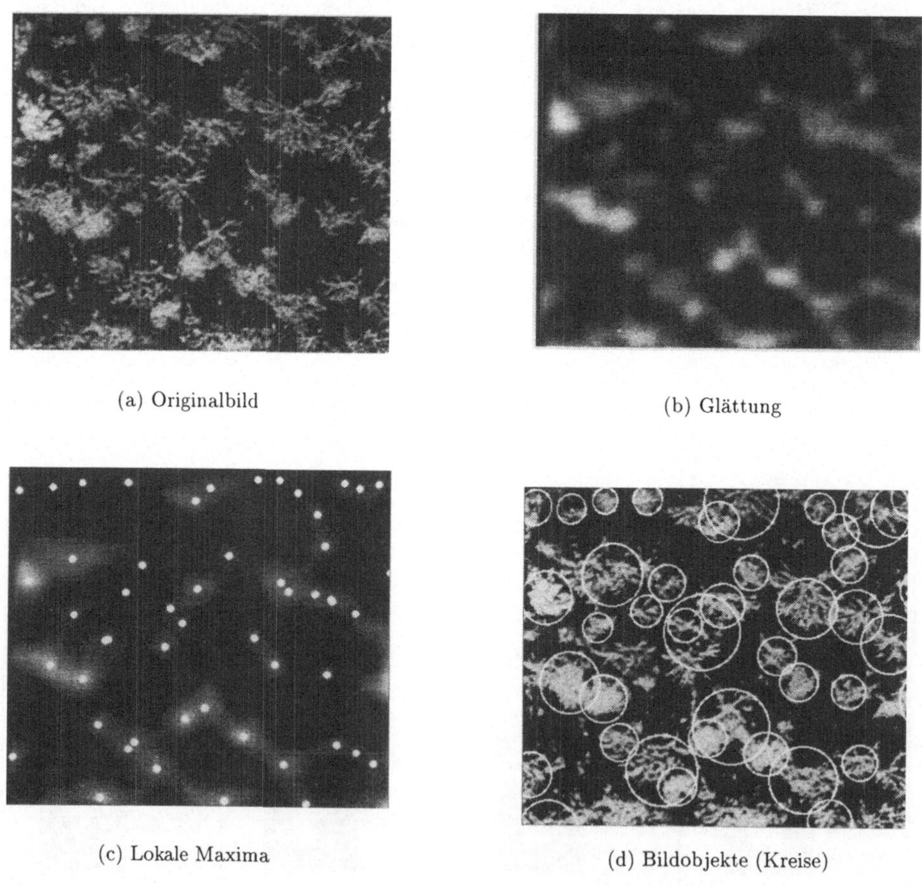

(a) Originalbild

(b) Glättung

(c) Lokale Maxima

(d) Bildobjekte (Kreise)

Abbildung 6.14: Finden von hellen, annähernd kreisförmigen blobs in einem Luftbild

Diese Vorgangsweise wurde auf Luftbilder des österreichischen Waldes angewendet, um *Bäume im Luftbild zu finden* [PB90, Pin89, Pin91, Pin88]. In Abb. 6.14.a sehen wir einen Ausschnitt aus einem solchen Luftbild. Die Bäume können als helle, annähernd kreisförmige Bildobjekte beschrieben werden. Abbildung 6.14.b zeigt das stark geglättete Bild und in Abb. 6.14.c sind die lokalen Maxima markiert. Diese Verarbeitungsschritte Glätten und Maximasuche wurden mehrmals in verschiedenen Maßstäben durchgeführt. Schließlich wurde an jedem so gefundenen Punkt ein Ausschnitt des Originalbildes auf das Merkmal „annähernd kreisförmiges Bildobjekt" untersucht. Die so gefundenen Bildobjekte (Kreise) sind in Abb. 6.14.d graphisch dargestellt und über das Originalbild gelegt. Diese „Segmentation" in Kreise entspricht nicht mehr der strengen Definition (Gl. 6.1-6.4) von Segmentation, da die Bildobjekte einander teilweise überlappen und auch nicht das ganze Bild bedecken.

6.2.5 Beispiel für ein 'constellation' Token

Wie sieht nun das Ergebnis einer flächenbasierten Segmentation in KBVision constellation tokens tatsächlich aus? Abbildung 6.15 zeigt links oben den kleinen dunklen Kreis aus „shapes1" (Ausschnitt aus Abb. 6.2.a), rechts oben den entsprechenden Ausschnitt aus dem zugehörigen tokenset (Ausschnitt aus Abb. 6.12, rechts). Wir sehen, daß der Kreis in zwei verschiedene tokens segmentiert wurde, in das Kreisinnere und in einen umgebenden Ring. Dieses ringförmige token wollen wir nun genau betrachten. Seine Daten zeigt Abb. 6.15 unten links (Koordinaten des kleinsten, umgebenden, achsenparallelen Rechtecks, im Bild rechts oben dunkel markiert, und token-index = 23). Innerhalb des umgebenden Rechtecks ist die constellation in Form der bitmap Abb. 6.15 rechts unten gespeichert.

6.3 Kantenbasierte Segmentation

Als *Kante* bezeichnet man die *Grenze* zwischen zwei homogenen Flächen im Bild. Im Gegensatz zur flächenbasierten Segmentation (6.2) versucht man bei der kantenbasierten Segmentation, die Bildobjekte durch Auffinden ihrer Begrenzungen zu segmentieren. 'It is hard to over-emphasize the importance of edge-detection in image understanding' [NB86]. Mit Literatur über Kanten- und Liniendetektion könnten mehrere Bücher gefüllt werden. Einen ausgezeichneten Überblick sowie einen Vergleich der meisten auf lokalen Fensteroperationen basierenden Kantenoperatoren bietet Pratt [Pra91]. Wir wollen hier, ähnlich wie in 6.2, einige bekannte Verfahren vorstellen. Abbildung 6.16 zeigt verschiedene Ausprägungen von Kanten und Linien in Form von Grauwertprofilen (Schnitten durch das „Grauwertgebirge"). Ein idealer Kanten- und Liniendetektor sollte jeweils an der mit einem dicken Punkt und „K" oder „L" bezeichneten Stelle ansprechen.

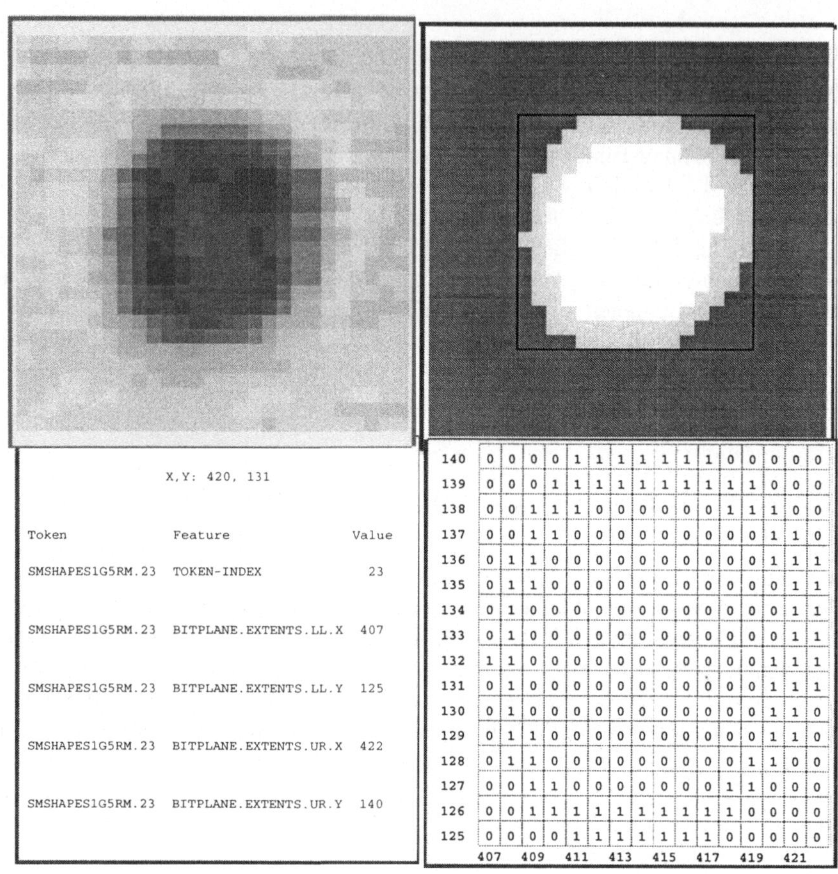

	407	408	409	410	411	412	413	414	415	416	417	418	419	420	421	422
140	0	0	0	0	1	1	1	1	1	1	1	0	0	0	0	0
139	0	0	0	1	1	1	1	1	1	1	1	1	1	0	0	0
138	0	0	1	1	1	0	0	0	0	0	0	1	1	1	0	0
137	0	0	1	1	0	0	0	0	0	0	0	0	0	1	1	0
136	0	1	1	0	0	0	0	0	0	0	0	0	0	1	1	1
135	0	1	1	0	0	0	0	0	0	0	0	0	0	0	1	1
134	0	1	0	0	0	0	0	0	0	0	0	0	0	0	1	1
133	0	1	0	0	0	0	0	0	0	0	0	0	0	0	1	1
132	1	1	0	0	0	0	0	0	0	0	0	0	0	1	1	1
131	0	1	0	0	0	0	0	0	0	0	0	0	0	1	1	1
130	0	1	0	0	0	0	0	0	0	0	0	0	0	1	1	0
129	0	1	1	0	0	0	0	0	0	0	0	0	0	1	1	0
128	0	1	1	0	0	0	0	0	0	0	0	0	1	1	0	0
127	0	0	1	1	0	0	0	0	0	0	0	1	1	0	0	0
126	0	0	1	1	1	1	1	1	1	1	1	1	0	0	0	0
125	0	0	0	0	1	1	1	1	1	1	1	0	0	0	0	0

Abbildung 6.15: Ein constellation token und seine bitmap

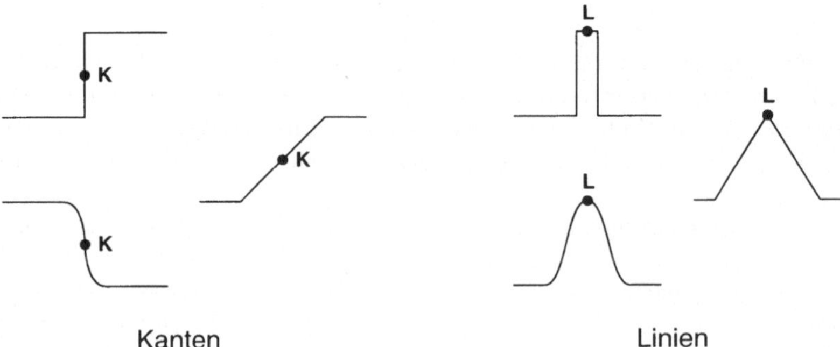

Abbildung 6.16: Idealisierte Darstellung von Grauwertprofilen von Kanten und Linien

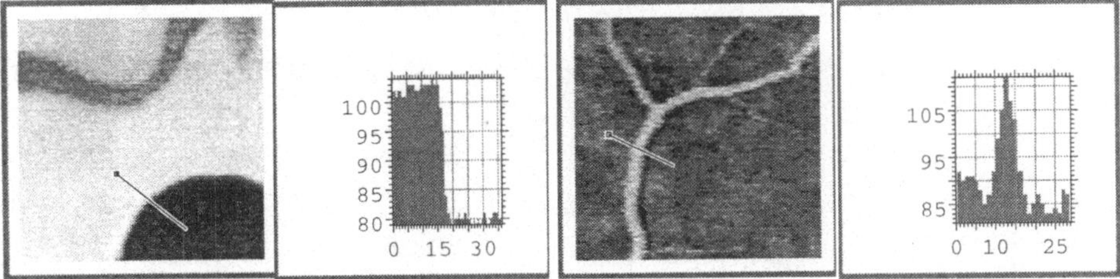

Abbildung 6.17: Reale Kanten und Linien in digitalen Rasterbildern

Während in den Beispielen aus Abb. 6.16 ja noch von einer analogen Darstellung ausgegangen wird, kann man sich vorstellen, daß bei digitalen Rasterbildern die Situation auf Grund der Diskretisierung noch wesentlich kompliziert wird, sodaß es den idealen Detektor für alle Fälle kaum geben kann. In Abb. 6.17 sehen wir Beispiele für reale Kanten (links, ein Ausschnitt aus „shapes1") und Linien (rechts, Blutgefäße in einem Ausschnitt aus Abb. 2.5). An diesen beiden kleinen Bildausschnitten sollen nachfolgend die Ergebnisse verschiedener Operatoren demonstriert werden.

Welche generelle Idee liegt nun der (Bottom Up) Vorgangsweise bei kantenbasierter Segmentation zugrunde? Folgende Schritte (siehe Abb. 6.18) können bei vielen Algorithmen beobachtet werden:

1. Glättung: Da das Originalbild meist verrauscht ist, würden ohne Glättung zu viele Artefakte detektiert.

2. Kanten / Linien detektieren: Ein Kanten- oder Liniendetektionsalgorithmus wird angewendet. Das Ergebnis kann ganz unterschiedlich repräsentiert sein (siehe 6.3.1).

3. Schließen kleiner Lücken / Entfernen kurzer Kanten: In den meisten Fällen ist das Ergebnis von Schritt 2 noch nicht perfekt, es wird einerseits Artefakte geben (meist durch Rauschen verursacht und daher *kurz*), die entfernt werden müssen, andererseits sind „echte" Kanten nicht vollständig detektiert, was heißt, daß kleine Lücken geschlossen werden müssen.

4. Geschlossene Linienzüge sind Bildobjekt-Grenzen: Die nach Schritt 3 überlebenden längeren Kurvenstücke müssen entsprechend *gruppiert, fortgesetzt* und miteinander *verbunden* werden, sodaß geschlossene Linienzüge entstehen, die dann Bildobjektgrenzen zugeordnet werden können.

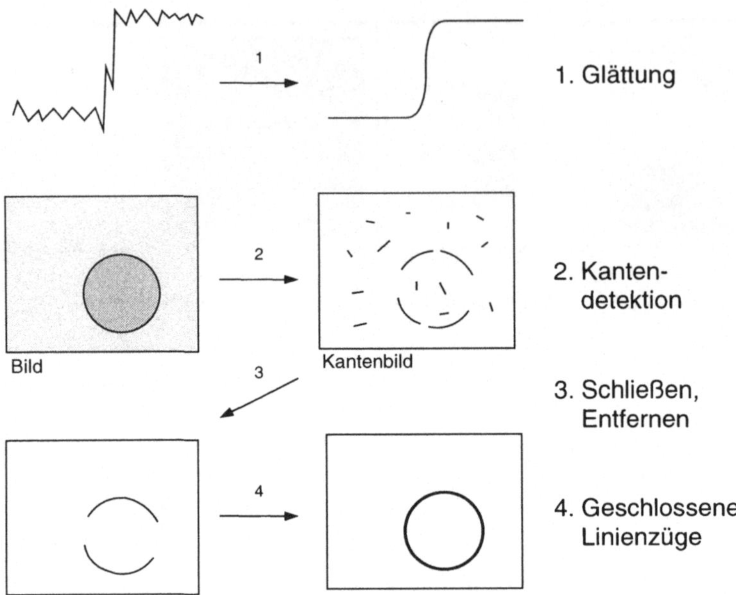

Abbildung 6.18: Vorgangsweise bei kantenbasierter Segmentation

6.3.1   Repräsentation von Kanten, Linien und Kurven

Es gibt verschiedene Möglichkeiten, das Resultat einer Kantendetektion zu repräsentieren. Die einfachste Variante stellt das *„Kantenbild"* dar, ein Binärbild, in dem pixel, die zu einer Kante gehören, gesetzt sind (z.B. Sobeloperator in KBVision). Zusammenhängende Regionen eines solchen Kantenbildes können zu *constellation tokens* zusammengefaßt werden (z.B. Canny edge detector in KBVision).

Eine andere Möglichkeit, die ebenso an den pixel Raster gebunden bleibt, stellen die *'chain codes'* dar. In Abb. 6.19 sehen wir zwei Beispiele für chain codes, den Freeman und den RULI chain code. Der Freeman chain code geht von einem Kantenpixel im Kantenbild aus (am besten ein Anfangspunkt einer Linie, dessen Koordinaten abgespeichert werden) und codiert das nächste pixel über die Himmelsrichtung, in der es liegt (N,O,S,W bei 4-Nachbarschaft, bzw. 8 Himmelsrichtungen bei 8-Nachbarschaft). Das Ergebnis ist dann eine Kette von Himmelsrichtungen. Beim RULI code wird eine Kurve betrachtet, die in ein pixel eintritt. Sie kann das pixel entweder nach rechts (R) oder links (L) verlassen, gerade hindurchgehen (I für 'intersect') oder umdrehen (U für 'U-turn'). Das Ergebnis ist wieder eine Kette von codes für jede Kurve. Da bei der RULI-Codierung eine Kurve in ein pixel eintritt, muß die Kurve selbst eigentlich genauer als der Pixelraster lokalisiert sein. Dies wird bei der *„Kurvenpyramide"* genutzt, wo Kurven in verschiedenen räumlichen Auflösungen in RULI chains repräsentiert werden. Der Übergang von einer Ebene zur nächsten erfolgt durch Anwendung einer einfachen Grammatik auf die RULI chains. In höheren Ebenen der Kurvenpyramide überleben *längere* Kurven, kurze Kurvenstücke, die innerhalb eines pixels der nächsten Ebene bleiben, verschwinden [Kro87]. In Abb. 6.19 ist auch eine Beispielkurve und ihre Repräsentation in Freeman und RULI chains angegeben. Dabei deuten die beiden codes „N" am Beginn und „E" am Ende der RULI chain an, daß Information über den Startpunkt (z.B. „N" für „Kurve geht nach Norden") und den Endpunkt („E" für „Endpunkt") benötigt wird.

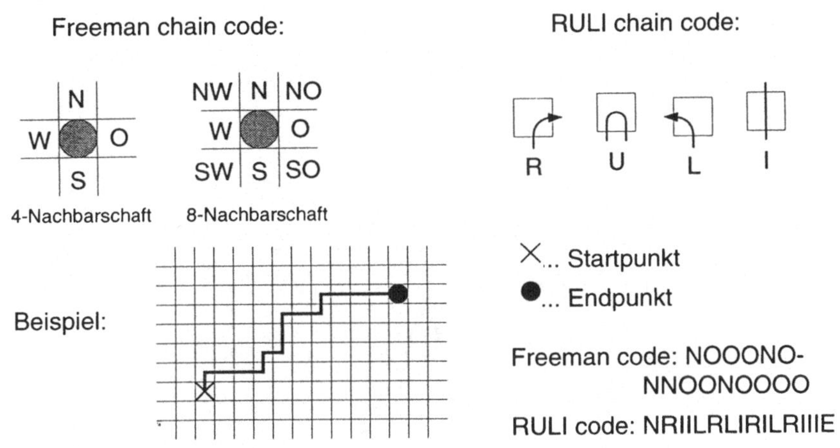

Abbildung 6.19: Freeman und RULI chain codes

Wie aus Abb. 6.16 ersichtlich ist, kann eine Kante „K" eigentlich unabhängig vom gewählten Pixelraster „beliebig" (subpixel) genau lokalisiert werden. Eine Repräsentation, die dieser Tatsache Rechnung trägt, sind die sogenannten *'edgels'* (Abkürzung für 'edge element' [NB86]). Ein edgel ist ein Punkt-token, wo zusätzlich zu den reellwertigen Koordinaten des Punktes noch die Richtung der Kante an dieser Stelle, sowie der Gradient (Differenz zwischen den Grauwerten links und rechts der Kante) als Maß für die Signifikanz der Kante gespeichert sind. Solche edgels können dann nach verschiedensten Kriterien (räumliche Nähe, ähnliche Richtung) miteinander zu *chain-tokens* verbunden werden (z.B. KBVision task EdglToChn1). Schließlich kann man versuchen, chains durch *Gerade* oder durch *splines* zu *approximieren*.

6.3.2 Gradienten und 'Zero-Crossings'

Eine Kante befindet sich im Bild an Stellen, wo Bereiche mit unterschiedlichen Grauwerten aneinanderstoßen. Faßt man das Bild als Funktion $B(x,y) : \mathcal{R}^2 \mapsto \mathcal{R}$ auf, die jedem Punkt (x, y) einen Grauwert g zuordnet, so können Kanten, also Stellen mit starker Grauwertänderung, über den *Gradienten* bestimmt werden:

$$\mathbf{grad}\, B(x, y) = \nabla B(x, y) = \begin{pmatrix} \frac{\partial B}{\partial x} \\ \frac{\partial B}{\partial y} \end{pmatrix} \tag{6.5}$$

Der Vektor $\mathbf{grad}\, B$ zeigt in die Richtung der stärksten Änderung und sein Betrag ist umso größer, je stärker die Grauwertänderung ist. Betrachten wir den 1-dimensionalen Fall (Abb. 6.20) eines Grauwertprofiles $p(x)$, so entspricht diese Vorgangsweise dem Auffinden des *Wendepunktes* (das ist genau der Ort der Kante) durch Suchen von lokalen Maxima in der ersten Ableitung $p'(x)$.

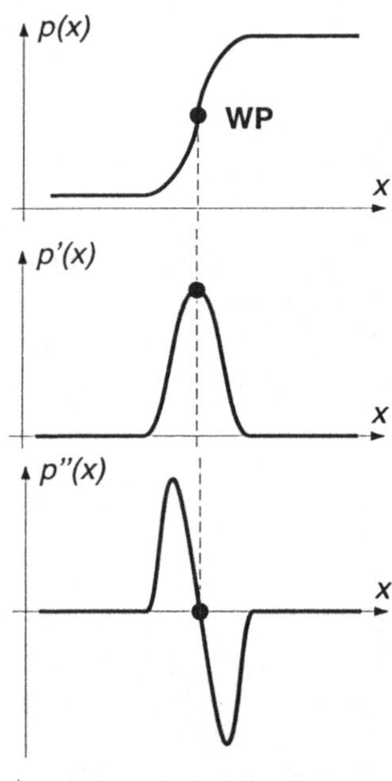

Abbildung 6.20: Lokalisieren der Kante als Wendepunkt

Diese Überlegungen führen uns sofort zu den sogenannten *'zero-crossings'*, dem Auffinden der Wendepunkte als Nulldurchgänge der zweiten Ableitung $p''(x)$. Im 2-dimensionalen Fall kann dazu die Ableitung in Richtung des Gradienten oder der *Laplace-Operator* ∇^2 verwendet werden ([MH80, LJ89, GH85]):

$$\nabla^2 B(x, y) = \Delta B(x, y) = \mathbf{div}\,\mathbf{grad}\, B(x, y) = \frac{\partial^2 B}{\partial x^2} + \frac{\partial^2 B}{\partial y^2} \tag{6.6}$$

Bei allen diesen Differentialverfahren muß man beachten, daß die Operatoren umso anfälliger für Rauschen sind, je höher der Grad der Ableitung ist, weshalb die Bilder vor Anwendung des Operators geglättet werden müssen. Dies kann durch Faltung (siehe 3.6) mit einer Glättungsfunktion $K(x, y)$ geschehen:

$$K(x, y) * B(x, y) = \int_{-\infty}^{\infty} \int_{-\infty}^{\infty} B(\alpha, \beta) K(x - \alpha, y - \beta) \, d\alpha \, d\beta \qquad (6.7)$$

Schon Marr [MH80] verwendet zur Glättung die *Gaußfunktion*, später wurde gezeigt [BWBD86, YP86], daß die Gaußfunktion $G(x, y)$ als einzige keine Artefakte erzeugt (z.B. das Entstehen von neuen Kanten durch die Glättung) und daher für diesen Anwendungsbereich *optimal* ist:

$$G(x, y) = \frac{1}{2\pi \, \sigma^2} \exp -\frac{x^2 + y^2}{2\sigma^2} \qquad (6.8)$$

$$G(x) = \frac{1}{\sqrt{2\pi} \, \sigma} \exp -\frac{x^2}{2\sigma^2} \qquad (6.9)$$

Wir wollen also beim 'zero-crossings' Verfahren zunächst Glätten $(G * B)$, und dann den Laplace-Operator ∇^2 anwenden. Da man

$$\nabla^2(G * B) = (\nabla^2 G) * B \qquad (6.10)$$

umformen kann ([Mar82], S.57), erhält man den $\nabla^2 G$ oder *Laplacian of Gaussian (LoG)*-Operator, mit dem die zweite Ableitung des geglätteten Bildes *in einem Verarbeitungsschritt* errechnet werden kann. In Abb. 6.21 sehen wir die 1-dimensionale Darstellung des $\nabla^2 G$-operators. In der linken Spalte wird die Gauß'sche Glockenkurve $G_1(x)$ für $\sigma = 1$, der Gradient ∇G_1 und der LoG $\nabla^2 G_1$ dargestellt. In der rechten Spalte wird gezeigt, daß man den LoG Operator auch als *Differenz zweier Gaußverteilungen* mit unterschiedlichem σ annähern kann. Dies ist im Beispiel der Abb. 6.21 mit $G_1(x, \sigma = 1) - G_2(x, \sigma = 2)$ geschehen. Dieser Operator heißt dann *Difference of Gaussians (DoG)* und wird wegen seiner Form im 2D Fall in der Literatur oft „Sombrero-Operator" genannt. Zum Vergleich zwischen DoG und LoG sieht man in Abb. 6.21.f noch $-\nabla^2 G_1$. In [MH80] wird gezeigt, daß ein Verhältnis von $\sigma_2/\sigma_1 = 1.6$ eine gute Annäherung des DoG an den LoG Operator ergibt ([Pra91], S.523, [Mar82], S.63).

Bisher haben wir die Gaußfunktion nur betrachtet, weil sie zur Glättung eines verrauschten Bildes benötigt wird. Tatsächlich kann jedoch durch geeignete Wahl von σ noch weit mehr erreicht werden. Über den Parameter σ kann – ganz ähnlich zu dem auf blobs basierenden scale space Ansatz (6.2.4) – der *Maßstab für zero-crossings verändert* werden (siehe z.B. 'Scaling theorems for zero crossings' [YP86], oder [LJ89, LJ92]). Man erhält einen scale space in (x, y, σ)-Koordinaten, in dem man in Abhängigkeit von σ beobachten kann, wie zero crossings ihre Lage verändern oder bei einem bestimmten σ verschwinden (nach [YP86] können bei Verwendung des Gaußfilters keine neuen zero crossings entstehen).

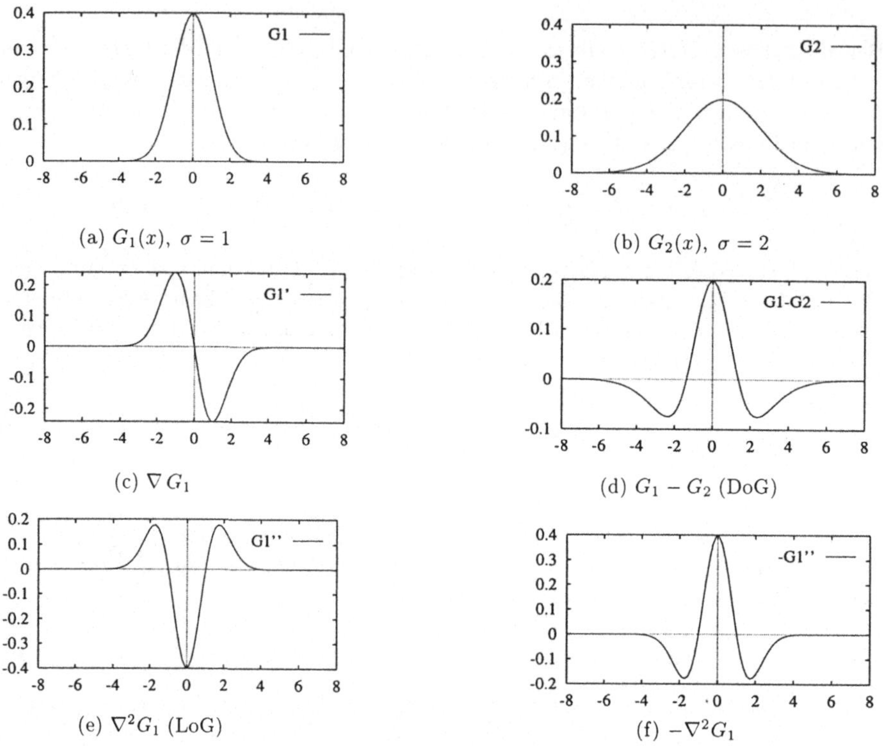

Abbildung 6.21: Laplacian of Gaussian (LoG) und Difference of Gaussians (DoG)

Anders betrachtet könnte man auch sagen (vgl. Abb. 6.16), daß jede Ausprägung von Kante oder Linie ihren eigenen, optimalen Filter benötigt (dazu gibt es eine Unmenge an Publikationen, z.B. [SC92, FA91, WB92, JK92, MZ92a, SVS93, BGMF91]). Wir wollen an dieser Stelle noch besonders auf den *'Canny edge detector'* [Can86] hinweisen, da er sehr weit verbreitet ist, und ähnlich wie der Sobel-Operator lange Zeit als Standard für die Kantendetektion verwendet wurde. Bildbeispiele für Sobel, DoG zero crossings und Canny edges bringt Abschnitt 6.3.3.

Abschließend soll noch erwähnt werden, daß alle bisher angesprochenen Überlegungen für den kontinuierlichen Fall gegolten haben. Die *diskrete Approximation* dieser Operatoren bringt natürlich weitere Komplikationen (z.B. Einführung von Artefakten, oder Diskretisierung des Maßstabes), aber auch Vereinfachungen. Beispielsweise können viele Filter durch Faltung mit lokalen Fensteroperationen angenähert werden. Bitte betrachten Sie unter diesem neuen Gesichtspunkt nochmals einige Beispiele aus Abschnitt 3.7.1, etwa den Laplaceoperator H_4 in Gl. 3.28 oder die vier Faltungskerne für den Sobeloperator Gl. 3.31.

6.3.3 Beispiele (Sobel, DoG und Canny)

Nachdem im vorangegangenen Abschnitt die Theorie für Kantendetektion besprochen wurde, sollen nun noch einige Beispiele „zu Wort" kommen. Abbildung 6.22 zeigt oben die beiden originalen Bildausschnitte (100×100 pixel), auf die einige Kantendetektoren mit unterschiedlichen Parametern angewendet wurden.

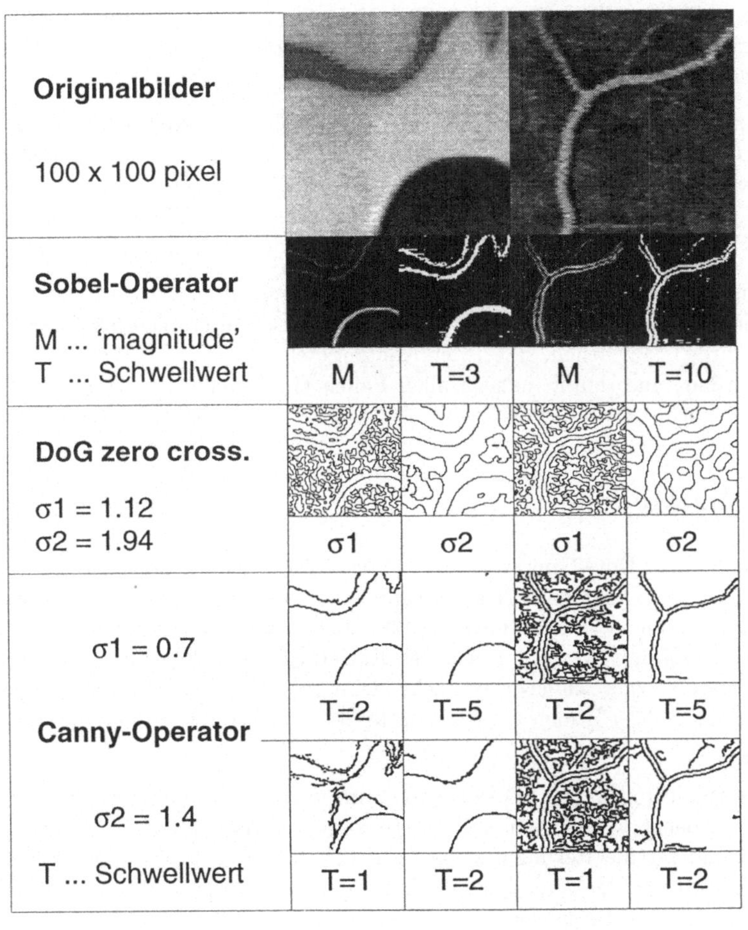

Abbildung 6.22: Beispiele für Sobel, DoG und Canny

Der hier benutzte *Sobel-Operator* (siehe 3.7.2 und KBVision task SobelEdg) liefert ein 'magnitude image' als Ausgabe. Das heißt, daß als Ausgabewert an jedem Punkt das Maximum der Absolutbeträge von S_x, S_y, S_1 und S_2 gesetzt wird. Dieses in Abb. 6.22 mit „M" markierte Bild muß anschließend einer Schwellwertoperation unterzogen werden, um zu einem Binärbild (1 = pixel liegt auf Kante, 0 = keine Kante) zu gelangen.

Der *Difference of Gaussians (DoG)* Operator wurde genau wie in Abschnitt 6.3.2 besprochen implementiert. Das Resultat des DoG ist ein tokenset mit lauter *geschlossenen Polygonen* – DoG und LoG sind die einzigen Kantendetektoren, die durch den zugrundeliegenden Algorithmus *ausschließlich geschlossene Linienzüge* liefern. Dies ist ein großer Vorteil gegenüber allen anderen Verfahren, wo Lücken erst später geschlossen werden müssen. Wir zeigen in Abb. 6.22 DoG zero crossings für zwei verschieden starke Glättungen. Das angegebene σ entspricht in etwa dem σ des korrespondierenden LoG-Operators.

Beim *Canny-Operator* (Canny edge detector [Can86], KBVision task CannyEdg) können im wesentlichen zwei Parameter, das sind σ für die Glättung und ein Schwellwert ähnlich wie beim Sobel-Operator, gewählt werden. Das Ergebnis ist ein constellation tokenset, in dem zusammenhängende Kantenstücke ein token darstellen. Abbildung 6.22 zeigt Beispiele für je zwei verschiedene Werte von Glättung σ und Schwellwert T.

Die Parameter bei den Beispielen aus Abb. 6.22 sind nicht zu stark auf das vorliegende Bildmaterial „eingestellt" worden, weshalb in keinem Fall eine perfekte Segmentation erreicht wurde. Wir sehen, daß jeder Kantendetektor seine Vorzüge und auch seine Schwächen hat, und daß in nahezu allen Fällen eine Nachbearbeitung benötigt wird (siehe dazu auch 6.4).

6.3.4   2D Modelle

Mit Ausnahme des DoG-Operators, der ja von sich aus bereits geschlossene Linienzüge liefert, muß in allen anderen Fällen der kantenbasierten Segmentation das Ergebnis des Kanten- oder Linienoperators noch nachbearbeitet werden (vgl. Abb. 6.18, Schritte 3 und 4). Einfachste Verfahren wie das Entfernen von sehr kurzen isolierten Kantenstückchen oder das Schließen von sehr kleinen (etwa 1-2 pixel großen) Lücken sind natürlich auch in ihrer Erfolgsaussicht sehr limitiert und sollen deshalb hier nicht weiter diskutiert werden.

Sehr gute Aussichten haben 2D Rekonstruktionsverfahren, wenn *Annahmen* über den *Bildinhalt* gemacht werden können. Diese können dann in Form von 2D Modellen formuliert und für die Rekonstruktion (z.B. das Schließen größerer Lücken oder das Finden subjektiver oder verdeckter Konturen) benutzt werden. Diese Idee wollen wir hier anhand von drei Beispielen beleuchten:

1. Von ridgels zu ridges,

2. Die Hough-Transformation und

3. Snakes: Aktive Konturmodelle.

6.3.4.1 Von Ridgels zu Ridges

In der gleichen Art wie für die in 6.3.1 besprochenen 'edge elements' oder 'edgels', kann für helle linienhafte Bildobjekte, etwa die Blutgefäße aus Abb. 6.17, das Modell einer *'ridge'*, also eines Kammes im Grauwertgebirge, herangezogen werden. Ebenso wie bei den edgels, versucht man zunächst, an einzelnen Punkten des Kammes Orientierung und Signifikanz der ridge zu bestimmen (KBVision task RidgeEdgl) und erhält so in einem ersten Schritt *'ridgels'* die in einem Punkt-tokenset vorliegen. Für dunkle Linien vor hellem Hintergrund bestimmt man in ähnlicher Weise *'valleys'*. Da sich die ridgels von der Datenstruktur her von edgels nicht unterscheiden, können sie genauso (KB-Vision task EdglToChn1) zu chains verkettet werden. Parameter, die dabei gewählt werden können, sind der maximale Abstand d zwischen zwei ridgels, der maximale Winkel α, den zwei benachbarte ridgels miteinander einschließen und schließlich die minimale Anzahl von verketteten ridgels (minimale Länge einer gültigen ridge). Abbildung 6.23 zeigt diese Kriterien für das Verketten von ridgels und eine fertig verkettete ridge. In Abb. 6.24 sehen wir ridgels und ridges für die Blutgefäße aus Abb. 6.17. Das Originalbild wurde zunächst geglättet ($\sigma = 1.5$), und 522 ridgels (in Abb. 6.24.a als Punkte markiert) gefunden. Daraus konnten 5 chains mit einer Länge von 10 oder mehr ridgels (Abb. 6.24.b) gebildet werden.

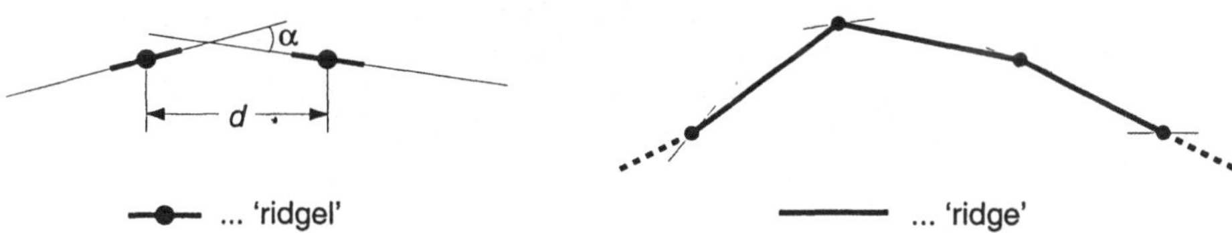

Abbildung 6.23: Ridgels werden zu ridges verkettet

6.3.4.2 Die Hough-Transformation

In ihrer ursprünglichen Form [Hou62] wurde die Hough-Transformation zum Erkennen komplizierter Punktmuster in Binärbildern eingesetzt. Dies wird erreicht, indem man versucht, diese Muster über *Parameter* zu beschreiben und einem bestimmten Muster bestimmte Parameterwerte zuzuordnen. Während die Muster im Bild räumlich verteilt – und somit schwer zu erkennen – sein können, ergibt sich im Parameterraum (*'Hough-space'*) eine relativ kompakte Punktwolke von möglichen Parameterwerten. Bei geeigneter Repräsentation (z.B. Zählerstände bei der diskreten Hough-Transformation) wird ein schwieriges Erkennungsproblem im Bildraum auf das *Finden von lokalen Maxima im Parameterraum* reduziert ([IK88]).

Wir wollen hier die Hough-Transformation am Beispiel der *Erkennung von Geraden* in

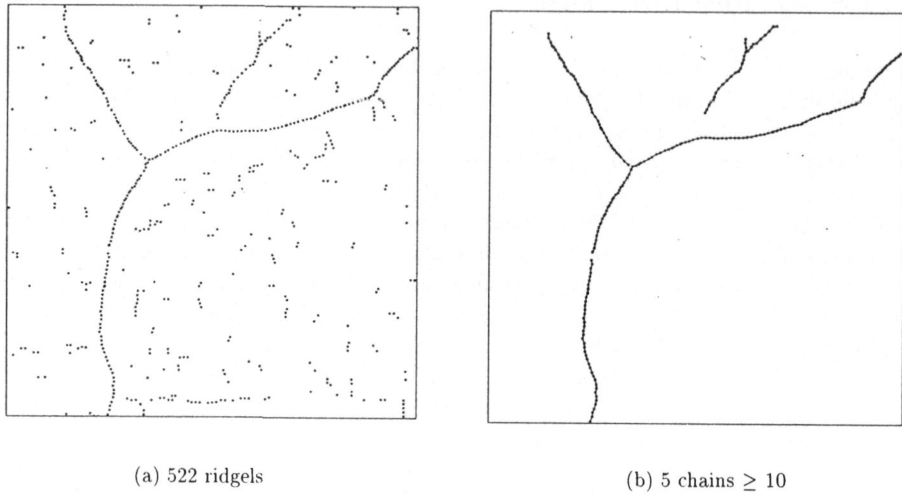

(a) 522 ridgels

(b) 5 chains $\geq$ 10

Abbildung 6.24: Ridgels und ridges für Blutgefäße

Binärbildern diskutieren. Ein solches Binärbild könnte zum Beispiel das Ergebnis einer Kantendetektion mit dem Sobel-Operator sein (siehe Abb. 6.22). Nehmen wir an, daß ein Binärbild mit wenigen kollinearen Punkten vorliegt (Abb. 6.25.a). Nun muß das Modell – in unserem Fall die Gerade – parametrisiert werden:

$$g: \quad y = kx + d$$
$$g: \quad f((x, y), (k, d)) = y - kx - d = 0 \tag{6.11}$$

So ergibt sich einerseits für eine bestimmte Gerade g_0 im Bild das Parameterpaar (k_0, d_0):

$$g_0 : y - k_0 x - d_0 = 0 \tag{6.12}$$

Andererseits kann ein bestimmter Punkt (x_1, y_1) im Bild eine Funktion p_1 im Parameterraum definieren:

$$p_1 : y_1 - kx_1 - d = 0$$
$$p_1 : d = f(k) = -x_1 k + y_1 \tag{6.13}$$

Man sieht sofort, daß diese Gleichung im (k, d)-Parameterraum wieder eine Gerade definiert. Im Fall des einfachen Beispiels von Abb. 6.25.a ergibt sich nun eine Schar von Geraden, die sich im Punkt (k_0, d_0) schneiden (Abb. 6.25.b), da ja alle Punkte im Bildraum auf der Geraden $y = k_0 x + d_0$ liegen. Diese *Gerade im Bild* wird also als *Schnittpunkt* von vielen Geraden im Parameterraum gefunden.

Wie kann nun die Hough-Transformation effizient implementiert werden? Wir gehen von einem Binärbild $B(x, y)$ mit diskreten Koordinatenwerten $x = 0, 1, \ldots, x_{max}$ und

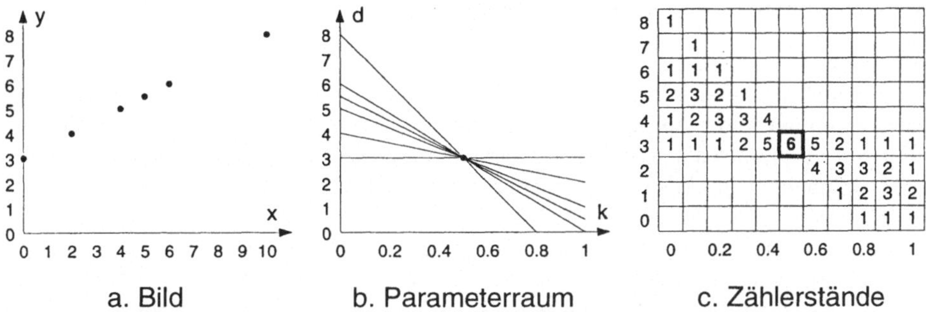

Abbildung 6.25: Finden von Geraden mit Hilfe der Hough-Transformation

$y = 0, 1, \ldots, y_{max}$ aus, und transformieren in einen Parameterraum mit diskreten Koordinaten $k = 0, \Delta k, 2\Delta k, \ldots, k_{max}$ und $d = 0, \Delta d, \ldots, d_{max}$. An jedem Punkt des Parameterraumes legen wir einen Zähler an (Anfangswert 0). Wir betrachten sodann der Reihe nach jeden Bildpunkt. Ist ein Bildpunkt (x_1, y_1) gesetzt, so werden alle (k, d)-Zähler, die auf der Geraden $d = -x_1 k + y_1$ liegen, um 1 erhöht. Nach Abarbeitung aller Bildpunkte ergibt sich ein Feld von Zählern im Parameterraum ('accumulator space') wie in Abb. 6.25.c skizziert. Der Zähler an der Stelle (k_0, d_0) hat den höchsten Zählerstand. So kann die Gerade $y = k_0 x + d$ über die Suche des lokalen Maximums im Parameterraum gefunden werden. Die hier beschriebene Hough-Transformation kann wie folgt geschrieben werden:

$$H(k, d) = \sum_0^{x_{max}} \sum_0^{y_{max}} B(x, y)\delta(k, d, x, y) \tag{6.14}$$

$$\delta(k, d, x, y) = \begin{cases} 1 & : \quad y = kx + d \\ 0 & : \quad sonst \end{cases}$$

In der Praxis wird meist eine Parameterdarstellung in Polarkoordinaten gewählt, um die unregelmäßige Teilung und die Singularitäten (die Steigung k kann ∞ sein) der (k, d)-Parametrisierung zu vermeiden:

$$g : r = x \cos \alpha + y \sin \alpha \tag{6.15}$$

Einen ausgezeichneten Überblick über die Hough-Transformation bietet [IK88]. Die Hough-Transformation kann natürlich auch zum Erkennen von anderen (parametrisierbaren) Formen verwendet werden (z.B. Kreise, Ellipsen, u.v.a.m.). Man spricht dann von der *verallgemeinerten Hough-Transformation* [BB82, Wol91]. Je komplizierter die Form, desto mehr Parameter benötigt man, und der Parameterraum wird schnell hochdimensional, sodaß die Methode bald zu speicher- und rechenintensiv wird. Besonders in Fällen industrieller Anwendungen, wo entweder sehr einfache Formen gesucht werden oder die Parameter sehr stark eingeschränkt werden können, wird die Hough-Transformation sehr erfolgreich eingesetzt.

6.3.4.3 Snakes: Aktive Konturmodelle

Das Modell der snakes wurde in [KWT87] erstmals vorgestellt. Eine snake ist ein energieminimierender spline, der durch äußere begrenzende Kräfte aufgespannt wird und von „Bildkräften" beeinflußt werden kann. Diese Bildkräfte ziehen die snake zu Bildmerkmalen wie Linien, Kanten oder Punkten hin.

In [KWT87] wird ein von der Mechanik inspiriertes snake-Modell verwendet. Die snake selbst kann als elastischer Stab betrachtet werden, der durch Zugkräfte (Federn) und Druckkräfte ('volcanoes') deformiert werden kann. In der statischen Bildinterpretation kann eine vordefinierte snake in die Nähe eines signifikanten Bildmerkmales gebracht werden. Sie wird dann durch drei verschiedene aus Bildmerkmalen errechnete Energiefunktionen zu Linien, Kanten und Endpunkten hingezogen. In Abb. 6.26 sehen wir ein Beispiel, wo sich eine snake genau der *subjektiven Kontur* (vgl. Konturillusionen Kapitel 2.2.2, Abb. 2.21) anpaßt. In der oberen Hälfte sehen Sie nur das Bild, das bei Ihnen eine ähnliche Illusion, wie von der snake in der unteren Hälfte angedeutet, hervorrufen sollte. Der verkürzte Strich führt zunächst zur Illusion eines deformierten Kreises, wird der Abstand jedoch zu groß, so „schnappt" die Illusion – und auch die snake – wieder in die perfekte Kreisform zurück.

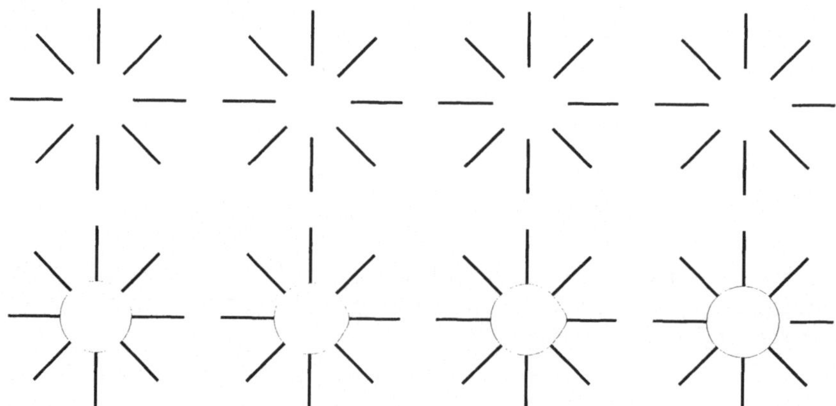

Abbildung 6.26: Snakes passen sich subjektiven Konturen an (nach [KWT87], S.267)

Snakes sind aber auch erfolgreich in der Interpretation bewegter Bilder (Bildfolgen) eingesetzt worden. Abbildung 6.27 (aus [KWT87], S.268) zeigt die Lippen einer sprechenden Person. Aus einer zwei Sekunden dauernden Videosequenz werden acht Bilder gezeigt. Die snakes wurden auf das erste Bild links oben initialisiert und sind dann in der Lage, der Bewegung zu folgen ('motion tracking', vgl. auch [CB92, CBZ92, LL93]).

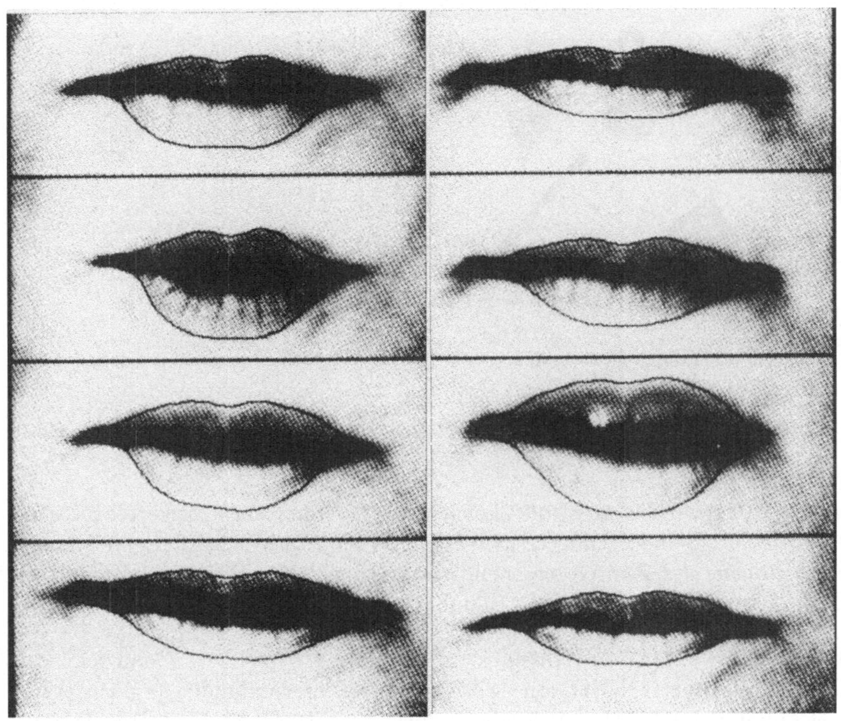

Abbildung 6.27: Snakes können Bewegungen folgen (aus [KWT87], S.268)

6.4 Kombinieren und Einschränken

Abschließend wollen wir noch zwei perfekte Segmentationen für das Bild „shapes1"
zeigen. Dafür gibt es mehrere Gründe. Zunächst wird jeder Leser mit Erfahrung
in Bildverarbeitung erwarten, daß dieses recht einfache und gute Bildmaterial korrekt segmentierbar sein sollte. Bei entsprechendem „Tuning" der Algorithmen ist das
tatsächlich der Fall, dies wäre aber nicht das Ziel dieses Buches. Wir wollen ja nicht
„ad hoc" den passenden Satz von Parametern für ein gegebenes Bild händisch produ-
zieren, sondern das Bild automatisch analysieren und so gut wie möglich „verstehen".
Dabei müssen wir beim Schritt der Segmentation in Kauf nehmen, daß die Ergebnisse
nicht perfekt sind. Wir wollen mit Abb. 6.28.a zeigen, daß das Gesamtergebnis durch
Kombination verschiedener Einzelergebnisse drastisch verbessert werden kann, ein Ansatz, der in Kapitel 9 ausführlicher weiterverfolgt wird. Abbildung 6.28.b demonstriert
den Nutzen von token Merkmalen und deren Gruppierung und Bewertung mit Hilfe
von *'constraints'* und soll die Kapitel 6.5 und 7 motivieren helfen.

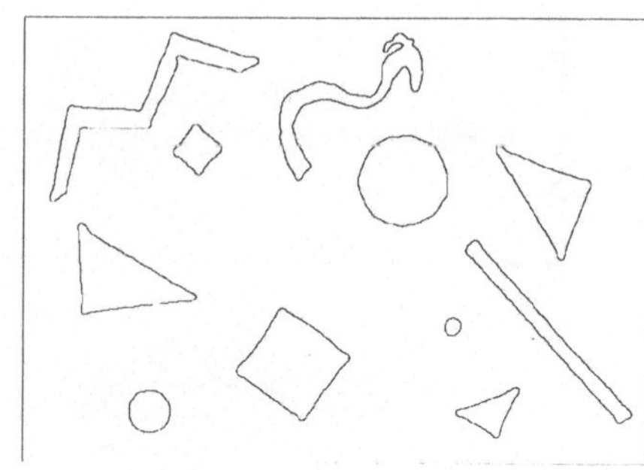

(a) Segmentation durch Kombination   (b) Segmentation durch constraints

Abbildung 6.28: Zwei verschiedene Wege zur perfekten Segmentation von „shapes1"

Abbildung 6.28.a wurde durch eine *Kombination* mehrerer Verfahren erreicht. Zunächst wurde *kantenerhaltend* geglättet ([NM78], KBVision task NagaoIm) und dann *unter Berücksichtigung der Kanten* regionenbasiert segmentiert. Das Ergebnis sind 11 constellation tokens, die genau den 11 Bildobjekten entsprechen.

In Abb. 6.28.b wurden zero crossings mit kleinem σ berechnet, sodaß sehr viele geschlossene Konturen in Form von 417 Polygon-tokens entstanden (vgl. in etwa Abb. 6.22, DoG mit $\sigma = 1.12$). Für jedes dieser tokens wurden dann zusätzliche token Merkmale errechnet. Benutzt wurde ein Merkmal, wo die mittlere Differenz der Grauwerte des Originalbildes links und rechts der zero crossing als Maß für die „Signifikanz" der zero crossing in Form eines mittleren Gradientenwertes berechnet wurde. Auf dieses Merkmal wurde sodann ein *constraint* (hier ein einfacher Schwellwert, näheres siehe 7.1) angewandt. Übrig blieben die 11 Polygone aus Abb. 6.28.b, die wiederum genau den 11 Bildobjekten entsprechen.

6.5   Token Merkmale

Aus den vorangegangenen Abschnitten ist ersichtlich geworden, daß es die allgemeine, perfekte Segmentation nicht geben kann, sodaß in nachfolgenden Verarbeitungsschritten tokens bewertet, gefiltert, eliminiert, gruppiert, verschmolzen oder mit tokens aus anderen tokensets in Bezug gesetzt werden müssen. Neben den rein räumlichen Merkmalen ('location features', 6.1) sind daher viele weitere *'token features'* zu erheben. Ein Großteil dieser Merkmale sagt etwas über die *2D Form* des tokens aus, wir erwähnen aber auch einige andere Eigenschaften wie Größe oder Farbe. Schließlich wird ein Überblick gegeben, welche Merkmale in Bezug auf welche Transformation *invariant* sind (Tabelle 6.1). Invarianz ist besonders wichtig, wenn es um den Vergleich von tokens geht, die unterschiedlichen geometrischen Transformationen unterzogen wurden.

6.5.1 2D Formmerkmale

Was ist eigentlich *Form*? Intuitiv scheint dieser Begriff jedem klar zu sein, dennoch ist es nicht einfach, ihn präzise zu fassen. Wir wollen versuchen, „Form" beschreibend zu definieren: Form ist *unabhängig von* Rotation, Translation und Maßstabsänderung, sowie von Textur, Farbe und Reflexionseigenschaften. Form wird durch die *Objektgrenze* charakterisiert.

Die einfachste 2D Formbeschreibung ist sicherlich die des umgebenden Rechtecks. Das kleinste achsenparallele Rechteck, die sogenannte 'Ferret box', haben wir schon in 6.1 kennengelernt. Die Form eines Rechtecks läßt sich über die *Aspect Ratio* (Breite/Höhe) beschreiben. Da die Ferret box aber nicht invariant gegenüber einer Rotation des Objektes ist (achsenparallel, Bildkoordinatensystem), benötigt man andere Repräsentationen, um das Objekt räumlich einzugrenzen. Wir werden das 'minimum bounding rectangle' und den 'best ellipse fit' vorstellen. Bis auf diese beiden zusätzlich benötigten räumlichen Repräsentationen sind alle anderen Merkmale so gehalten, daß sie durch genau *einen Zahlenwert* beschrieben werden können, eine wichtige Eigenschaft, die später bei der Anwendung von constraints benötigt wird.

- *Minimum bounding rectangle (MBR)*: Das Rechteck minimaler Fläche wird dem Bildobjekt umschrieben (KBVision task TksMBR). Das MBR kann im Bezug zum Bildkoordinatensystem entweder als Polygon (4 Punkte) oder über Mittelpunkt, Winkel zum Bildkoordinatensystem, Breite und Höhe repräsentiert werden.

- *Best ellipse fit*: Das Objekt wird durch eine Ellipse angenähert. Mittelpunkt, Orientierung der Hauptachse sowie die Länge von Haupt- und Nebenachse werden repräsentiert. In KBVision wird der best ellipse fit ebenso wie die meisten anderen Formmerkmale durch die task TksShape errechnet.

- *Aspect Ratio (AR)*: Das Verhältnis von Höhe/Breite eines Rechtecks. Kann für Ferret box und für MBR berechnet werden. Wird gerne über $|log(H/B)|$ berechnet, da $|log(H/B)| = |log(B/H)|$.

- *Füllungsgrad*: Gibt an, wieviel Prozent des umgebenden Rechtecks von einem constellation token ausgefüllt werden.

- *Umfang*: Der Umfang eines constellation tokens oder die Länge eines Polygons.

- *Kompaktheit*: $\frac{Fläche}{Umfang^2}$

- *Elongiertheit*: $(1 - \frac{Nebenachse}{Hauptachse})$ des best ellipse fit.

Eine gute Übersicht über diese und weitere Formmerkmale bietet [SHB93], Kapitel 6 ('Shape representation and description').

6.5.2 Andere Merkmale

- *Farbe* und *Textur*: Man kann beispielsweise für ein constellation token das Histogramm des zugrundeliegenden Originalbildes errechnen. Die mittleren Grauwerte des blauen, grünen und roten Bildkanals ergeben dann einen Wert für die Farbe des tokens. Die Streuung kann ein Maß für die Textur sein. Auch andere Texturmaße (siehe 3.11) können auf diese Weise berechnet werden.

- *Größe*: Fläche (Anzahl der pixel einer constellation) oder Länge einer Polylinie.

- *Anzahl der Löcher* in einem constellation token.

- *Anzahl der blobs*: Ein constellation token kann aus mehreren nicht zusammenhängenden Teilen bestehen.

6.5.3 Invarianz

Tabelle 6.1 gibt an, welche der oben genannten Merkmale gegnüber welchen Transformationen invariant sind. Neben *radiometrischen Transformationen*, also Farb- oder Grauwertänderungen, werden verschiedene *geometrische Transformationen*, nämlich Translation T, Rotation R, homogene Skalierung S_H, Skalierung S, affine Transformation mit homogener Skalierung AT_H und allgemeine affine Transformation AT betrachtet:

$$T: \quad \begin{pmatrix} u \\ v \end{pmatrix} = \begin{pmatrix} x \\ y \end{pmatrix} + \vec{t}, \ \vec{t} = \begin{pmatrix} t_x \\ t_y \end{pmatrix} \tag{6.16}$$

$$R: \quad \begin{pmatrix} u \\ v \end{pmatrix} = \mathbf{R}(\alpha) \begin{pmatrix} x \\ y \end{pmatrix}, \ \mathbf{R}(\alpha) = \begin{pmatrix} \cos\alpha & -\sin\alpha \\ \sin\alpha & \cos\alpha \end{pmatrix} \tag{6.17}$$

$$S_H: \quad \begin{pmatrix} u \\ v \end{pmatrix} = s \begin{pmatrix} x \\ y \end{pmatrix}, \ s = const. \tag{6.18}$$

$$S: \quad \begin{pmatrix} u \\ v \end{pmatrix} = \mathbf{S}(s_x, s_y) \begin{pmatrix} x \\ y \end{pmatrix}, \ \mathbf{S} = \begin{pmatrix} s_x & 0 \\ 0 & s_y \end{pmatrix} \tag{6.19}$$

$$AT_H: \quad \begin{pmatrix} u \\ v \end{pmatrix} = s\mathbf{R}(\alpha) \begin{pmatrix} x \\ y \end{pmatrix} + \vec{t} \tag{6.20}$$

$$AT: \quad \begin{pmatrix} u \\ v \end{pmatrix} = \mathbf{C} \begin{pmatrix} x \\ y \end{pmatrix} + \vec{t}, \ \mathbf{C} = \begin{pmatrix} C_{xx} & C_{xy} \\ C_{yx} & C_{yy} \end{pmatrix} \tag{6.21}$$

In [Neu92] wird gezeigt, daß

$$\mathbf{C} = \mathbf{R}(\alpha)\mathbf{S}(s_x, s_y)\mathbf{R}(\beta) \qquad (6.22)$$

gilt. In allen Transformationsgleichungen wird das (x, y)-Koordinatensystem in das (u, v)-Zielkoordinatensystem transformiert.

Tabelle 6.1: Transformations-invariante Merkmale

	rad. Tr.	T	R	S_H	S	AT_H	AT
Ferret box: Aspect Ratio	●	●		●			
Ferret box: Füllungsgrad	●	●		●			
MBR: Aspect Ratio	●	●	●	●		●	
MBR: Füllungsgrad	●	●	●	●		●	
Best ellipse fit	●	●	●	●		●	
Elongiertheit	●	●	●	●		●	
Umfang	●	●	●				
Kompaktheit	●	●	●	●		●	
Größe	●	●	●				
Farbe		●	●	●	●	●	●
Textur		●	(●)				
Anzahl der Löcher	●	●	●	●	●	●	●
Anzahl der blobs	●	●	●	●	●	●	●

Wie aus Tabelle 6.1 ersichtlich wird, gibt es nur ganz wenige unserer bisher angeführten Basismerkmale, die bezüglich einer allgemeinen affinen Transformation invariant sind. Da jedoch in den meisten Fällen von realen 3D Szenen bei Bewegung der Kamera oder von Objekten in der Szene eine solche affine Transformation zwischen den resultierenden Bildern benötigt wird, ist es von großer Bedeutung, Merkmale von Bildobjekten zu finden, die *unter affiner Transformation invariant* sind (siehe dazu z.B. [Rei93, Wei93b, FS93]). Solche Invarianzen wären etwa: Gerade bleiben Gerade, parallele Linien bleiben parallel, Teilungsverhältnisse von Strecken bleiben erhalten.

Kapitel 7

Von „Tokens" zu symbolischer Repräsentation

In diesem Kapitel werden wir uns mit dem *Aufbau der Szenenbeschreibung* beschäftigen und dabei hauptsächlich den in Abb. 7.1 gezeigten Teil des Systemmodells Abb. 5.13 besprechen. Neben den Prozessen der *Gruppierung* und des *3D Modellaufbaus*, die von der Bildbeschreibung ausgehen, sind auch Verfahren vorgeschlagen worden, die *direkt* vom Bild ausgehend die Szenenbeschreibung erreichen. Diese Vorgangsweise wird in Abb. 7.1 durch den zusätzlichen strichlierten Pfeil angedeutet und später in Kapitel 7.3 und 7.4 noch näher besprochen.

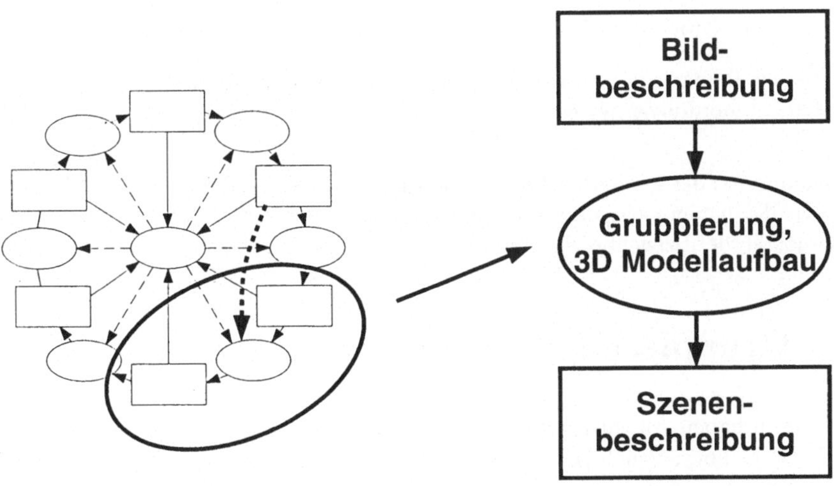

Abbildung 7.1: In diesem Kapitel behandelte Teile unseres Systemmodells

Zunächst (Kapitel 7.1) stellen wir die Frage, wie *Merkmale gruppiert und Symbolen zugeordnet* werden können. Die Symbole werden über *Namen* bezeichnet. Vorläufig wollen wir uns damit zufrieden geben, daß dieses Vergeben von Namen, die in unserer Sprache eine Bedeutung tragen, bereits als „Verstehen" betrachtet wird. Diese Sichtweise wird später in einem eigenen Kapitel (Kapitel 8) noch relativiert werden.

Verstehen kann eher *interpretatorisch* geschehen, wobei oft das 2D Bildkoordinatensystem erhalten bleibt (2D Szenenbeschreibung, Kapitel 7.2). Das Resultat solcher interpretierender Prozesse wird dabei – oft anwendungsabhängig – ganz unterschiedlich ausfallen. Beispiele wären etwa das Einordnen eines ganzen Bildes in eine Klasse ('outdoor-scene', 'laboratory-scene'), oder das „Zeigen" und Benennen von Bildobjekten („Straße", „oberer Gefäßbogen", „Dreieck-1").

Die zweite Möglichkeit ist, Verstehen *messend* aufzufassen (7.3, 7.4). In diesem Fall werden die 3D Koordinaten der Szene aus dem Bild oder der Bildbeschreibung rekonstruiert. Dies kann in einem ersten Schritt eine Rekonstruktion aller sichtbaren Punkte ($2\frac{1}{2}$-D sketch, Kapitel 5), und schließlich eine 3D Modellierung aller in der Szene vorkommenden Objekte bedeuten. Die Form kann auf viele verschiedene Arten rekonstruiert werden ('shape from X', 7.3) und viele verschiedene 3D Modelle sind möglich (7.4).

Im echten 3D Fall muß die vollständige Szenenbeschreibung folgende Komponenten beinhalten (siehe Abb. 7.2):

- Szenenkoordinatensystem $S(s_1, s_2, s_3)$,

- Liste aller Objekte $\langle O_1, \dots, O_n \rangle$,

- Lage der Objekte im Szenenkoordinatensystem (Ortsvektoren $\vec{o_i}$) und

- Beschreibung jedes Objektes in einem beliebigen 3D Modell ('object centered', Objektkoordinatensystem (x_i, y_i, z_i)).

Unabhängig von der gewählten Vorgangsweise (interpretierend/messend) und vom Modell (2D/3D) haben sich *frames* als sehr geeignet für die symbolische Repräsentation von Objekten der Szenenbeschreibung erwiesen (Kapitel 7.5).

7.1   Gruppierung, Constraints

In Kapitel 6 haben wir ausführlich beschrieben, wie vom Bild ausgehend die Bildbeschreibung in Form von tokens erzeugt wird und wie einfache Merkmale für tokens errechnet werden können. Um nun den Bezug zwischen tokens und Objekten in der Szene herstellen zu können, müssen die tokens anhand der bisher erhobenen Merkmale

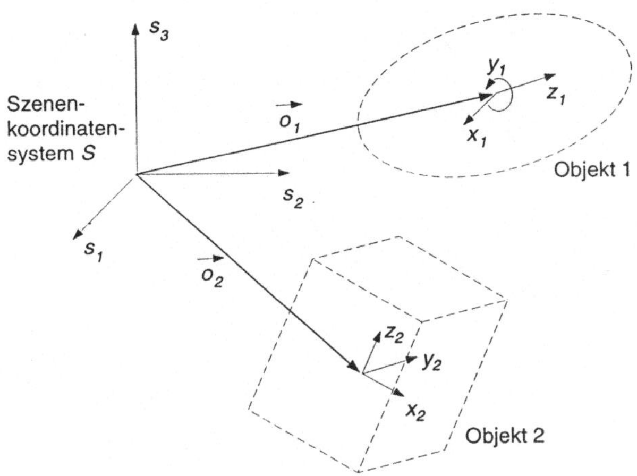

Abbildung 7.2: Koordinatensysteme einer vollständigen Szenenbeschreibung

nach verschiedensten Gesichtspunkten *bewertet* und *gruppiert* werden. Beispiele für Bewertung wären etwa die Auswahl von *großen* tokens (Abb. 7.3) oder von tokens einer *bestimmten Farbe*, Beispiele für Gruppierung die Verknüpfung von *räumlich nahe* beieinanderliegenden tokens, von *parallelen Linien* (Abb. 7.4), oder von auf vorgegebenen Kurven liegenden Punkten (*„Kurvilinearität"*).

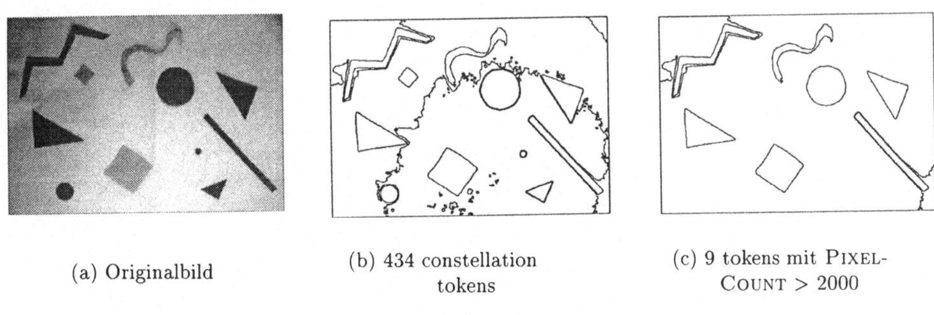

(a) Originalbild

(b) 434 constellation tokens

(c) 9 tokens mit PIXEL-COUNT > 2000

Abbildung 7.3: Auswahl von großen tokens

Diese Vorgangsweise hat einen starken Bezug zu den in Kapitel 2.2 vorgestellten Mechanismen der perzeptiven und kognitiven Psychologie, speziell zur *Bottom Up Gruppierung* (Kapitel 2.2.1 und [Low85]). Abbildung 7.5 (nach [Low85], S.78) zeigt, wie durch Gruppierung von tokens entstehende 2D Relationen genutzt werden können, um Rückschlüsse auf die 3D Situation in der Szene zu ziehen.

(a) Originalbild

(b) 26002 gerade Linien-
stücke (BurnsLine)

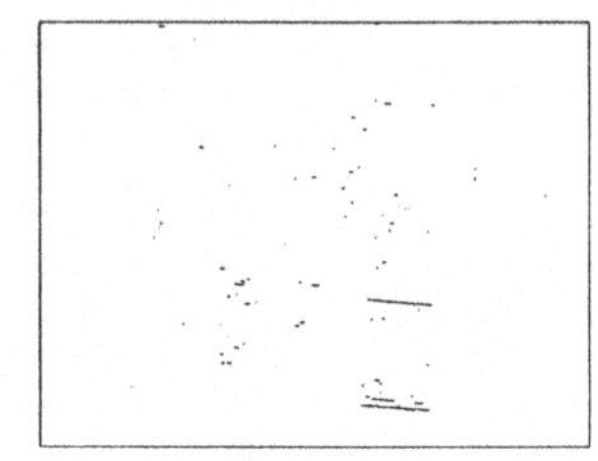

(c) 94 Linienstücke mit
Orientierung = −4°

Abbildung 7.4: Auswahl von parallelen Linien

2D Relation	**3D Rückschluß**	**Beispiel**
Kollinearität von Punkten oder Linienstücken	Kollinearität im Raum	
Kurvilinearität von Punkten oder Bogen	Kurvilinearität im Raum	
Zwei oder mehr Kurven enden in einem Punkt	Ein gemeinsamer Punkt im Raum	
Eine Kurve endet an einer kontinuierlichen Kurve	Die endende Kurve ist nicht näher an der Kamera als die kontinuierliche	
Parallele Kurven	Parallelität im Raum	
Drei oder mehr Linien laufen auf einen Punkt hin	Parallele Linien in Perspektive, oder ein gemeinsamer Punkt im Raum	

Abbildung 7.5: Beispiele zur Bottom Up Gruppierung (nach [Low85], S.78)

In KBVision wird Bewertung, Auswahl und Gruppierung von tokens mit Hilfe sogenannter *'constraints'* erreicht. Da jedes token Merkmal durch genau einen Zahlenwert
dargestellt wird (6.5.1), ist es möglich, mehrere Merkmale durch mathematische Funktionen miteinander zu verknüpfen: „Eine *constraint* ist eine mathematische Funktion,
die die Abbildung von einem oder mehreren token Merkmal Werten auf ein *constraint
score* (wiederum genau ein Zahlenwert) definiert ([Amea])". Jede constraint bekommt
einen *Namen* (z.B. GROSS) und der constraint score (z.B. GROSS = 1 für PIXEL-
COUNT > 2000, 0 sonst) kann bei Bedarf unter diesem Namen als neues token Merkmal abgespeichert werden. Auf diese Weise können constraints beliebig miteinander
verknüpft und verschachtelt werden.

Ebenso wie bei den einfachen token Merkmalen ist der Name der constraint ein *Sym-
bol für eine Eigenschaft* eines Bildobjektes. Komplexere constraints können dann mit
ihren Namen Symbole für ganze *Klassen von Objekten* darstellen. Wir wollen dies
am Beispiel der „shapes" Bilder zeigen und constraints mit den Namen QUADRAT,
BALKEN, DREIECK, KREIS und ZICKZACK entwerfen. Abbildung 7.6.a zeigt nochmals das constellation tokenset aus Abb. 6.28.a mit 11 constellation tokens, die den 11
ursprünglich in der Szene ausgelegten Papierobjekten gut entsprechen. Von diesem tokenset ausgehend, versuchen wir constraints zu formulieren, die auf den drei KBVision
token Merkmalen ELONGATION E, COMPACTNESS C und MBR-FILL F basieren.
Zunächst werden die drei Merkmale für alle 11 tokens gemessen (Tabelle 7.1). Alle
Merkmale sind auf den Wertebereich [0,1] normiert. Das Merkmal COMPACTNESS, das
theoretisch für Kreise maximal (=1) sein sollte, ergibt sich aufgrund der diskreten Geometrie ([Amee]) zu 1 für achsenparallele Quadrate, ungefähr 0.75 für Kreise und 0.5
für die Quadrate in unserem Beispiel und ist deshalb für die Unterscheidung zwischen
Quadraten und Kreisen nicht geeignet. In der untersten Zeile von Tabelle 7.1 wird
eine erste Abschätzung gegeben, welche Merkmalskombinationen für die Errechnung
der fünf constraints (QUADRAT, ...) sinnvoll erscheinen.

Von den Messungen und ersten Abschätzungen aus Tabelle 7.1 ausgehend können folgende constraints formuliert werden:

$$\text{QUADRAT} = \frac{(1 - E) + F}{2} \tag{7.1}$$

$$\text{BALKEN} = \frac{E + (1 - C) + F}{3} \tag{7.2}$$

$$\text{DREIECK} = \exp(-16(F - 0.5)^2) \tag{7.3}$$

$$\text{KREIS} = \frac{(1 - E) + \exp(-64(F - 0.79)^2)}{2} \tag{7.4}$$

$$\text{ZICKZACK} = \frac{E + (1 - C) + (1 - F)}{3} \tag{7.5}$$

Es wird angenommen, daß der Füllungsgrad des MBR für Dreiecke annähernd 50%
und für Kreise 79% beträgt, wobei diese Werte für Kreise weniger stark schwanken

Tabelle 7.1: Werte der Token Merkmale für die tokens aus Abb. 7.6.a

	Quadrate	Balken	Dreiecke	Kreise	Zickzack
ELONGATION E	0.03 0.03	0.99	0.41 0.53 0.51	0.03 0.03 0.10	0.90 0.81
COMPACTNESS C	0.56 0.51	0.11	0.44 0.40 0.46	0.72 0.78 0.64	0.13 0.11
MBR-FILL F	0.88 0.91	0.76	0.53 0.51 0.52	0.78 0.80 0.75	0.30 0.28
Mögliche Merkmals-kombinationen für constraints	$\neg E \wedge F$	$E \wedge \neg C$ $\wedge F$	$F \approx 0.5$	$\neg E$ $\wedge F \approx 0.79$	$E \wedge \neg C$ $\wedge \neg F$

($\sigma = 0.25$ für Dreiecke und $\sigma = 0.125$ für Kreise). Alle constraints sind so skaliert, daß wiederum Werte im Intervall [0,1] entstehen. Sie stellen somit sogenannte *'belief values'* dar, das heißt, Werte nahe bei 1 zeigen, daß die entsprechende Form für das jeweilige Objekt gut erfüllt ist. Während alle anderen constraints hinreichend allgemein formuliert sein dürften, ist die constraint DREIECK eigentlich unzureichend, da es ja beliebig viele verschiedene Formen mit einem Füllungsgrad von 50% geben kann.

Diese 5 constraints wurden auf das tokenset Abb. 7.6.a angewendet. Die Ergebnisse sieht man in Abb. 7.6b-f. Objekte mit hohen constraint scores sind hell dargestellt, solche mit niedrigen scores dunkel. Tabelle 7.2 faßt die constraint scores für alle 11 Objekte zusammen, wobei der maximale score jeweils **fett** hervorgehoben wird. Man sieht, daß alle 11 Objekte *richtig „erkannt"* werden. Die Differenz zwischen Kreis und Quadrat ist am geringsten.

7.2   2D Szenenbeschreibung

Das Beispiel aus Kapitel 7.1 zeigt, daß komplexe constraints bei einfachen 2D Szenen schon ausreichen können, um eine Szenenbeschreibung zu erhalten. Im konkreten Fall (Abb. 7.6 und Tabelle 7.2) muß nur mehr für jedes Bildobjekt (= token) ein Objekt in der Szenenbeschreibung angelegt werden und den Namen der constraint mit dem höchsten score sowie zusätzlich eine eindeutige Nummer bekommen („Quadrat-1", „Kreis-3"). Eine solche Szenenbeschreibung mit Hilfe von frames wird in Kapitel 7.5 gegeben.

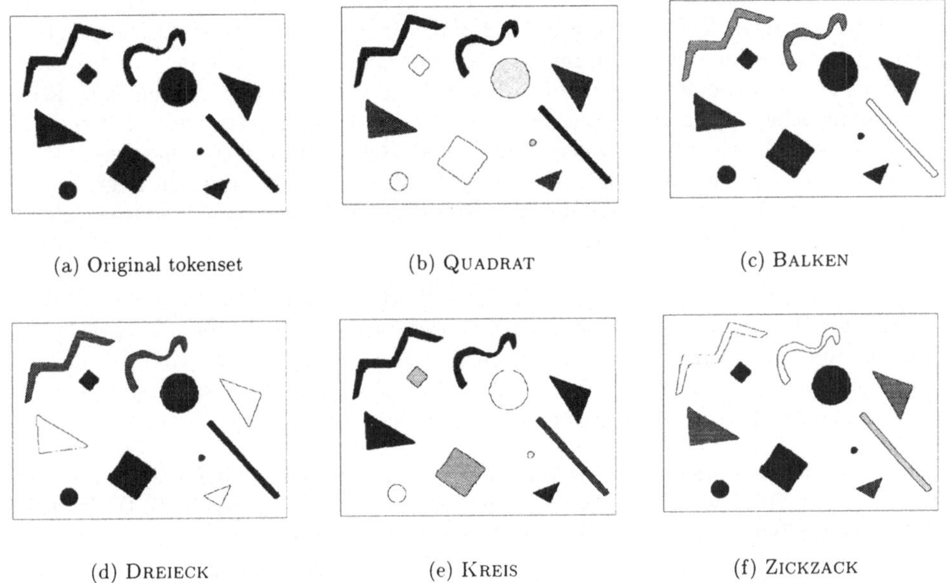

(a) Original tokenset   (b) QUADRAT   (c) BALKEN

(d) DREIECK   (e) KREIS   (f) ZICKZACK

Abbildung 7.6: Constraints für die Formen der „shapes" Bilder

Tabelle 7.2: Constraint scores für die 11 Objekte aus Abb. 7.6.a

| Objekt | Constraint | | | | |
	QUADRAT	BALKEN	DREIECK	KREIS	ZICKZACK
Quadrat-1	**0.94**	0.48	0.07	0.68	0.20
Quadrat-2	**0.93**	0.45	0.09	0.77	0.19
Balken-1	0.39	**0.88**	0.33	0.48	0.71
Dreieck-1	0.51	0.52	**0.99**	0.25	0.51
Dreieck-2	0.56	0.50	**0.99**	0.30	0.48
Dreieck-3	0.49	0.55	**1.00**	0.24	0.54
Kreis-1	0.88	0.35	0.24	**0.98**	0.15
Kreis-2	0.88	0.36	0.29	**0.98**	0.18
Kreis-3	0.83	0.40	0.37	**0.90**	0.23
Zickzack-1	0.20	0.69	0.51	0.05	**0.83**
Schlange-1	0.24	0.66	0.46	0.10	**0.81**

Eine derartige 2D Vorgangsweise hat große Bedeutung, da es im Bildverstehen viele wichtige Anwendungsbereiche gibt, wo 2D Szenenbeschreibungen ausreichen. Entweder ist die zu verstehende Szene tatsächlich 2-dimensional („shapes“, Spielkarten, optical character recognition OCR, document processing, flache Stanzteile in der Fließbandproduktion, uvm.), oder die dritte Dimension kann vernachlässigt werden (z.B. Fernerkundungsbilder aus großer Höhe oder von flachem Gelände). In vielen Fällen wird auch gar kein Wert auf eine vollständige 3D Rekonstruktion der Szene gelegt (z.B. Erkennen von Gesichtern). Alle diese Anwendungen lassen sich mit den Begriffen *2D Messen, Klassifikation* und – vor allem – *Interpretation* beschreiben (im Gegensatz zu 3D Messen, Kapitel 7.3 und 7.4).

Da der Bezug zur 2D Geometrie des Bildes voll erhalten bleibt, ja oft nur bestimmte tokens der Bildbeschreibung einen neuen Namen bekommen, können die Ergebnisse von 2D bildverstehenden Prozessen gut durch *Überlagerung von Graphik* über das ursprüngliche Bild *visualisiert* werden. In Abb. 7.7 zeigen wir verschiedene Beispiele für so visualisierte 2D Szenenbeschreibungen aus der Literatur.

In Abb. 7.7.a aus [Pin89] sehen wir *Bäume* in der Szenenbeschreibung, die den kreisförmigen, hellen Bildobjekten im Luftbild zugeordnet wurden (vgl. Abb. 6.14). In Abb. 7.7.b aus [MH90], S.236, sind *Häuser* (Bungalows in einer Vorstadtszene) in einem Luftbild markiert. Abbildung 7.7.c aus [BP92b], S.797, zeigt *Mund, Nase* und *Augen*, sowie einige andere wesentliche Merkmale eines *Gesichtes*. Während in den Beispielen Abb. 7.7.a-c die Szenenbeschreibung jeweils aus einem einzigen Bild gewonnen wird, werden die *Fußgänger* in der Straßenszene Abb. 7.7.d (aus [SS92], S.73) aufgrund ihrer Bewegung aus einer Sequenz von Bildern extrahiert. Es gibt viele weitere derartige Beispiele aus allen Anwendungsbereichen des Bildverstehens (z.B. [DGG$^+$92, PD92a, Mat87, MHM85, BCZ93]). Allen diesen unterschiedlichen Ausprägungen der 2D Szenenbeschreibung gemeinsam ist, daß einige ausgewählte Bildobjekte mit Objekten der Szenenbeschreibung direkt in Bezug gesetzt werden. Dabei werden *anwendungsabhängig* ganz verschiedene *Modelle* benutzt, etwa helle kreisförmige blobs (Abb. 7.7.a), rechteckige blobs (Abb. 7.7.b), ein Vektor geometrischer Merkmale (Abb. 7.7.c), oder „zeitliche Kanten“ ('temporal edges', Abb. 7.7.d). In der Szenenbeschreibung bekommen die Objekte wiederum einen *Namen*, der eine bestimmte *Bedeutung* trägt.

Da sowohl meine eigenen wissenschaftlichen Arbeiten als auch der KBVision Schema layer auf 2D Szenenbeschreibungen beruhen, sollen nun einige konkrete Beispiele mögliche Vorgangsweisen beim Erstellen solcher Beschreibungen illustrieren.

7.2.1 Das Schema System

Das Schema System ist nach meinem Wissensstand das komplexeste und allgemeinste System zur *statischen Interpretation von einzelnen Bildern*, das bisher entwickelt wurde. Es stellt einen Teil des VISIONS Systems der University of Massachusetts

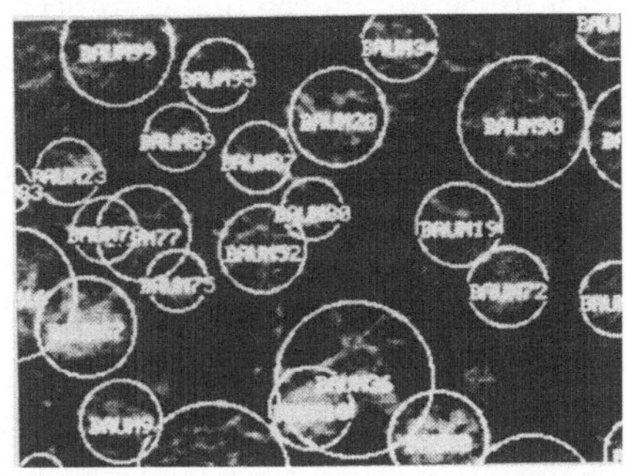

(a) Bäume

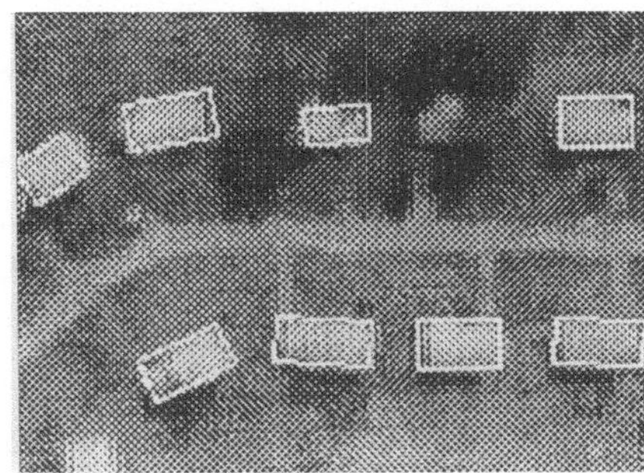

(b) Häuser [MH90], S.236

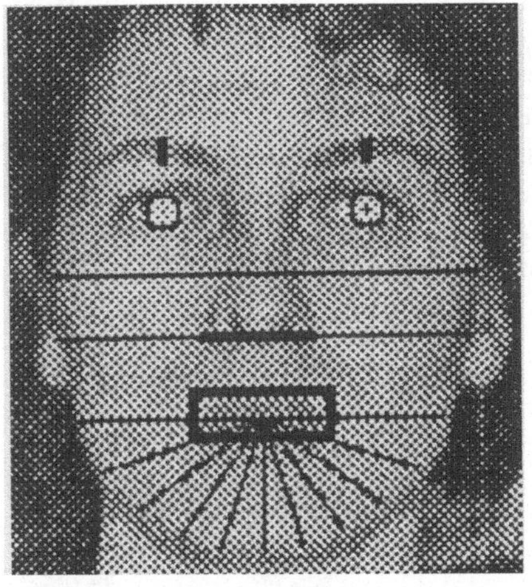

(c) Gesicht [BP92b], S.797

(d) Fußgänger [SS92], S.73

Abbildung 7.7: Beispiele für Visualisierung von 2D Szenenbeschreibungen

[HR78b, HR87] dar. Teile dieses Systems sind in Form des KBVision Schema layers [Ameb] verfügbar. In der nachfolgenden Beschreibung des Schema Systems beziehe ich mich hauptsächlich auf [DCB$^+$89] und [Ameb].

Wenn man aus einem halbwegs komplexen Bild durch Anwendung eines beliebigen Segmentationsverfahrens eine Bildbeschreibung in Form von – ziemlich vielen – Bildobjekten (tokens) erhalten hat, könnte man theoretisch weiterhin streng Bottom-Up vorgehen und versuchen, diese tokens nach verschiedensten Gesichtspunkten zu gruppieren und zusammenzufassen. Da jedoch meist eine große Anzahl von tokens vorliegt, ist es viel zu aufwendig und daher unmöglich, alle Kombinationsmöglichkeiten zu versuchen ('exhaustive search', 'combinatorial explosion').

Von dieser Überlegung ausgehend, werden *'object schemas'* definiert, die die Prozesse auf den niedrigeren Ebenen (Segmentation, Grouping, 'low level processes') kontrollieren, mit dem Ziel, *Hypothesen* über in der Szene vorkommende Objekte aufzubauen und zu verifizieren. Es wird dabei angenommen, daß auf dieser hohen Ebene ('high level') eine gewisse *schwache Parallelität ('coarse grain parallelism')* sinnvoll ist – im Unterschied zu den niedrigeren Ebenen, die viel stärker parallelisierbar wären. Das bedeutet, daß einige Schemas parallel ablaufen, dabei über ein *'global blackboard'* kommunizieren und auf diese Weise *einige verschiedene Hypothesen* erarbeitet werden.

Die Verarbeitung beginnt durch ein „*Saat-Schema*", das die Anfangserwartungen über den Bildinhalt ausdrückt (z.B. 'road-scene', 'house-scene') und gleichzeitig mit Hilfe von *part-of* Relationen eine Aufteilung in 'natural object classes' enthält. Es wird ein 'part-of-graph' aufgebaut, in dem jedem Knoten des Graphen ein Schema entspricht. Die Schemas dieses Graphen werden dann im Lauf der Bildinterpretation bei Bedarf aktiviert und liefern jeweils verschieden stark unterstützte Hypothesen für bestimmte tokens oder Gruppen von tokens. Schließlich wird für jedes token die am stärksten unterstützte Hypothese ausgewählt. So erreicht man eine konsistente Interpretation des gesamten Bildes. Ein Beispiel für das Resultat einer solchen Interpretation zeigt Abb. 7.8 (road-scene aus [DCB+89]).

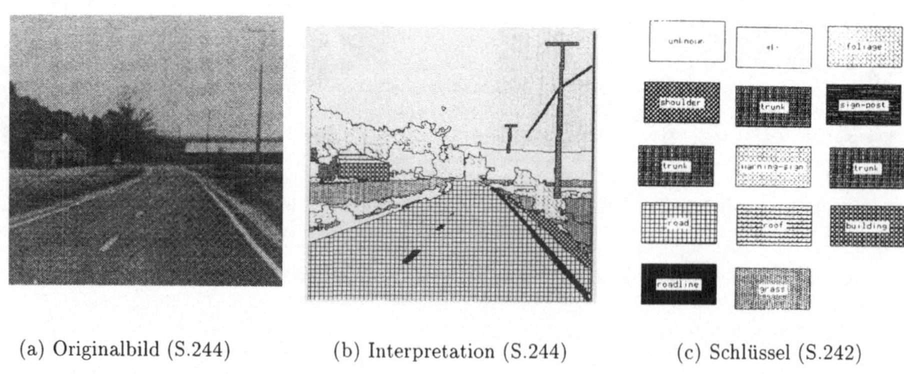

(a) Originalbild (S.244)   (b) Interpretation (S.244)   (c) Schlüssel (S.242)

Abbildung 7.8: Interpretation einer 'road-scene' durch das Schema System [DCB+89]

Das Ergebnis einer Interpretation durch das Schema System kann gut mit dem Ergebnis einer Bildklassifikation verglichen werden, allerdings ist der algorithmische Weg, auf dem die Interpretation erreicht wird, wesentlich komplexer. Das Schema System kann als bidirektionales bildverstehendes System mit Top-Down Beginn (erste Annahmen mit Hilfe des „Saat-Schemas") und fortschreitender Verfeinerung von parallel arbeitenden, Bilddaten-getriebenen Segmentierungs- und Gruppierungsprozessen eingeordnet werden.

Leider gibt es einige wesentliche Probleme, die einer größeren Verbreitung des Schema Systems bis heute hinderlich waren. Das System ist insgesamt so komplex und verlangt Expertenwissen in so vielen unterschiedlichen Bereichen, daß es nur von einigen wenigen Spezialisten sinnvoll genutzt werden kann. Schon eine kleine, an sich überschaubare, Testanwendung des Systems erfordert die Bereitstellung der dafür nötigen 'knowledge sources'. Dieser Vorgang ist sehr aufwendig und muß für jede neue Anwendung wieder neu durchgeführt werden. Deshalb wird mittlerweile auch an der University of Massachusetts selbst an einem neuen System, dem 'Schema Learning System' [DHR93, Dra93], gearbeitet, das in der Lage ist, aus einem Satz von Beispielbildern die nötigen *Schemas zu lernen*.

7.2.2 Neurale Netze in der Fernerkundung

Während wir im vorangegangenen Abschnitt mit dem Schema System ein allgemeines System für die 2D Bildinterpretation kennengelernt haben, will ich hier zwei ganz spezielle Anwendungen von Neuralen Netzwerken vorstellen. In 7.2.2.1 werden Netzwerke zur Bestimmung der Baumart in Luftbildern eingesetzt, in 7.2.2.2 zur Klassifikation von Satellitenbildern.

7.2.2.1 Interpretation der Baumart

Ausgangspunkt für diese Untersuchungen war die „Österreichische Waldzustandsinventur mittels Methoden der Fernerkundung", ein Projekt des Bundesministeriums für Land- und Forstwirtschaft. Im Rahmen dieses Projektes sollte der Wald mit Hilfe von *Farb-Infrarot-Luftbildern* beobachtet werden. Dazu wurde an der Universität für Bodenkultur ein Verfahren ausgearbeitet [Sch89], das die *Interpretation einzelner Baumkronen* voraussetzt. In der ersten Implementationsphase des Projektes erfolgt die Interpretation durch menschliche Interpreten unter Verwendung von Stereo-Bildpaaren. In meinen eigenen wissenschaftlichen Arbeiten habe ich untersucht, inwiefern eine teilweise oder vollständige Automatisierung dieses Interpretationsvorganges möglich ist. Die wichtigsten Arbeitsschritte bei der Interpretation sind:

1. Auffinden (lokalisieren und abgrenzen) der einzelnen Baumkrone,

2. Bestimmung der Baumart und

3. Bestimmung des Kronenzustandes.

Zum *Auffinden der Baumkronen* wurde ein bildverstehendes Expertensystem (Vision Expert System VES [Pin88, Pin89, Pin91]) entwickelt. Die Grundidee, Baumkronen als helle blobs einer bestimmten Größe zu betrachten, ist in Abschnitt 6.2.4 kurz beschrieben. Abbildung 6.14 zeigt einen Spektralkanal eines Original-Luftbildes und ein typisches Zwischenergebnis des VES-Systems. Die gefundenen *Bildobjekte* (ursprünglich blobs) werden als *Kreise* repräsentiert. Nach Anwendung einiger Regeln (z.B. Konflikte: Bäume dürfen nicht zu nahe beieinander stehen, Bäume stehen nicht auf Forststraßen) werden den meisten Bildobjekten dann 2D Szenenobjekte – *Bäume* – zugeordnet. In VES ist jeder Baum in einem *frame* (Kapitel 4.4.2) repräsentiert (siehe auch Kapitel 7.5).

Ist ein Baum auf diese Weise einmal gefunden worden, so wird als nächstes die *Bestimmung der Baumart* benötigt. Dazu bietet sich aus mehreren Gründen die Verwendung eines neuralen Netzwerkes an: Die Bäume (Kreise) sind *kompakte, relativ kleine Bildobjekte*, sodaß ein Netzwerk wie in Abb. 4.16 verwendet werden kann; die korrekte Interpretation der Baumart ist eine *komplexe Aufgabe*, für die auch ein menschlicher Interpret eine recht aufwendige Einschulung benötigt; zur korrekten Interpretation ist *Wissen* nötig, dieses kann allerdings auch von Forstexperten kaum explizit formuliert werden; auch die menschlichen Interpreten werden anhand vieler Bild*beispiele* („Interpretationsschlüssel") geschult.

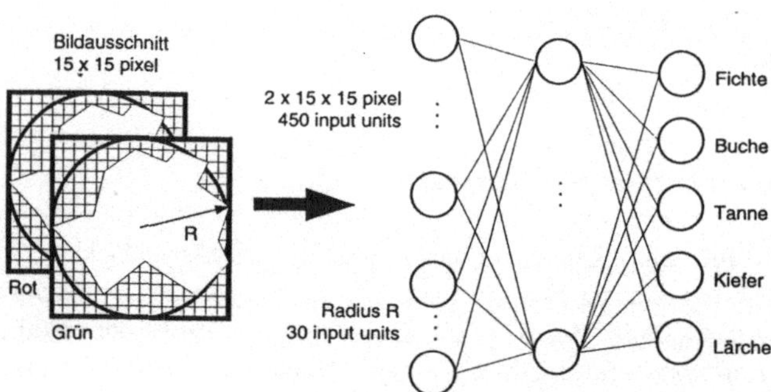

Abbildung 7.9: Interpretation der Baumart mit einem feedforward Netzwerk

Zur Lösung dieser Aufgabe wurde ein feedforward Netzwerk, wie es Abb. 7.9 zeigt, mit der Backpropagation Lernregel anhand von Bildbeispielen trainiert. Als Bildausschnitt wurde ein 15 × 15 Pixel großes Fenster gewählt. Der von VES geschätzte Radius des Kreises (der Baumkrone) wird zusätzlich über weitere 30 Input Units repräsentiert. Auf der Output Seite des Netzwerkes wurde eine lokale Repräsentation gewählt, sodaß 5 Output Units die 5 Baumarten Fichte, Buche, Tanne, Kiefer und Lärche repräsentieren. Das Netz wurde mit einer Trainingsmenge von 1024 verschiedenen Bäumen trainiert und mit einer Testmenge von 440 anderen Bäumen getestet. Das fertig trai-

nierte Netzwerk erkannte 86% der Bäume der Trainingsmenge und 85% der Bäume
der Testmenge korrekt [PZB+93]. Durch eine spezielle Methode – die *Neural Network
Surgery* [PB92c] -- konnten diese Resultate noch deutlich verbessert werden (93% für
die Trainings- und 90% für die Testmenge).

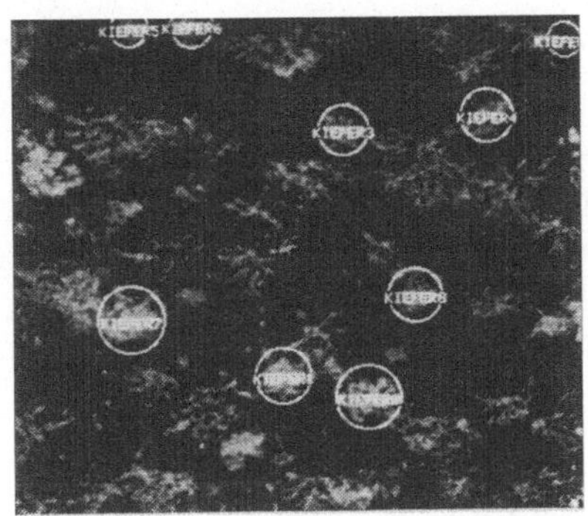

(a) Kiefern

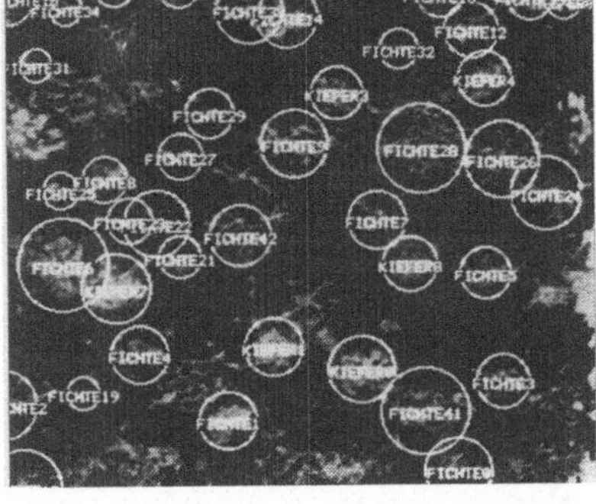

(b) Kiefern und Fichten

Abbildung 7.10: Bildbeispiele für Kiefern und Fichten

Abbildung 7.10 zeigt Ergebnisse für den Bildausschnitt aus Abb. 6.14. Die Kreise aus
Abb. 6.14.d haben nun *Namen* bekommen, die den Objekten der Szene entsprechen
(Kiefer1, Fichte41, ...). Dies ist somit ein typisches Beispiel für eine 2D Szenenbeschreibung. Auch die Bestimmung des Kronenzustandes eines Baumes sollte mit Hilfe
von neuralen Netzwerken möglich sein, wurde aber noch nicht untersucht.

7.2.2.2 Landsat Klassifikation

Die kurze Einführung in die multispektrale Klassifikation (Kapitel 3.11.2) endet mit
einem Bildbeispiel (Abb. 3.50). Wir wollen hier erläutern, wie es zu dieser Klassifikation
eines Landsat-TM Bildes gekommen ist und was die beiden Klassifikationen Abb. 3.50.b
und c eigentlich bedeuten. Diese Arbeit ist in [BSP92] ausführlich besprochen.

Der Landsat Thematic Mapper (TM) Satellit liefert Informationen in sieben verschiedenen spektralen Kanälen (sichtbare Lichtwellenlängen bis thermisches Infrarot). Einem Pixel des Satellitenbildes entsprechen dabei rund 30×30m auf der Erdoberfläche
(Ausnahme: Kanal 6, 120m). Ziel der Klassifikation ist die *Zuweisung jedes Pixels in
eine Klasse*, im Beispiel aus Abb. 3.50 sind dies die vier Landnutzungskategorien (in
Klammern die entsprechenden Farben aus Abb. 3.50.b und c):

- Bebautes Gebiet (schwarz),

- Wald (dunkelgrau),

- Wasser (hellgrau) und

- landwirtschaftlich genutzte Fläche (weiß).

Im Sinne unseres Modells stehen diese vier *Namen* wieder für vier *Objektkategorien* in der Szene. Allerdings liegt diese 2D Szenenbeschreibung nicht für 2D Szenenobjekte, sondern nur für einzelne 30 × 30m große Quadrate vor. Diese müßten eigentlich noch zu Regionen zusammengefaßt und eindeutig benannt werden (siehe dazu das Beispiel in Kapitel 9).

Die sieben verschiedenen spektralen Kanäle können nun dazu benutzt werden, einen *7-dimensionalen Merkmalsraum* aufzuspannen und durch entsprechende Aufteilung des Merkmalsraumes jedem Pixel eine der vier Zielklassen zuzuweisen. Da für das betrachtete Gebiet (Abb. 3.50.a) eine „wahre" händische Klassifikation vorliegt (Abb. 3.50.b), kann für jeden beliebigen Klassifikationsalgorithmus eine „Korrektheit" in % dieser wahren Klassifikation angegeben werden. Wenn für die gesuchten Klassen eine Normalverteilung vorliegt, so wird ein Gauß'scher Klassifikator (maximum likelihood) das beste Ergebnis liefern. Das heißt, daß man aufgrund von Vorwissen (die Normalverteilung) explizit ein bestimmtes mathematisches Modell (maximum likelihood) angeben kann, das dann nach einer Trainingsphase optimal klassifizieren wird. In der Realiät liegt die vorausgesetzte Normalverteilung allerdings oft *nicht* vor, weshalb es günstiger sein kann, ein neurales Netzwerk die gesuchte optimale Aufteilung des Merkmalsraumes lernen zu lassen.

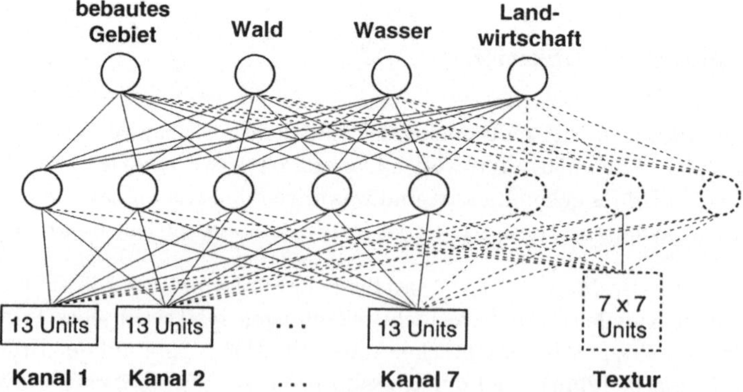

Abbildung 7.11: Klassifikation von Landsat Bildern mit einem feedforward Netzwerk

Wir haben in dem in [BSP92] beschriebenen Ansatz eine neurale Netzwerk Architektur gewählt, wie sie Abb. 7.11 zeigt. Jeder der sieben Spektralkanäle stellt einen Input dar, es gibt 5 Hidden Units und 4 Output Units, die den vier gesuchten Klassen entsprechen. Da jeder Spektralkanal mit 8Bit/Pixel aufgelöst ist, wurde ein 'coarse coding' für den Wertebereich [0,255] durchgeführt, sodaß jeder Kanal mit 13 Input Units codiert wird. Strichliert wird in Abb. 7.11 ein „Textur"-Kästchen dargestellt, da in einigen Versuchen zusätzlich zur multispektralen Information eines Pixels auch eine 7×7 Pixel große monochrome Umgebung des Pixels als Input zur Verfügung gestellt wurde. In diesem Fall benötigt man auch mehr (8) Hidden Units. Die in [BSP92] ausführlich dargestellten Ergebnisse dieses Experiments lassen sich wie folgt zusammenfassen (die Prozentangaben bedeuten korrekt klassifizierte Pixel in Bezug zur „wahren" händischen Klassifikation Abb. 3.50.b):

- 84.7 % Maximum Likelihood Klassifikation,

- 85.9 % Neurale Netzwerk Klassifikation (Abb. 3.50.c) und

- 88.1 % Neurales Netzwerk mit Textur.

7.3 „Shape from X"

Zu Beginn von Kapitel 5 wurde bereits das Marr-Paradigma vorgestellt. Ein wesentlicher Schritt in der reinen Bottom-Up Vorgangsweise Bild $\rightarrow$ primal sketch $\rightarrow$ $2\frac{1}{2}$-D sketch $\rightarrow$ 3D Objektrepräsentation ist dabei das Erstellen der $2\frac{1}{2}$-dimensionalen Repräsentation. Dafür sind verschiedene Vorgangsweisen vorgeschlagen worden, von denen sich einige an Mechanismen der menschlichen Wahrnehmung orientieren. Da man die meisten dieser Prinzipien auch *isoliert* betrachten kann – die Form wird aufgrund einer bestimmten Methodik X errechnet – haben sich die Begriffe *„visuelle Module"* ('visual modules') beziehungsweise *'shape from X'* entwickelt. Alle diese Verfahren haben die $2\frac{1}{2}$-dimensionale Rekonstruktion der Szene zum Ziel, das heißt, eine Modellierung aller *sichtbaren Objektoberflächen*. Die $2\frac{1}{2}$D Repräsentation kann auf verschiedene Arten erfolgen, von denen hier einige Möglichkeiten genannt werden: *Tiefenbilder*, wo in jedem Pixel die Entfernung des zugehörigen Punktes der Szene zum Sensor codiert ist (z.B. dunkel = nah, hell = fern); *'Surface patches'* in der Art des $2\frac{1}{2}$-D sketches (Abb. 5.3), wo zu jedem Punkt die Orientierung der Oberfläche gespeichert ist; *Diskontinuitäten* in der Entfernung (z.B. als Raumkurven); *Approximation* von kontinuierlichen Oberflächen (z.B. durch B-splines); Schließlich wird oft auch eine *Kombination* der hier aufgezählten Repräsentationen gewählt (z.B. depth map + surface patches + discontinuities).

Da in diesem Buch die *messenden* Verfahren gegenüber den *interpretierenden* (Kapitel 7.2) nicht im Vordergrund stehen, begnügen wir uns hier mit einer Aufzählung und

Charakterisierung der wichtigsten visuellen Module, sowie mit zwei einfachen Beispielen. Weiterführende Literatur zu diesem Thema findet man in [Shi87], [SHB93] (pp. 385-421), [HS93a] (Kapitel 12-15), [PAM91b], [AS89a], [FLW93].

Shape from stereo: So wie beim Menschen, wo zwei Augen geringfügig unterschiedliche Netzhautbilder empfangen, werden *zwei Kameras* in verschiedenen Aufnahmepositionen benutzt. In den Überlappungsbereichen der beiden Bilder werden verschieden weit entfernte Objekte an unterschiedlichen Orten abgebildet. Die *Disparität korrespondierender Punkte* ist dann ein Maß für die *Entfernung* des Punktes von den Kameras (z.B. [Wil91, Men91]). Abbildung 7.12 zeigt, wie eine Kugel, die in unterschiedlichen Entfernungen vom Hintergrund (Position 1 bis 3) aufgenommen wird, zu verschiedenen Disparitäten beim Vergleich der beiden Kamerabilder führt.

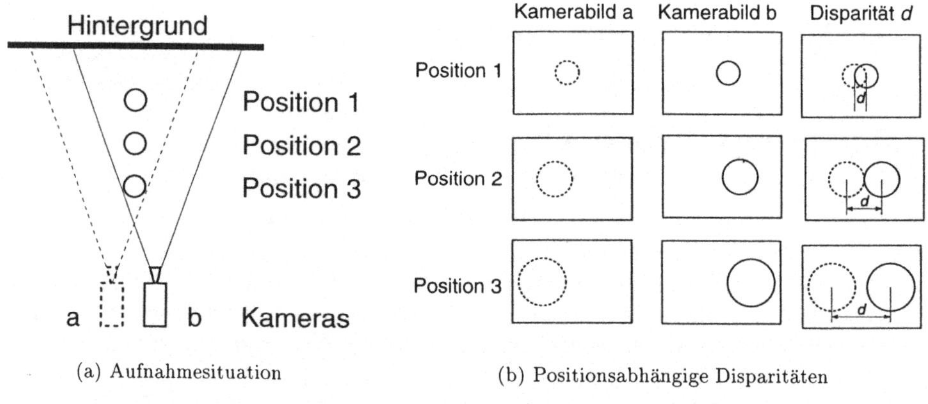

(a) Aufnahmesituation   (b) Positionsabhängige Disparitäten

Abbildung 7.12: Schematische Darstellung der Stereomethode

Shape from shading: Wenn man bestimmte Annahmen über die Szene – in diesem Fall über die Lichtquellen und die Reflexionseigenschaften der Objekte – treffen kann, so können aus der *Schattierung* der Objektoberflächen Rückschlüsse über die *Form* gezogen werden (z.B. [Oli91]).

Shape from motion: Von einer Szene, die *bewegte Objekte* enthält, wird eine *Bildfolge* aufgenommen. Durch Verfolgen der Objekte über mehrere Bilder können die *Trajektorien* dieser Objekte im Raum bestimmt werden. Dabei müssen wiederum bestimmte Annahmen (etwa über die Aufnahmegeometrie oder bei bekannten Objektgrößen) getroffen werden. Werden von einem *rotierenden Objekt*

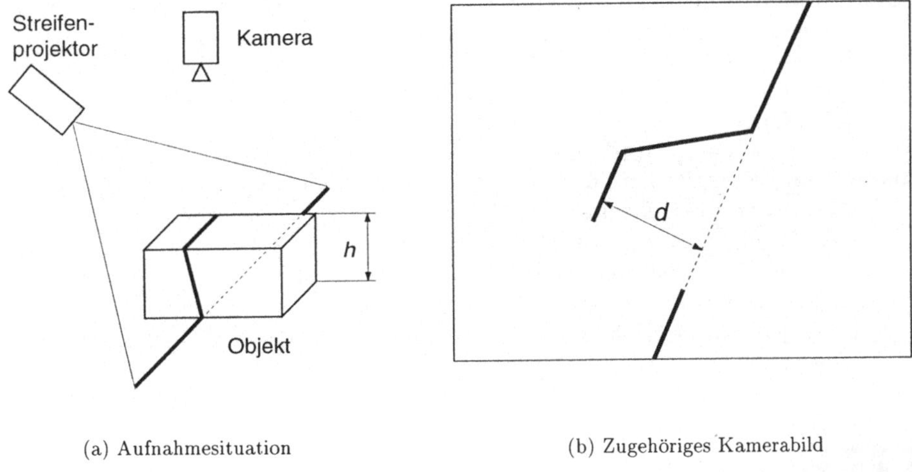

(a) Aufnahmesituation   (b) Zugehöriges Kamerabild

Abbildung 7.13: Schematische Darstellung der Lichtschnittmethode

mehrere $2\frac{1}{2}$D Repräsentationen gewonnen, so können diese zu einem vollständigen 3D Objektmodell zusammengesetzt werden. Eine weitere Möglichkeit stellt die *Bewegung der Kamera* selbst dar, um sich auf diese Weise mehrere Ansichten derselben Szene zu verschaffen (z.B. [BB92]).

Shape from texture: Wenn man annimmt, daß auf eine Objektoberfläche eine *homogene Textur* aufgebracht ist, so wird aufgrund der perspektivischen Betrachtung jede nicht senkrecht auf die Betrachtungsrichtung stehende Fläche eine entsprechend verzerrte Textur aufweisen. Aus dieser *Verzerrung* läßt sich der Normalvektor der Fläche bestimmen.

Shape from contour: Beliebige dreidimensionale Objekte können anhand ihrer Konturen *erkannt und lokalisiert* werden, wenn ausreichend genaue geometrische *Modelle der Objekte* vorhanden sind (z.B. [KP90]). Ein weiterer Ansatz ist das sinnvolle Gruppieren von 2D Konturen gemäß Abb. 7.5 (z.B. [Low87, UN93]).

Shape from focus: Verfügt man über ein Kamerasystem, das eine Veränderung der Fokussierung erlaubt, so kann man versuchen, durch *Scharfstellen* auf einen Punkt der Szene dessen *Entfernung* zur Kamera festzustellen. Ist die Fokussierung der Kamera fest vorgegeben, so kann andererseits die *Unschärfe* von Kanten im Bild zur Berechnung der Entfernung herangezogen werden (z.B. [Pen87]). In ähnlicher Weise funktioniert die *'double pinhole camera'*, wo das Licht durch eine spezielle Blende, die aus zwei kleinen Löchern besteht, fällt [BRD91]. Eine Verallgemeinerung dieses Prinzips, bei der ein ganzes Feld von Löchern benutzt wird, ist in [AW92] beschrieben.

Shape from vergence: Ein binokulares System hat parallele optische Achsen, wenn ein unendlich ferner Punkt im Zentrum abgebildet wird. Soll ein näherer Punkt ebenso im Zentrum beider Sensoren abgebildet werden, so gibt der *Winkel* zwischen den beiden Achsen ein Maß für die Entfernung des betrachteten Punktes (z.B. [KHK90]).

Shape from structured light: Eine spezielle Lichtquelle wird benutzt, um die Szene mit *strukturiertem Licht* zu beleuchten. *Verzerrungen* im beobachteten Muster (z.B. Gerade $\rightarrow$ Kurve) lassen Rückschlüsse auf die 3D Form zu (z.B. [Sab91]). Abbildung 7.13 stellt dar, wie ein Lichtstreifen projiziert und von einer Kamera aufgenommen wird. Vor leerem Hintergrund ergibt sich eine Gerade (strichliert), das Objekt mit der Höhe h führt zu einer um d versetzten Abbildung des Lichtstreifens (fett).

7.4   3D Formbeschreibungen

Die Erstellung der 3D Formbeschreibung stellt ein äußerst komplexes Problem dar, das von sehr vielen Faktoren abhängt: Art und Zielsetzung der Anwendung, Arbeitsweise und Datenformate der bildgebenden Sensoren, verwendete Algorithmen und Zwischenrepräsentationen, Kontrollmöglichkeiten von Sensoren und Prozessen. Aus diesen Gründen sind sehr viele verschiedene 3D Repräsentationen vorgeschlagen und verwendet worden. Auch die Wege, auf denen die 3D Repräsentationen erreicht werden, sind sehr unterschiedlich. Oft finden die verwendeten Modelle Eingang in den – *modellbasierten* – 3D Segmentationsprozeß (z.B. [Koc93, KOO93, Leo93]).

Ebenso wie in Kapitel 7.3 wollen wir daher auf weiterführende Literatur verweisen (z.B. [Shi87], [HS93a] (Kapitel 18), [PAM91a, PAM92, PAM93, IVC93], [Hor86] (Kapitel 15, 16), [Sam90] (Kapitel 5), [Mü92]) sowie einige häufig verwendete 3D Repräsentationen vorstellen. Da die meisten Bezeichnungen ursprünglich der englischen Sprache entstammen, werden alle Repräsentationen mit den englischen Begriffen benannt.

Polyhedral objects: Die Objekte werden durch ebene Flächen begrenzt. Im einfachsten Fall entsprechen diesen Flächen Regionen gleicher Helligkeit im Bild. Eine gute Möglichkeit zur Repräsentation der Objekte stellen dann die *Kanten* zwischen diesen Flächen dar, sodaß sich viele Autoren mit den Eigenschaften von Strichzeichnungen polyedrischer Objekte (*line drawings*) beschäftigt haben. Die einzelnen Linien sowie die Punkte, in denen mehrere Linien zusammenlaufen, können dann je nach ihrem *Typ* (konvex, konkav, ...) markiert werden. Aus dem markierten Graphen kann man unter Zuhilfenahme weiterer Informationen die Polyeder der Szene rekonstruieren (z.B. [Hor86] Kapitel 15, [Mü92]). In [VK91] werden neben Polyedern (Parallelepiped) auch Zylinder benutzt.

Aspect graphs: Die Methode der Aspekt-Graphen basierte ursprünglich auch auf
dem Versuch, polyedrische Objekte zu erkennen, wurde inzwischen aber auf beliebige Objekte erweitert. Ein Polyeder kann aus verschiedenen *Ansichten* betrachtet werden. Dabei werden jeweils andere Oberflächen des Objektes sichtbar sein.
Wenn der Beobachter seine Position verändert, ändert sich eine solche Ansicht
eine Zeitlang nicht, bis dann plötzlich eine neue Oberfläche sichtbar wird oder
eine andere verschwindet. Jede Ansicht mit ihren sichtbaren Flächen bildet einen
Knoten im aspect graph, der Übergang zu einer anderen Ansicht eine Kante. Der
vollständige aspect graph eines Objektes stellt eine recht genaue Beschreibung
des Objektes dar (z.B. [GCS91, DPR92]). Allerdings ist der praktische Nutzen
dieser Repräsentation für Bildverstehen noch recht umstritten [Bow92].

Generalized cylinders: Schon zu Beginn von Kapitel 5 sind verallgemeinerte Zylinder als die wichtigste 3D Repräsentation im Marr'schen Schema des Bildverstehens [Mar82] kurz besprochen worden. Sie wurden erstmals von Binford [Bin71]
als geeignetes parametrisches Modell für die 3D Repräsentation in Bildverstehen vorgeschlagen. Besonders *natürlich gewachsene Objekte* können gut durch
verallgemeinerte Zylinder dargestellt werden, und *verzweigte Objekte* werden aus
mehreren verallgemeinerten Zylindern zusammengesetzt. Allerdings ist der allgemeine Fall einer beliebigen erzeugenden Fläche und einer beliebigen Raum-
kurve als Achse schwierig aus dem Bild zu rekonstruieren, weshalb man in vielen
Fällen versucht hat, das Modell zu vereinfachen oder einzuschränken (z.B. tubes).
Auch geons und superquadrics stellen Spezialfälle von verallgemeinerten Zylindern dar. Beispiele für weiterführende Literatur über verallgemeinerte Zylinder
sind [SOI92, PCM89, UN90].

Generalized tubes: Mit diesem Begriff bezeichnen seine Autoren ([HS93b]) lange,
dünne Röhren, mit denen verschiedene natürliche Objekte wie Blutgefäßsysteme
oder Wurzelsysteme von Pflanzen gut modelliert werden können.

Balloons: Die balloons stellen die 3D Weiterentwicklung der *snakes* (2D aktive Konturmodelle, siehe Kapitel 6.3.4.3) dar. Naiv betrachtet kann man sich einen
Luftballon vorstellen, der in einen Hohlraum (das zu approximierende Objekt)
eingeführt und aufgeblasen wird. Je größer der Druck wird, umso besser werden
auch kleine Details der Objektoberfläche approximiert (z.B. Modellierung von
Herz oder Schädel aus CT Daten [MT93, CC93]).

Geons: Die Ausgangsbasis für diese Repräsentationsform ist die Theorie des menschlichen Bildverstehens von Biederman [Bie85], in der angenommen wird, daß alle
komplexeren Objekte aus weniger als 36 verschiedenen Basiskomponenten aufgebaut werden können. Die Theorie heißt *'recognition by components' (RBC)*, die
36 Basiskomponenten ('volumetric primitives') werden *geons* genannt und mit
den rund 55 Phonemen der menschlichen Sprache verglichen. Die Gruppe um
Martin Levine an der McGill University hat versucht, diese Theorie in ein zum

Teil geon-basiertes bildverstehendes System – PARVO ('primal access recognition of visual objects') – umzusetzen (z.B. [BL92]).

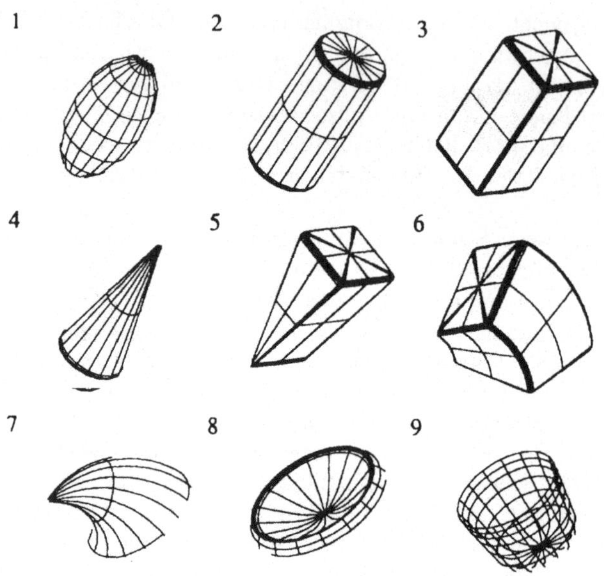

Abbildung 7.14: Beispiele für superquadrics (aus [SB90], S.134)

Superquadrics: Superquadrics sind auch *parametrische Modelle*, jedoch etwas einfacher als die verallgemeinerten Zylinder aufgebaut (man benötigt weniger Parameter). Wir wollen sie hier als ein Beispiel für 3D Formbeschreibung etwas näher besprechen. Die Oberfläche eines superquadrics wird durch

$$\boldsymbol{x}(\eta, \omega) = \begin{bmatrix} a_1 \cos^{\epsilon_1}(\eta) \cos^{\epsilon_2}(\omega) \\ a_2 \cos^{\epsilon_1}(\eta) \sin^{\epsilon_2}(\omega) \\ a_3 \sin^{\epsilon_1}(\eta) \end{bmatrix} \quad \begin{array}{c} -\pi/2 \le \eta \le \pi/2 \\ -\pi \le \omega \le \pi \end{array} \tag{7.6}$$

definiert [SB90]. Wenn die Parameter η und ω innerhalb der angegebenen Intervalle variiert werden, so beschreibt der Ortsvektor $\boldsymbol{x}$ eine *geschlossene Fläche*. Die Parameter a_1, a_2, a_3 bestimmen die *Größe* in x, y und z Richtung, ϵ_1 und ϵ_2 sind *'squareness'* Parameter, beschreiben also, wie rund oder „eckig" ein superquadric ist. Abbildung 7.14 aus [SB90] zeigt Beispiele für superquadrics (1-3), mit Verjüngung (4,5,7), Verbiegung (6,7) und Deformation (8,9). Komplexere Objekte, wie etwa die Puppe in Abb. 7.15 aus [TM91], können aus mehreren deformierbaren superquadrics aufgebaut werden. Diese Repräsentation ist aber nicht nur als Ergebnis eines bildverstehenden Systems interessant, superquadrics werden auch als Modelle für *bildgebende Verfahren* in der Computergraphik benutzt [PS91, Pen86, PEF+90]. Manche Autoren (z.B. [WF91]) verwenden auch den Begriff *superellipsoids*.

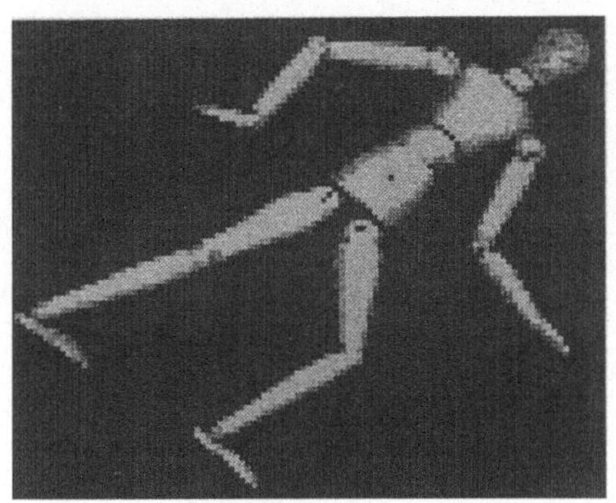
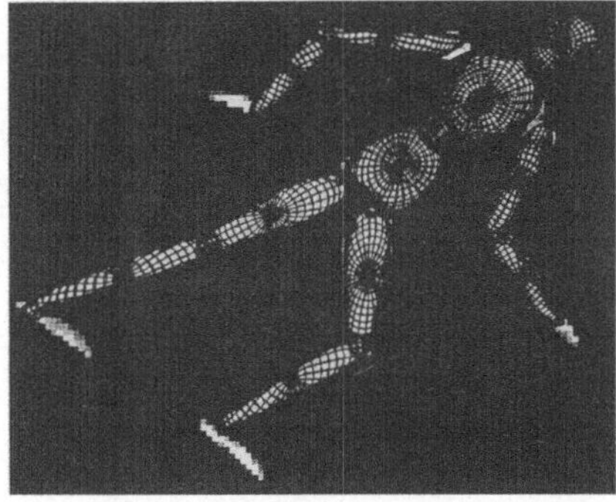

(a) Bild einer Puppe   (b) Approximation

Abbildung 7.15: Approximation durch deformierbare superquadrics ([TM91], S.709)

Invariants: Wir haben schon in Bezug auf 2D-Formbeschreibungen betont, wie wichtig unter verschiedenen Transformationen *invariante Formmerkmale* sind (Kapitel 6.5.3). Dies trifft noch in verstärktem Maße für 3D Merkmale zu. Einige Forscher haben in jüngster Zeit versucht, solche Invarianzen für die Beschreibung und das Erkennen von 3D Objekten zu benutzen (z.B. [Wei93a, MWS93, MZ92b]).

7.5 Objektrepräsentation in Frames

In den vorangegangenen Abschnitten haben wir viele verschiedene Vorgangsweisen kennengelernt, eine Szenenbeschreibung zu erreichen. Unabhängig von den gewählten Algorithmen (interpretierend oder messend) und Modellen (2D oder 3D) müssen die gefundenen Objekte im bildverstehenden System in geeigneter Form repräsentiert werden. Diese interne Repräsentation soll verschiedene Aufgaben unterstützen: Einbringen von Vorwissen über Sollstrukturen (z.B. erwartete Bildinhalte, generalisierte Modelle für zu erkennende Objekte), Aufbauen und Bewerten von Relationen zwischen Objekten, Darstellen und Erklären der Ergebnisse des bildverstehenden Prozesses. Dafür eignen sich die schon in Kapitel 4.4.2 vorgestellten *frames* sehr gut. Frames sind in mehreren bildverstehenden Systemen erfolgreich eingesetzt worden (z.B. VES [Pin89], Mapsee [HM83], CVS [FS89], SIGMA [MH90], VISIONS [DCB+89]). Wir wollen nachfolgend ein Beispiel zur Objektrepräsentation im VES System bringen ([Pin89], Einsatz des Systems in der österreichischen Waldzustandsinventur, vgl. Abb. 6.14, 7.7.a, 7.10).

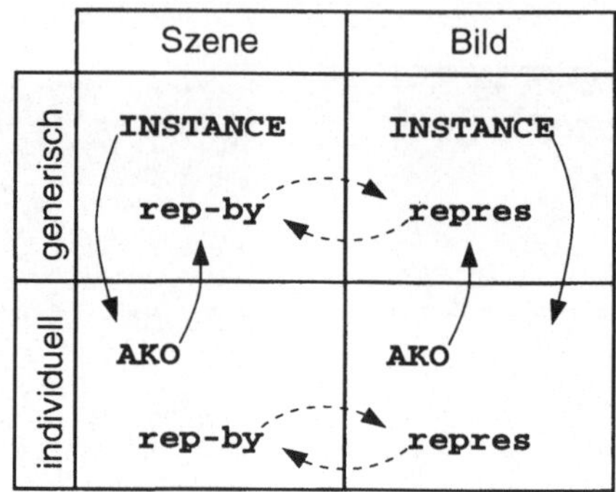

Abbildung 7.16: Frame Repräsentation in vier Objektkategorien

Abbildung 7.16 zeigt vier verschiedene Objektkategorien, wobei jedes vom System repräsentierte Objekt in genau eine dieser Kategorien fällt. In der oberen Hälfte finden sich *generische* Objekte, das heißt, frames für allgemeine Konzepte der in Szene und Bild auftretenden Objekte (z.B. Baum, Straße, Kreis, Punkt). Dieser Teil kann gut mit der statischen Wissensbasis aus Abb. 4.2 verglichen werden, da dieses allgemeine Wissen über Objekte während einer Bildinterpretation im allgemeinen nicht verändert wird. Die untere Hälfte steht für die *individuellen* Objekte, das sind frames für alle jene Objekte, die im Verlauf einer Interpretation tatsächlich in Bild oder Szene gefunden werden (z.B. Baum-27, Kreis-5). Mit Hilfe der bereits in Kapitel 4.4.2 erläuterten AKO–INSTANCE Relationen können Hierarchien von frames aufgebaut werden (z.B. Baum – Fichte – Fichte-1). Alle individuellen Objekte müssen Instanzen von generischen Objekten sein.

In der linken und rechten Hälfte von Abb. 7.16 wird zwischen *Szene* und *Bild* unterschieden und versucht, sinnvolle Relationen zwischen diesen beiden Repräsentationsebenen herzustellen. Ein Objekt der Szene kann auf Bildobjekte abgebildet werden (rep-by Relation), und einem Bildobjekt können wiederum bestimmte Szenenobjekte entsprechen (repres Relation). Die rep-by und repres Relationen werden vom System zur *Top-Down Planung* des nächsten Verarbeitungsschrittes (z.B. Suche Szenenobjekt → Suche entsprechendes Bildobjekt) und zur *Bottom-Up Hypothesenbildung* (Bildobjekt gefunden → Hypothese für entsprechendes Szenenobjekt) eingesetzt. Abbildung 7.17 zeigt einen kleinen Ausschnitt aus den frames einer VES–Interpretation. Die dargestellten frames (symbolisiert durch die kleinen, fett gezeichneten Rähmchen) korrespondieren mit den

Objekten aus Abb. 6.14 und 7.10. In dieser Abbildung sind nur die eben besprochenen Relationen zwischen den verschiedenen frames eingezeichnet. In jedem frame sind natürlich noch viele weitere slots gespeichert (vgl. etwa Abb. 4.6).

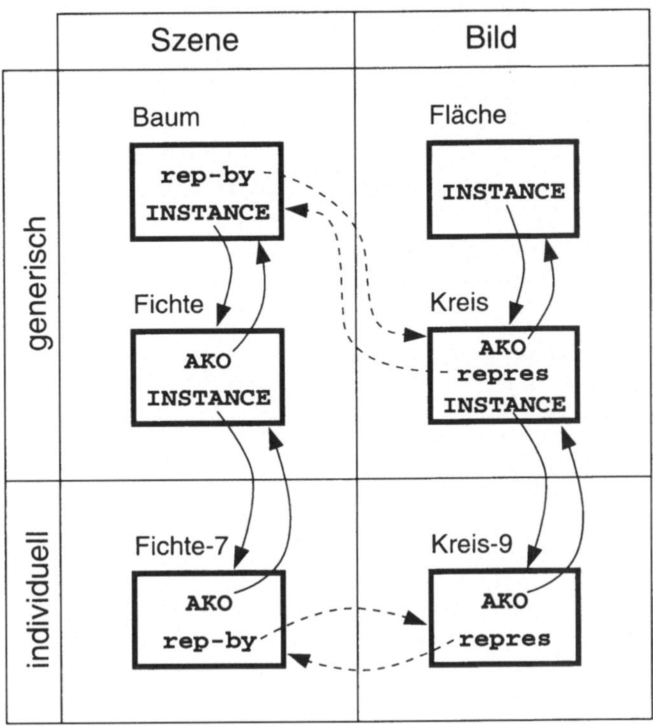

Abbildung 7.17: Beispiel für die frame Repräsentation von Bäumen

Wenn man das hier vorgestellte Beispiel näher überlegt, werden neben der Funktionsweise und den Vorteilen der frames auch die wesentlichen Probleme dieser Art der Objektrepräsentation klar. Frames sind für *sehr kleine*, genau definierte und abgegrenzte *Problembereiche* sehr gut geeignet. Wird das Aufgabengebiet eines bildverstehenden Systems breiter, so ist die Grenze des auf diese Weise Darstellbaren bald erreicht, eine Ansicht, die von vielen Autoren geteilt wird (z.B. [DCB+89]). Eine wirklich befriedigende Alternative zu frames wurde allerdings bisher noch nicht vorgeschlagen.

Kapitel 8

Verstehen

Nun ist ein Punkt erreicht, an dem wir uns kurz zurücklehnen und das erste Mal auf das bisher Beschriebene in seiner Gesamtheit zurückschauen wollen. Eine geeignete Fragestellung dafür erscheint mir die genauere Analyse des Begriffs „Verstehen" – natürlich in Zusammenhang mit unserem Thema „Bildverstehen" – zu sein. Schon in Kapitel 1 haben wir die Informationsverarbeitungs-Sicht, in der Bildverstehen als *Prozeß* betrachtet wird, dargestellt. In den nachfolgenden Kapiteln wurde dieser Prozeß in verschiedene Verarbeitungsschritte mit den dazwischenliegenden Repräsentationsebenen unterteilt. Neben den für das allgemeine Verständnis wichtigen Grundlagen (Kapitel 3, 4) wurden wichtige Schritte im Detail behandelt (Kapitel 6, 7), in vielen Fällen ein Bezug zum menschlichen Sehen (Kapitel 2) hergestellt, und der Kreis der Verarbeitungen im Systemmodell des Bildverstehens (Kapitel 5) geschlossen, wo das „Verstehen" der visuell erfaßten Umwelt auch zu einer Interaktion mit ihr führt. An welcher Stelle in dieser Kette von Verarbeitungen findet der Schritt des „Verstehens" nun eigentlich wirklich statt?

In einigen Beispielen (z.B. shapes Abb. 7.6, Schema System Abb. 7.8, VES Abb. 7.10) haben Objekte einen *Namen* zugewiesen bekommen, es wurde also ein bestimmtes Objekt mit einem *Begriff* verbunden. Will man diese Zuweisung als den Moment des Verstehens betrachten, so stellt sich als nächste Frage, *wie* sie erfolgen kann. Darauf gehen wir in den nachfolgenden Abschnitten näher ein, wo wir

- Verstehen durch *Matching*,

- Verstehen durch *Kontrolle* und

- Verstehen durch *Lernen*.

besprechen werden. Zunächst wollen wir aber noch einige weitere Aspekte behandeln.

In den meisten Fällen wird man einem Objekt *mehrere verschiedene* Namen zuweisen
können, sodaß *einer* von ihnen *ausgewählt* werden muß. Solange eine Szene interpretiert
werden soll, die nur ein Objekt, oder einige wenige Objekte, die nicht direkt miteinander in Bezug stehen, enthält, erscheint die Vorgangsweise noch relativ einfach: Der
beste Name wird gewählt. Im Fall der shapes-Bilder wäre das beispielsweise der Name
der constraint mit dem höchsten score (Abb. 7.6, Tabelle 7.2). Sobald die Szene jedoch komplexer wird und es auch Relationen zwischen den Objekten gibt, muß anders
vorgegangen werden. Das einfachste Beispiel dieser Art wäre eine Szene, in der ein bestimmtes Objekt nur genau einmal auftreten kann, und bereits gefunden wurde. Wenn
nun ein weiteres Objekt den höchsten belief-value für dieselbe Kategorie aufweist, so
darf diese trotzdem nicht ein weiteres Mal vergeben werden, da die Szenenbeschreibung ansonsten *inkonsistent* würde (z.B. Landschaftsszene mit 2 Sonnen am Himmel).
Dieses Problem wird auch *'consistent labelling problem'* genannt (siehe z.B. [HS93a],
Kapitel 17).

In einer gänzlich anderen Sichtweise der Problematik ist dieses bisher dargestellte „explizite" Verstehen durch Zuweisen von Namen weniger wichtig. Ein aktives (Robot-)
System kann „implizit" den Beweis erbringen, daß es seine Aufgabe und die damit
verbundene Szene „verstanden" hat, indem es in seiner Interaktion mit der Umwelt
korrektes Verhalten zeigt.

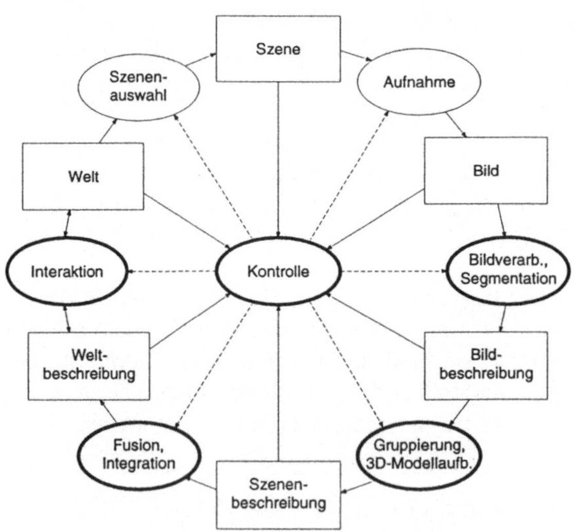

Abbildung 8.1: Verstehen kann an vielen Stellen im Systemmodell auftreten

Man sieht, es ist gar nicht so einfach, den Augenblick des Verstehens genau zu lokalisieren. Er kann an verschiedenen Stellen der Prozeßkette auftreten, oder auch durch ein

Zusammenwirken mehrerer Teilprozesse entstehen. Deshalb unterscheidet sich Abb. 8.1 ein wenig von den vorangegangenen Darstellungen (Abb. 6.1 und 7.1). Vom Vorgang des Verstehens betroffene Teilprozesse sind fett umrandet dargestellt.

8.1 Matching

Matching bedeutet, zwei verschiedene Beschreibungen einer Repräsentation miteinander zu vergleichen, und im Falle, daß sie einander *ähnlich* sind, eine Verbindungs-Relation zwischen ihnen aufzubauen. Oft stellt das Matching den letzten Schritt in einer Bottom-Up Vorgangsweise dar: Aus dem Bild werden tokens extrahiert und gruppiert, das Resultat wird dann auf einer hohen Repräsentationsebene (Bild- oder Szenenbeschreibung) mit verschiedenen *Modellen* verglichen. Grundsätzlich kann Matching aber auf allen Repräsentationsebenen erfolgen, wie anhand der nachfolgend beschriebenen Beispiele illustriert werden soll.

Diese Beispiele werden deutlich zeigen, daß der Matching-Ansatz nur für *eingeschränkte Problembereiche*, wo die zu matchende Beschreibung nur mit einigen *wenigen Modellen* verglichen werden muß, sinnvoll ist. Gibt es zu viele Modelle, oder sind diese nicht deutlich voneinander unterscheidbar, so wird die Aufgabe rasch zu komplex (vgl. auch [Tso90] zur „Komplexität des Sehens"). Weiters muß festgestellt werden, daß wir in diesem kurzen Abschnitt keine systematische Abhandlung zum Thema Matching bieten können. Ähnliches wird der Leser auch bei der Durchsicht anderer Bücher über 'Vision' feststellen (z.B. [SHB93, Wec90, Hor86]). Eine recht ausführliche systematische Darstellung des 'image' und 'template matching' bieten [RK82b], Kapitel 9 und [HS93a], Kapitel 16. Auf höheren Repräsentationsebenen stehen die hier beschriebenen Matching Algorithmen meistens auch in Zusammenhang mit den verwendeten Objektmodellen (z.B. [HS93a], Kapitel 18, 'object models and matching').

8.1.1 Image-Matching, Template-Matching

In diesem Fall des Matchings auf Bildebene wird ein bestimmter Ausschnitt als *Schablone* (template) benutzt. Das Eingabebild wird dann darauf untersucht, an welchen Stellen sich ein dieser Schablone möglichst *ähnlicher* Bildausschnitt befindet. Für die Bewertung der Ähnlichkeit sind in der Literatur verschiedenste *Ähnlichkeitsmaße* vorgeschlagen worden, von denen wir in unserem Beispiel auf die *Korrelation* näher eingehen wollen. Das Beispiel arbeitet mit den schon in Abb. 2.5, 3.13 und 3.46 vorgestellten SLO-Bildern des menschlichen Augenhintergrundes. Sowohl für die automatische Entzerrung verschiedener Bilder auf eine identische Geometrie (Finden von Paßpunkten), als auch für die automatische Kompensation der Augenbewegungen (Tracking von Punkten) wird das Auffinden von signifikanten Bildmerkmalen benötigt. Im vorliegenden Bildmaterial sind *Gefäßverzweigungen* solche Punkte, die sehr gut und genau lokalisiert werden können. In der Folge wird dargestellt, wie dies durch Anwendung der *normalisierten Kreuzkorrelation* erreicht werden kann.

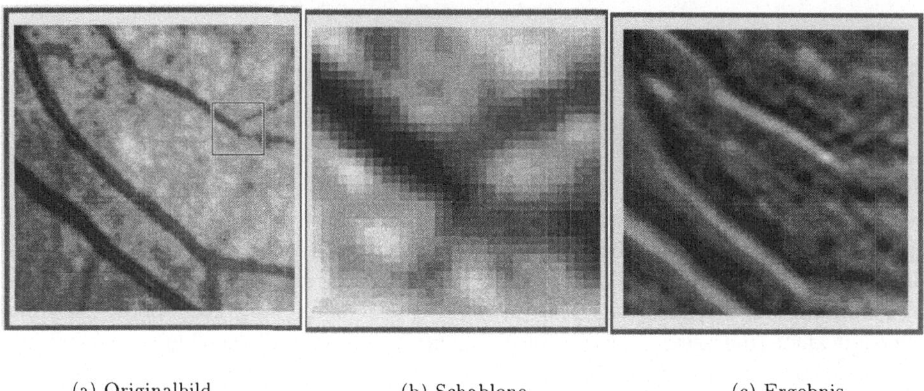

(a) Originalbild   (b) Schablone   (c) Ergebnis

Abbildung 8.2: Template-Matching: Autokorrelation

Aus einer Videosequenz des bewegten Augenhintergrundes wurden zwei um einige Sekunden auseinanderliegende Bilder digitalisiert. Die Abb. 8.2.a und 8.3.a zeigen jeweils einen kleinen Ausschnitt aus diesen beiden Bildern. Die mit einem Rahmen markierte Gefäßverzweigung von Abb. 8.2.a wurde als 33×33 pixel große Schablone t ausgewählt. Diese Schablone ist in Abb. 8.2.b und 8.3.b vergrößert dargestellt. Nun wird die Schablone mit den beiden Originalbildern in ähnlicher Art wie bei einer lokalen Fensteroperation verglichen, indem sie schrittweise über das gesamte Eingabebild geschoben wird. Es ist dabei an jeder Stelle des Bildes ein 33×33 pixel großes Fenster f mit t zu vergleichen. Im allgemeinen Fall einer $m \times n$ großen Schablone ergibt sich der *normalisierte Korrelationskoeffizient cc* wie folgt:

$$cc = \frac{\sum_{x=1}^{m} \sum_{y=1}^{n} (f(x,y) - \bar{f})(t(x,y) - \bar{t})}{\sqrt{\sum_{x=1}^{m} \sum_{y=1}^{n} (f(x,y) - \bar{f})^2 \sum_{x=1}^{m} \sum_{y=1}^{n} (t(x,y) - \bar{t})^2}} \qquad (8.1)$$

Dabei sind $\bar{f}$ und $\bar{t}$ die arithmetischen Mittelwerte über das Fenster. Der Koeffizient cc erreicht genau dann den maximal möglichen Wert 1, wenn das Fenster f mit der Schablone t identisch ist, oder sich durch einen beliebigen Faktor c und Offset o aus ihr ergibt ($f = ct + o$).

Abbildung 8.2.c zeigt das Ergebnis für die *Autokorrelation* des Originalbildes 8.2.a mit der aus ihm entnommenen Schablone 8.2.b. In Abb. 8.3.c sieht man die *Kreuzkorrelation*, wo das zweite Bild der Videosequenz 8.3.a mit derselben Schablone aus dem ersten

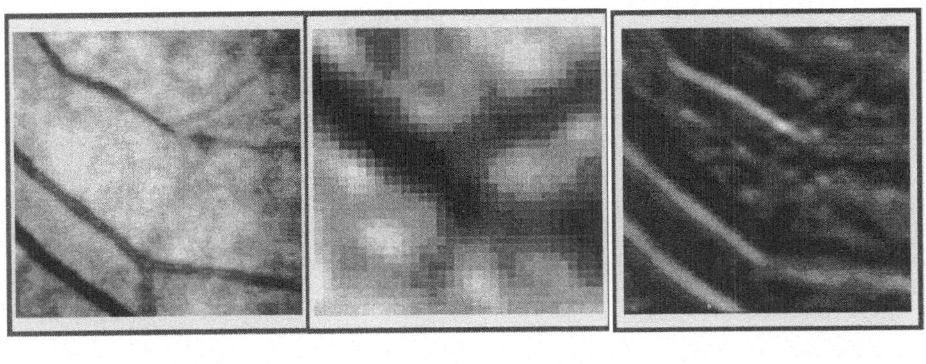

(a) Originalbild   (b) Schablone   (c) Ergebnis

Abbildung 8.3: Template-Matching: Kreuzkorrelation

Bild verglichen wird. In beiden Fällen (Abb. 8.2.c und 8.3.c) kann man deutlich ein *ausgeprägtes Maximum* an der Position der Gefäßverzweigung erkennen. Diese wurde also durch die Korrelationsmethode eindeutig lokalisiert. Die Methode ist gut geeignet, *translatierte* und *radiometrisch linear skalierte* Muster aufzufinden. Sie ist nicht invariant gegenüber folgenden Veränderungen: Rotation, Maßstabsänderung, nichtlineare radiometrische Verzerrung.

8.1.2 Klassifikation

Das Thema der Klassifikation ist mehr oder weniger versteckt bereits an mehreren Stellen in diesem Buch aufgetaucht (Kapitel 3.11.1, 3.11.2, 7.2.2.2). Wir wollen nun im Zusammenhang mit dem Beispiel der shapes-Bilder aus Kapitel 7.1 noch einmal darauf zurückkommen. Wenn wir in Kapitel 7.1 constraints gesucht haben, die aus mehreren Form*merkmalen* aufgebaut waren, und der Unterscheidung zwischen verschiedenen geometrischen Formen (Quadrat, Kreis, Dreieck, usw.) dienen sollten, so haben wir eigentlich nichts anderes getan, als einen bestimmten Merkmalsraum (3-dim.: ELONGATION E, COMPACTNESS C, MBR-FILL F, vgl. Tabelle 7.1) ausgewählt, und diesen händisch aufgeteilt.

Allgemeiner können wir sagen, daß in einem auf Klassifikation beruhenden Matchingverfahren zu jedem (Bild- oder Szenen-) Objektmodell gewisse Merkmale, deren Sollwerte und deren Varianz gespeichert sind. Für jedes zu klassifizierende Objekt werden nun diese Merkmale erhoben, der zugehörige Punkt im Merkmalsraum wird aufgesucht, und das zu diesem Ort am besten passende Modell (= die nächstliegende Klasse) wird ausgewählt. Für diese Klassifikation können natürlich verschiedene Verfahren (z.B. maximum likelihood oder Neurale Netze) verwendet werden.

8.1.3 Relational Distance Matching

Während im vorangegangenen Abschnitt nur Merkmale von Objekten, also deren Attribute oder unäre Relationen für das Matching herangezogen wurden, soll nun noch ein Verfahren besprochen werden, in dem *Relationen zwischen Objekten* miteinander verglichen werden. In diesem in [Sha84] und [HS93a] beschriebenen Verfahren wird eine relationale Beschreibung von Objekten anhand von *Relationen zwischen* ihren *Teilen* erreicht. Abbildung 8.4 (nach [HS93a], S.461) zeigt ein einfaches Beispiel, wo die beiden Relationen *Verbindung* und *Parallelität* für drei verschiedene einfache Modelle M1 bis M3 betrachtet werden.

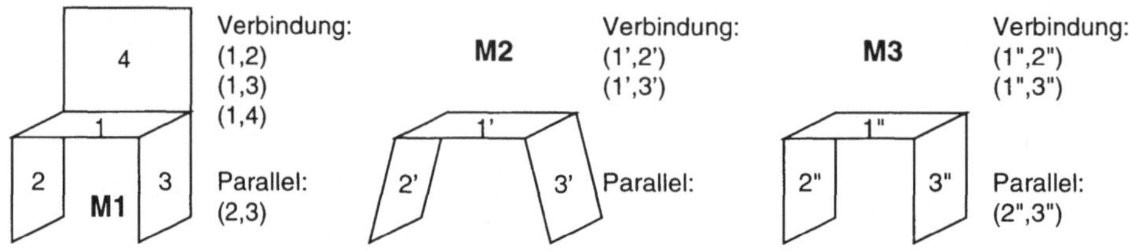

Abbildung 8.4: Relational distance Matching (nach [HS93a], S.461)

Für jedes der Objekte wird die relationale Beschreibung aufgebaut, und das Matching erfolgt dann über die Berechnung der *'relational distance'*: Identische Relationen in zwei Beschreibungen werden nicht beachtet, jede nicht vergleichbare Relation erhöht die „relationale Distanz" zwischen den beiden Beschreibungen um 1. Wären etwa der Sessel M1 und der Hocker M2 aus Abb. 8.4 zwei Objektmodelle, und M3 das vom bildverstehenden System in der Szenenbeschreibung gefundene Objekt, so könnte M3 nicht eindeutig gematcht werden, da seine relational distance sowohl zu M1 als auch zu M2 gleich 1 ist (siehe [HS93a], Kapitel 18.4.1 zum 'relational distance matching').

8.2 Kontrolle

Wenn ich hier von „Verstehen durch Kontrolle" spreche, so meine ich den Top-Down Vorgang, den Winston [Win84] als 'controlled hallucination' beschrieben hat. Diese Situation kann entweder eintreten, wenn in einem System von vorneherein von einer bestimmten Vorstellung ausgegangen wird (reines Top-Down), oder indem in einem bildverstehenden System durch zuvor erfolgte (Bottom-Up) Verarbeitungsschritte gewisse Hypothesen gebildet wurden und diese nun (Top-Down) verifiziert werden sollen. In diesem Schritt des Verstehens durch Kontrolle wird also nach denjenigen Bildobjekten, Merkmalen oder Szenenobjekten gesucht, die eine bestimmte Hypothese erhärten.

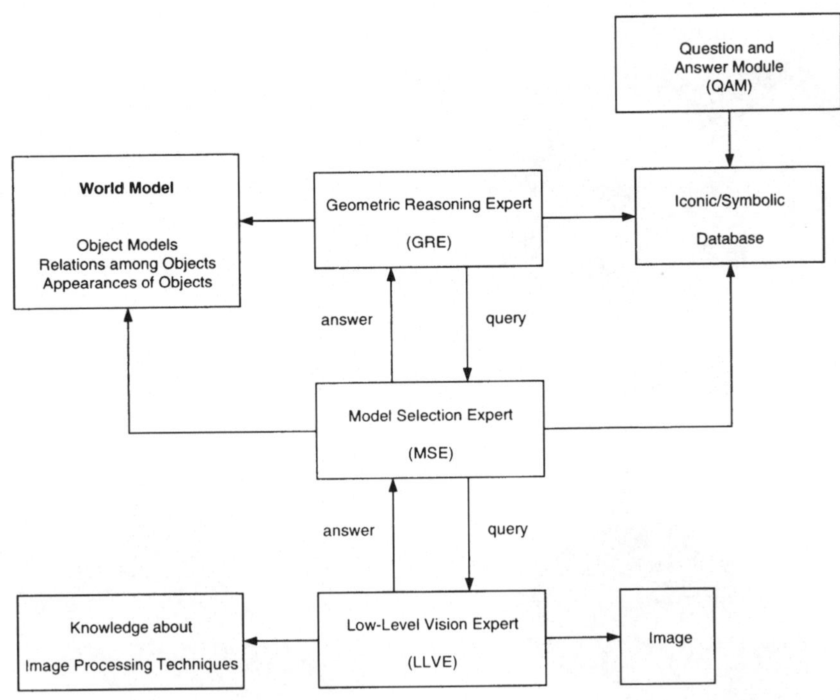

Abbildung 8.5: Die Architektur von SIGMA (nach [MH90], S.36)

Viele der bekannten bildverstehenden Systeme enthalten eine derartige Top-Down Kontrollkomponente. Im VISIONS System gibt es die 'object hypothesis maintainance strategy' (OHM, [DCB⁺89]), die versucht, einmal aufgetauchte Hypothesen aufrechtzuerhalten und durch Beschaffung zusätzlicher Informationen zu erhärten. Die OHM Strategie ist auch Bestandteil des KBVision Knowledge Module [Ameb]. Im SIGMA System, dessen Architektur Abb. 8.5 (nach [MH90], S.36) zeigt, gibt es drei verschiedene „Experten" auf verschiedenen Abstraktionsebenen: den Low-Level Vision Expert (LLVE), den Model Selection Expert (MSE) und den Geometric Reasoning Expert (GRE). Ein Experte auf einer höheren Ebene kann aufgrund seiner Hypothesen jeweils *Anfragen* an den darunterliegenden Experten richten. Im Vision Expert System VES ([Pin89], siehe auch Kapitel 6.2.4 und 7.2.2.1) wird aufgrund der zu Beginn der Verarbeitung vorgegebenen Suche nach Bäumen eine Kette von Prozessen aktiviert, die nach bestimmten Bildobjekten und Bildmerkmalen sucht und eine auf die Fragestellung abgestimmte Szenenbeschreibung erstellt.

Wenn einmal eine Hypothese für ein bestimmtes Objekt vorhanden ist, so kann *Wissen über dieses Objekt* in den weiteren Verarbeitungsvorgang eingebracht werden. Dies wollen wir an einem einfachen Beispiel, den Dominosteinen aus Abb. 8.6.a, demon-

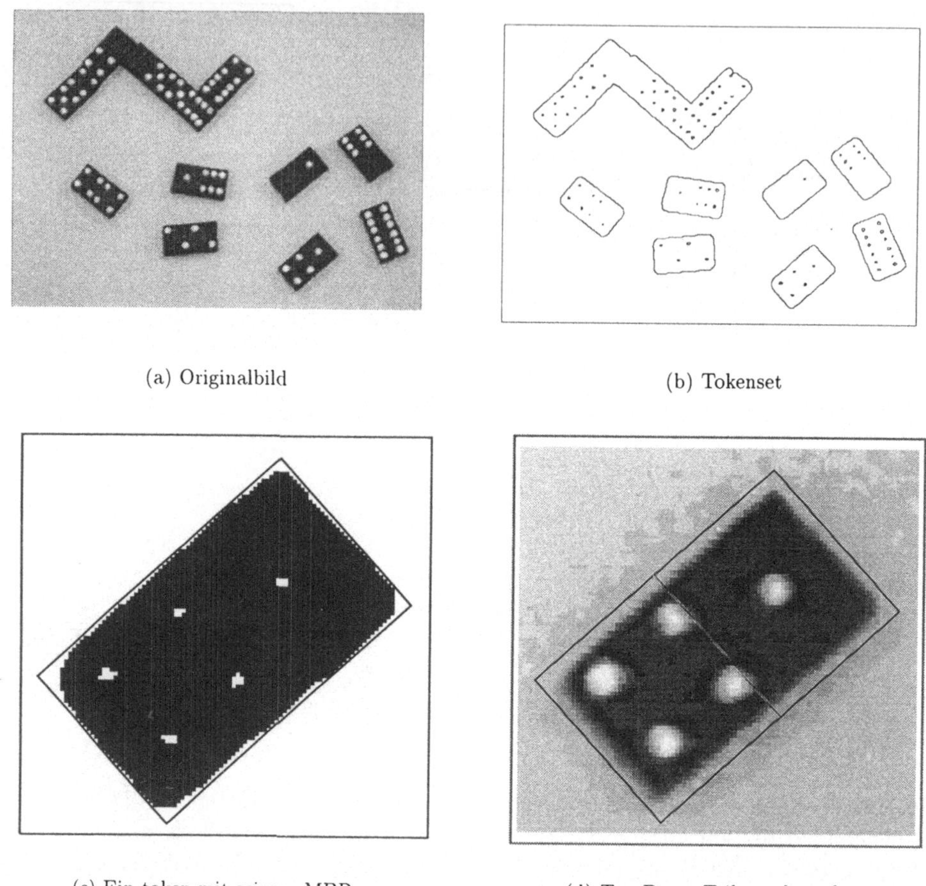

(a) Originalbild   (b) Tokenset

(c) Ein token mit seinem MBR   (d) Top-Down Teilung des tokens

Abbildung 8.6: Einbringen von Wissen in den Segmentationsprozeß

strieren. Nach einer flächenbasierten Segmentation des Bildes (siehe Kapitel 6.2) ist das tokenset Abb. 8.6.b entstanden. Nun können isoliert liegende Dominosteine als tokens mit einer bekannten Aspektratio AR des Minimum Bounding Rectangle MBR ($AR_{MBR} = |\log \frac{Breite}{H\ddot{o}he}| \approx 0.3$) erfaßt werden. Abbildung 8.6.c zeigt ein solches token und sein MBR. Auch die Augen des Steins können einfach über die 'number of holes' – Anzahl der Löcher in der bitmap – bestimmt werden. Diese Zahl liefert ein weiteres constraint: für korrekt segmentierte Dominosteine muß sie zwischen 0 und 12 liegen. Bis zu diesem Punkt haben wir einen Bottom-Up Segmentierungs- und Gruppierungs-vorgang beschrieben, der mit einer Szenenbeschreibung für Dominosteine abgeschlossen wird. Die Augenzahl legt jedoch noch nicht fest, um welchen Typ Stein (im Beispiel

Abb. 8.6.c ein 4–1 Stein mit 5 Augen) es sich handelt. Dazu muß der Stein erst in seine beiden Hälften unterteilt werden. Die Trennlinie zwischen diesen Hälften ist jedoch *in den Bilddaten nicht vorhanden* und kann deshalb auch nicht aus ihnen gewonnen werden. Erst ein (Top-Down) Prozeß, der Wissen über Dominosteine einbringt, und das token aus Abb. 8.6.c in zwei Hälften teilt, bringt die Möglichkeit, über die bereits zuvor besprochenen Gruppierungsmechanismen die korrekten Augenzahlen beider Hälften zu bestimmen. Das Ergebnis eines solchen Prozesses zeigt Abb. 8.6.d, wo das geteilte MBR dem Originalbild überlagert ist.

8.3 Lernen

Ein Hauptproblem bei allen komplexeren bildverstehenden Systemen ergibt sich aus der Notwendigkeit, alle Komponenten für die entsprechende Anwendung jeweils entwickeln oder zusammenstellen zu müssen. Aufgrund der sehr komplexen Repräsentationsformen und Prozeßabläufe entsteht sehr schnell eine Situation, die ein „händisches" Erstellen des Systems durch den Entwickler nicht mehr zuläßt (vgl. dazu das „Repräsentationsproblem", Kapitel 4.1, und den Wissenserwerb bei Expertensystemen, Kapitel 4.2). Aus diesem Grund beschäftigt man sich mit Methoden, das System das nötige Wissen automatisch lernen zu lassen. In diesem Buch wurde Training und Lernen mit und ohne Lehrer schon an einigen Stellen angesprochen (vgl. überwachte und nicht überwachte Klassifikation, Kapitel 3.11.2, und Lernen bei Neuralen Netzen, Kapitel 4.6.1.3). Hier fragen wir nun nach dem Bezug zwischen „Verstehen" und „Lernen". Dieser kann auf zweierlei Art hergestellt werden:

- Lernen von Objektmodellen und

- Lernen von Verarbeitungsabläufen.

Beim Lernen von *Objektmodellen* geht es darum, das System anhand von Beispielen geeignete Beschreibungen für Klassen von Objekten (=Modelle) finden zu lassen. Dies kann auf allen Repräsentationsebenen und auf verschiedene Arten geschehen. In Kapitel 7.2.2.1 haben wir gesehen, wie eine *verteilte Repräsentation* in einem neuralen Netzwerk als geeignetes Modell für Repräsentation und Erkennung von Baumarten benutzt wird. In [PL93] wird ein Ansatz beschrieben, in dem aus einem Bild ein attributierter *'image graph'* erzeugt wird. Verschiedene solche image graphs sind dann der Input für den eigentlichen Lernprozeß, in dem ein 'model graph' (*symbolische Repräsentation*) entsteht. Das Erkennen eines neuen Objektes erfolgt durch Vergleich seines image graphs mit dem model graph. Um sinnvoll angewendet werden zu können, muß also gemeinsam mit dem Modell auch ein geeignetes Matchingverfahren gelernt oder zur Verfügung gestellt werden.

In vielen Fällen wurde bei der Entwicklung von bildverstehenden Systemen von vorgegebenen Repräsentationsformen ausgegangen, die das System benutzen sollte, sodaß sich eine erste Komplexitätsbarriere bei der Vielfalt und daher nötigen Auswahl der Prozesse ergab. Deshalb gibt es einige Ansätze, diese Systeme die günstigsten *Verarbeitungsabläufe* lernen zu lassen. Im Schema Learning System (SLS, [DHR93, Dra93]) wird von Bildbeispielen ausgegangen, und die zu lernenden Objektklassen werden angegeben (supervised learning). Das System lernt die beste 'object recognition strategy', eine Kette von Prozessen, die dann im Anwendungsfall fertig vorbereitet und abrufbar ist. Aloimonos [AS89a] beschreibt ein System für die 'low-level' Bildverarbeitung, das versucht, den Bezug zwischen dem Bild und einfachen parametrischen Modellen durch Lernen der Parameter herzustellen. Das Cresceptron [WAH93] basiert auf einer Architektur von hierarchischen neuralen Strukturen, die sich während des Lernens adaptiert.

Kapitel 9

Epilog

Trotz sehr großem Enthusiasmus für das Gebiet 'Vision', der unter anderem durch viele Fachkonferenzen und mehrere einschlägige Journale mit einer wahren Flut an wissenschaftlichen Publikationen belegt werden kann, hat es vor allem in den letzten Jahren verstärkt Kritik an den bisher erreichten Ergebnissen gegeben, zu der ich zwei Beispiele geben will. In der Zeitschrift "CVGIP: Image Understanding" wird von R.C. Jain und T.O. Binford unter dem Titel "Ignorance, Myopia, and Naiveté in Computer Vision Systems" [JB91] ein konstruktiver Dialog eröffnet, auf den von zwei anderen führenden amerikanischen Vision-Labors geantwortet wird ([Sny91, AR91b]). Ein anderer Artikel von T. Pavlidis zum Thema "Why progress in machine vision is so slow" [Pav92] schlägt in die selbe Kerbe. Derartige konstruktive Bemühungen versuchen, die im Vergleich zu den gesteckten Zielen zum Teil recht moderaten Fortschritte der letzten 15 Jahre, sowie die damit verbundenen Sackgassen aufzuzeigen, um so neue Wege in diesem interessanten Forschungsbereich zu eröffnen. Andererseits wird auch über große Erfolge berichtet, wie beispielsweise einen mit Kameras bestückten Kleintransporter, der in der Lage ist, *autonom* längere Strecken auf deutschen Autobahnen – bei normalem Verkehr und Geschwindigkeiten von rund 80 km/h – zu befahren [DBB$^+$93]. Damit sind wir direkt bei den Fragen, die in diesem Epilog behandelt werden sollen: Warum gab es teilweise geringe Fortschritte? Wie kommt es zu derartig spektakulären Erfolgen? Was sind die aktuellen Ansätze in der Forschung? Welche Wege werden in Zukunft beschritten? Wir wollen zum Abschluß dieses Buches einige Aspekte zu diesen Fragen aufzeigen.

Komplexität des Sehens: In [Tso87, Tso90] untersucht J.K. Tsotsos in einem komplexitätstheoretischen Ansatz, welcher rechnerische Aufwand zur Lösung des allgemeinen Problems des „Sehens" benötigt wird, und weist nach, daß es sich um ein NP-vollständiges Problem handelt. Tsotsos skizziert Einschränkungen in der Form von stufenweiser Anwendung verschiedener constraints (rezeptive Felder, ausgewählte Arten von tokens, Reduktion der Auflösung), um schließlich ein aus Sicht der Komlpexität lösbares Problem zu erhalten. Dieser Mechanismus kann auch zur Steuerung der *Aufmerksamkeit* (attention) benutzt werden [Tso92, CT92], was generell ein aktuelles Forschungsthema darstellt: Auf welchen Teil der Szene soll ein aktiver Sensor blicken? Welcher Teil eines Bildes soll genau untersucht werden? (z.B. [Bur88, RB92])

Statische Bildinterpretation: In der Vergangenheit wurden, ausgehend vom Marr-Paradigma, große und relativ starre Systeme geschaffen, die oft auch den Anspruch erhoben, zumindest von ihrer Architektur allgemeine, also anwendungs- und problemunabhängige, bildverstehende Systeme zu sein. Überdies waren sie meist nur für die statische Bildinterpretation (isolierte Interpretation eines Bildes) ausgelegt. Da jedoch bei der Aufnahme des Bildes (3D $\rightarrow$ 2D) immer Information verlorengeht, können solche Systeme dem Anspruch, das 'ill-posed problem' [CY90] der Rekonstruktion (2D $\rightarrow$ 3D) zu lösen, nicht gerecht werden. Generell wird von vielen Forschern der *Rekonstruktions*-Ansatz (vgl. 'reconstruction' school, Kapitel 5) als falsch angesehen. Ich habe im Vergleich zwischen *Interpretation* und *Messen* in Kapitel 7.2 auch diese Ansicht vertreten.

Active Vision: Mit diesem Begriff ist der Name Y. Aloimonos und die Publikation [AWB87] untrennbar verbunden, aber auch R. Bajcsy hat diese Idee sehr früh verfolgt [Baj88a, Baj88b]. Aloimonos stellt fest: "Problems that are ill-posed, nonlinear or unstable for a passive observer become well-posed, linear or stable for an active observer". Die grundlegende Idee besteht darin, das System *aktiv* zu machen, es die Parameter verändern zu lassen (z.B. Aufnahmeposition, Beleuchtung, Bewegung), und Lösungen ausprobieren zu lassen. Dieser Komponente entspricht am ehesten der Prozeß „Interaktion" in unserem Systemmodell Abb. 5.13, aber auch die „Kontrolle", die verschiedene Parameter der anderen Prozesse beeinflussen kann. Das 'active vision' Paradigma wird inzwischen von vielen Forschern weiterverfolgt und die bisherigen Resultate untermauern obige Feststellung von Aloimonos. Tsotsos hat – wiederum komplexitätstheorethisch – untersucht, in welchen Fällen ein aktives System weniger Rechenaufwand benötigt als ein passives [Tso92]. Natürlich hängt active vision wiederum eng mit visueller Aufmerksamkeit und Fokussierung der Aufmerksamkeit zusammen.

Purposive Vision: Die Erfahrungen mit den großen, starren Systemen der Vergangenheit haben gezeigt, daß die Vorstellung eines allgemeinen bildverstehenden Systems, zumindest nach derzeitigem Stand der Technik, unrealistisch ist. Große Erfolge lassen sich jedoch erzielen, wenn man stark vereinfachte Ansätze verfolgt, wo nicht der Anspruch erhoben wird, daß die Szene „verstanden" wird. Vielmehr wird, je nach Aufgabenstellung und Anwendungsgebiet, *zielorientiert* vorgegangen. Man modelliert den zu lösenden Vorgang, extrahiert möglichst einfache Parameter und verwendet diese direkt für den gewünschten Output des Systems. Schon Marr beschreibt (in [Mar82], S.32ff) das ganz einfache visuelle System der Fliege, das aus nur fünf voneinander unabhängigen, sehr einfachen und schnellen Prozessen besteht, mit denen die Fliege aber alle Aufgaben (Starten, Fliegen,

Landen in allen Orientierungen, Paarung) perfekt ausführen kann. In der technischen Lösung fragt man also nach der *Aufgabe*, die das System erfüllen soll und nach den *Hilfestellungen*, die die visuelle Information bieten kann. Die Verarbeitungen werden auf die Extraktion dieser *tatsächlich benötigten Information* beschränkt. So ist es beispielsweise unnötig, die genaue 3D Form eines Objektes zu kennen, das für einen bestimmten Zweck benutzt werden soll – es genügen oft einige *Eigenschaften* [AR91a]. Dies führt uns direkt zum nächsten Ansatz: 'qualitative vision'.

Qualitative Vision: In vielen Fällen ist es völlig ausreichend, bestimmte Informationen nur unvollständig oder *ungenau* zur Verfügung zu haben. Wenn sich etwa ein autonomes Fahrzeug ausschließlich vorwärts bewegt, und die Kamera genau in diese Richtung zeigt, so entsteht der Eindruck, daß sich in aufeinanderfolgenden Kamerabildern alle Punkte sternförmig von einem Zentrum (*'focus of expansion', 'FOE'*) nach außen bewegen. Kommen noch andere Bewegungen (Rotation, Translation, andere bewegte Objekte in der Szene) dazu, so wird es extrem aufwendig, den FOE exakt zu bestimmen. In [BB91b] argumentieren die Autoren, daß dies für die erfolgreiche Navigation jedoch gar nicht nötig ist, führen das Konzept eines 'Fuzzy FOE', der nur ungefähr lokalisiert wird, ein, und reduzieren dadurch die Komplexität beträchtlich.

Man sieht aus den vorangegangenen Absätzen, daß die Begriffe 'active', 'purposive', 'qualitative' und 'dynamic' stark miteinander verwoben sind und gut die aktuellen Forschungsrichtungen im Bildverstehen beschreiben, sodaß es auch eine Vielzahl an Artikeln und weiterführender Literatur zu diesem Thema gibt, etwa "Purposive and Qualitative Active Vision" [Alo90] (siehe dazu z.B. [Alo91, AR91a, CVG92, Alo93]).

Information Fusion: In meinen eigenen wissenschaftlichen Arbeiten der letzten Jahre habe ich den Ansatz der 'information fusion', also der Verschmelzung von Information aus verschiedenen Quellen, verfolgt. Aus diesem Grund gibt es nicht nur einen eigenen Platz für den Prozeß der „Fusion" im Systemmodell Abb. 5.13, ich will nachfolgend in den letzten beiden Abschnitten dieses Buches noch ein wenig auf diesen Ansatz eingehen, und das Modell der Fusion und zwei Anwendungen präsentieren.

Abschließend möchte ich noch einige Worte an Sie, den Leser meines Buches, richten. Wenn Sie tatsächlich bis hierher gelesen haben, dann freut mich das sehr! Ich hoffe, daß es mir mit diesem Buch gelungen ist, Ihnen einen Überblick über ein sehr heterogenes und dynamisches Forschungsgebiet zu geben, daß das Lesen hin und wieder auch Spaß gemacht hat, und daß noch ein bißchen vom „Abenteuer Vision" für Sie übriggeblieben ist, sodaß Sie sich vielleicht in die eine oder andere weiterführende Literatur vertiefen wollen. Ich glaube auch, daß die Auswahl des Stoffes so erfolgt ist, daß einerseits der aktuelle Stand der Forschung abgedeckt werden konnte, andererseits sich die Inhalte von grundlegender bleibender Bedeutung erweisen werden, sodaß das Buch auch in einigen Jahren noch einen Platz in der Literatur haben kann. Schließlich wünsche ich mir, daß Sie meinen Eindruck teilen: Es bleibt noch viel zu tun!

9.1   Fusion und 'Active Fusion'

Der Begriff „Fusion" wird hier in der Bedeutung 'Information Fusion in Image Understanding' [PB92a] verwendet. Wir untersuchen also die Zusammenführung von verschiedenen Informationen in bildverstehenden Systemen und fassen damit den Begriff weiter als beispielsweise 'Sensor Fusion'. Die einfachste Interpretation des Fusion-Prozesses zeigt Abb. 9.1: Ein System hat aus mehreren Quellen (verschiedene Sensoren, Bilder oder Prozesse) *mehrere Szenenbeschreibungen* erhalten. Diese werden dann durch den Prozeß der Fusion zu einer Weltbeschreibung zusammengefaßt. Das bedeutet, daß der Zusammenhang mehrerer 3-dimensionaler Szenenkoordinatensysteme in einem 4-dimensionalen Weltkoordinatensystem hergestellt werden muß (z.B. räumlich teilweise überlappende Szenen, ein Objekt zu verschiedenen Zeitpunkten in verschiedenen Szenen). Neben dieser unmittelbar einsichtigen Bedeutung des Begriffs „Fusion" sollen hier noch weitere Zusammenhänge diskutiert werden, die schließlich in das modifizierte Systemmodell der 'Active Fusion' münden.

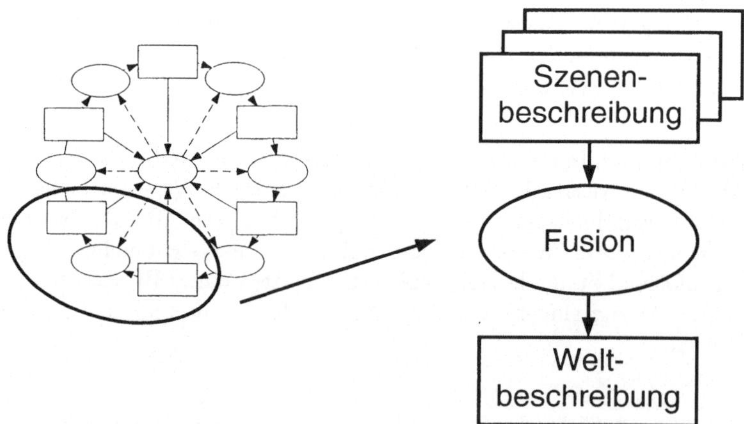

Abbildung 9.1: Fusion als Integration mehrerer Szenenbeschreibungen

Ausgangspunkt unserer Überlegungen ist die Feststellung, daß beim Bildaufnahmeprozeß ('world → image mapping') in jedem Fall *Information verloren* gehen muß. Wenn man dann den visuellen Wahrnehmungsprozeß als eine Umkehr der Abbildung Welt

$\rightarrow$ Bild betrachtet, so wird klar, daß dieser nicht mehr eindeutig vollzogen werden kann. Dies wird in der Literatur auch als 'ill-posed problem' bezeichnet (z.B. [CY90]). Die übliche Vorgangsweise, dennoch eine Lösung zu erhalten, ist, die möglichen verschiedenen Konfigurationen der Welt durch Anwendung plausibler *constraints* so lange sukzessive einzuschränken, bis nur mehr eine Lösung übrigbleibt. Wenn man sich dabei auf einen einzigen Verarbeitungspfad verläßt, und nur eine der einschränkenden Annahmen nicht zutrifft, so muß sich eine Fehlleistung des Systems ergeben. Dies wurde schon frühzeitig erkannt und führte einerseits zu Systemen mit sehr speziellen, eingeschränkten Anwendungsbereichen, sodaß alle constraints mit ausreichender Sicherheit getroffen werden konnten, andererseits zu der Idee, *mehrere Verarbeitungspfade* zu benutzen: 'Integration of Visual Modules' [AS89b], 'The need for Data Fusion' ([CY90], Kapitel 1.4), 'Data Fusion in Robotics and Machine Intelligence' [AG92], 'Integration of Methodologies' [Pav92], 'Consensus Vision' [MMMR90]. Allgemein kann man feststellen, daß das 'ill-posed problem' durch *Kombination von Information aus mehreren Quellen* in vielen Fällen eindeutig gelöst werden kann. Mögliche derartige Quellen sind:

- Verschiedene Sensoren,

- mehrere Eingabebilder,

- verschiedene visuelle Module,

- mehrere Prozeßketten und

- zusätzliche, eventuell nicht bildhafte Information.

Diese Informationsquellen sind Input in den *Fusion-Prozeß*, dessen Output eine neue, bessere (kompletter, eindeutig, weniger Fehler) Beschreibung darstellt. Diese erweiterte Sicht der Fusion und des Fusion-Modells ist in [PB92a, PB92d] publiziert worden.

Allerdings würde ein derartiges, auf Fusion basierendes System sehr rasch an Komplexitätsgrenzen stoßen, wenn *zu viele* Informationsquellen verarbeitet werden müssen. Deshalb sollten zwar einige verschiedene Sensoren benutzt und einige Prozeßketten verfolgt werden, jedoch *nicht mehr als nötig*. Aus dieser Überlegung resultiert die Idee der *aktiven Fusion*, die wichtige Aufgaben in der Kontrolle des bildverstehenden Systems übernimmt, und *aktiv* die *nötigen Informationsquellen* anfordert. Dies führt zu dem modifizierten Systemmodell des Bildverstehens in Abb. 9.2. Durch mehrfache Kästchen soll angedeutet werden, daß mehrere Datenquellen und Prozesse verwendet werden. Der Fusion-Prozeß benötigt auch Informationen von niedrigeren Repräsentationsebenen (Bild und Bildbeschreibung), und der Kontrollfluß geht von der aktiven Fusion zu dem nun untergeordneten Kontrollprozeß (siehe auch [BPS93]).

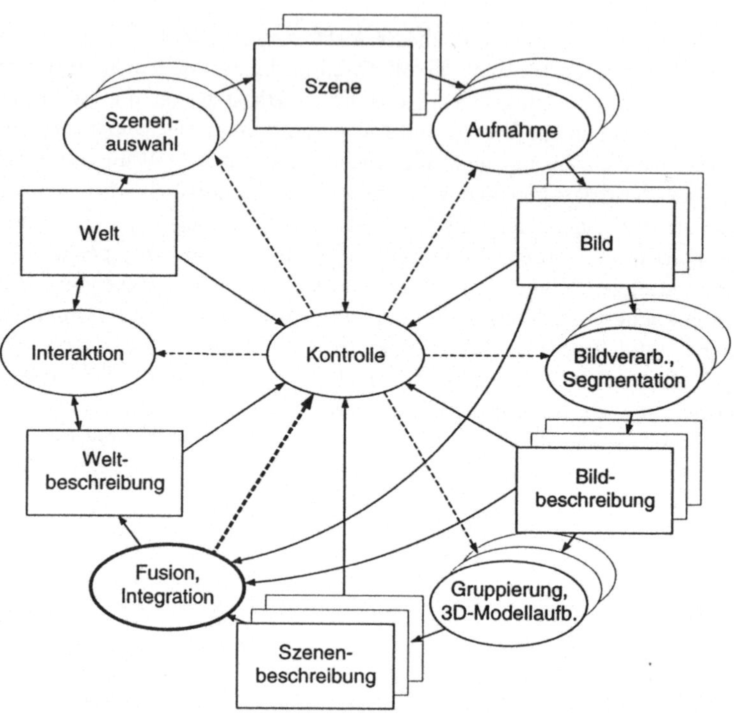

Abbildung 9.2: Modifiziertes Systemmodell mit aktiver Fusion

9.2 Fusion in Medizin und Fernerkundung

Nachfolgend will ich noch zwei Anwendungen des zuvor besprochenen Fusion-Modells vorstellen. Es handelt sich um eigene wissenschaftliche Arbeiten, die in Zusammenarbeit mit Dr. Peter Datlinger von der 1. Universitäts-Augenklinik Wien und mit Dipl.Ing. Renate Bartl und Univ.Doz.Dr. Werner Schneider von der Universität für Bodenkultur Wien entstanden sind. Ich möchte mich bei diesen ForscherInnen herzlich für die hervorragende Zusammenarbeit bedanken!

9.2.1 Diagnose und Therapie der altersbedingten Makuladegeneration

Ausgangsmaterial sind mit einem Scanning Laser Ophthalmoskop (SLO) [Nas91] aufgenommene Bilder der Netzhaut des Patienten. Diese Bilder entstehen durch Verwendung verschiedener Wellenlängen (infrarot, rot, blau Reflexionsbilder) und durch zwei verschiedene Angiographie-Verfahren (Fluoreszenz- und Indocyanin-Angiographie). Zusätzlich stehen Daten von einer Skotometrie-Untersuchung zur Verfügung. Das ist eine „funktionelle Fundusanalyse", bei der die Netzhaut an einzelnen Punkten gereizt wird, und der Patient angibt, ob er den Reiz wahrnimmt.

Alle Daten können von mehreren Zeitpunkten, in verschiedenen Stadien der Erkrankung, sowie vor und nach Anwendung von Therapien vorliegen. Da es während der Untersuchung zu Augenbewegungen kommt, sind Translationen, Rotationen und Skalierungsunterschiede zwischen den einzelnen Bildern möglich. Jede Datenquelle betont andere wichtige Merkmale des gesamten Krankheitsbildes, und erst eine *Integration* aller Merkmale erlaubt eine genaue Diagnose und die Festlegung der günstigsten Therapieform.

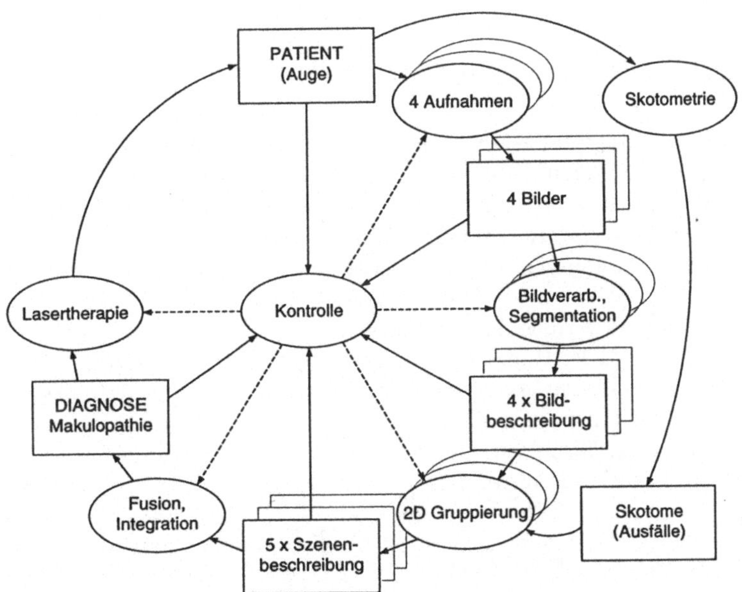

Abbildung 9.3: Fusion in der Augenheilkunde

Aus dem bisher Beschriebenen ist bereits klar ersichtlich, daß es sich hier um eine ideale Anwendung für 'Information Fusion' handelt. Um ein Ergebnis zu erhalten, das der Augenarzt für Diagnose und Therapie optimal einsetzen kann, sind verschiedene Arbeitsschritte nötig, die wir zum Teil schon in früheren Abschnitten dieses Buches für Bildbeispiele verwendet haben. Wir beziehen uns daher nachfolgend auf einige dieser Bilder (Beispiele für das Originalbildmaterial zeigen z.B. Abb. 3.13.a-c). Aus den Bil-

dern müssen die benötigten *Merkmale extrahiert* werden (z.B. helle blobs Abb. 3.46).
Die Skotometrie-Daten müssen in räumlichen Bezug zu den Bildern gebracht werden
und größere zusammenhängende Flächen ohne visuelle Funktion müssen dargestellt
werden. Sind schließlich alle relevanten Merkmale vorhanden, so müssen sie *zusammen-
geführt* und in geeigneter Form *visualisiert* werden. Eine Voraussetzung dafür stellt die
identische Geometrie aller Daten dar, die durch *Entzerrung* (Abb. 3.13.d) erreicht wird.
Dargestellt wird dann eine *„Landkarte der pathologischen Veränderungen"* ('map of pa-
thological changes') gemeinsam mit wichtigen anatomischen Merkmalen (z.B. Fovea).
Dies geschieht in Form einer färbigen graphischen *Überlagerung* der Merkmale ähnlich
wie in Abb. 3.13.d (siehe dazu auch [PD92a, PD92b, DPP$^+$92, DP92, DPS$^+$92]).

In Abb. 9.3 ist dargestellt, welche Teile unseres Systemmodells bei dieser Anwendung
benutzt werden. Besonders interessant ist das Einbringen von anderen Prozessen und
Repräsentationen (Skotometrie).

9.2.2 Klassifikation von Satellitenbildern

In der Fernerkundung gibt es oft mehrere verschiedene Bilddaten zu einem Gebiet,
wie etwa Luftbilder, Satellitenbilder, unterschiedliche Aufnahmezeitpunkte und Bild-
maßstäbe. Vielfach ist es erwünscht, einen *Bezug* zwischen diesen Daten herzustellen,
um die gestellte Interpretationsaufgabe zu lösen. Wir wollen hier ein Beispiel geben,
wo ein Landsat-TM Satellitenbild (Abb. 9.4.a) und ein digitalisiertes MKF6 Foto (Abb.
9.4.b) bearbeitet werden. Beide Bilder zeigen ein Gebiet im Süden von Wien (südlich
von Wr. Neustadt), die große dunkle Fläche im Zentrum stellt einen Föhrenwald dar.
Die multispektrale MKF6 Kamera wurde im Rahmen des AUSTROMIR-Projektes im
Oktober 1991 an Bord der russischen Weltraumstation MIR benutzt. Sie liefert sechs
monochrome Bilder für sechs verschiedene Spektralkanäle, die mit einer Pixelgröße von
etwa 50m × 50m am Grund digitalisiert wurden (Landsat-TM: 30m × 30m). Abbildung 9.4 zeigt jeweils nahe Infrarotkanäle.

Die Bilder unterscheiden sich also sowohl in Maßstab ($\sim$ 1 : 1.6) und Orientierung
($\sim$ 95° Rotation), als auch in Bezug auf die spektrale Information. Beide Bilder wurden zunächst durch Anwendung von multispektralen Klassifikationsverfahren in vier
Landnutzungsklassen (Wasser, Wald, Landwirtschaft und bebautes Gebiet, vgl. Kapitel 3.11.2 und 7.2.2.2) klassifiziert. Wir wollen hier ausschließlich auf die *Fusion von
Waldgebieten* eingehen. Jede Klassifikation wird in einem tokenset abgespeichert, wo
jedem zusammenhängenden Waldgebiet ein constellation token in der Bildbeschreibung
entspricht. Token Merkmale werden erhoben, und tokens aus den beiden verschiedenen tokensets anhand ihrer Merkmale miteinander *verglichen*. Ausreichend ähnliche
tokens werden sodann gematcht (vgl. Kapitel 8.1). Zusätzlich zu diesem auf der Ähnlichkeit von Merkmalen basierenden Matching ist Wissen über die zugrundeliegenden
Szenen vorhanden: die räumlichen Zusammenhänge zwischen den tokens dürfen sich
nicht ändern, da sich ja keines der entsprechenden Objekte (Wald) zwischen den beiden

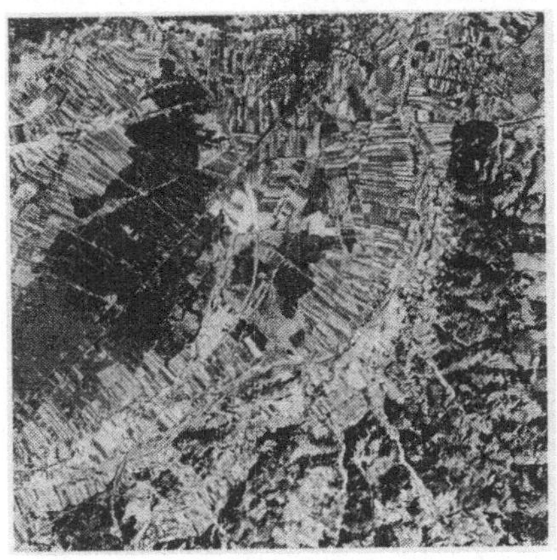

(a) Landsat-TM (Kanal 4, 0.76-0.9 μm)

(b) MKF6 (Kanal 6, 0.76-0.91 μm)

Abbildung 9.4: Nahe Infrarotkanäle der beiden Originalbilder

Aufnahmezeitpunkten bewegen kann. So kommen wir zu einer Weltbeschreibung, in der für ein Objekt (z.B. Wald-5) Relationen zu tokens in zwei verschiedenen Szenenbeschreibungen (z.B. Wald.1-5 in tokenset 1 und Wald.2-7 in tokenset 2) aufgebaut sind. Abbildung 9.5 zeigt miteinander korrespondierende Waldgebiete aus beiden Bildern.

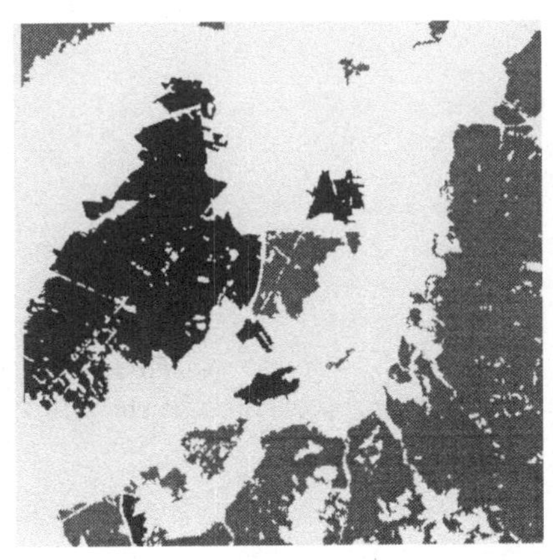

(a) Landsat-TM

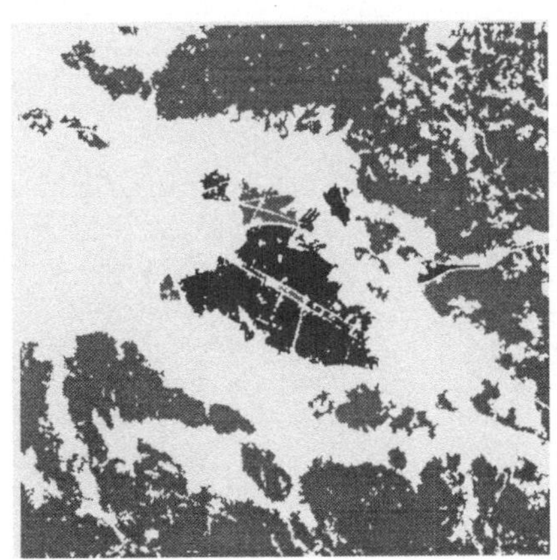

(b) MKF6

Abbildung 9.5: Ergebnis der Fusion: Korrespondierende Waldgebiete

In Abb. 9.6 ist wiederum dargestellt (vgl. Abb. 9.3), welche Teile unseres Systemmodells bei dieser Fernerkundungs-Anwendung benutzt werden. Diese Arbeiten werden
in folgenden Artikeln eingehender besprochen: [BP92a, BSP93, BPS93].

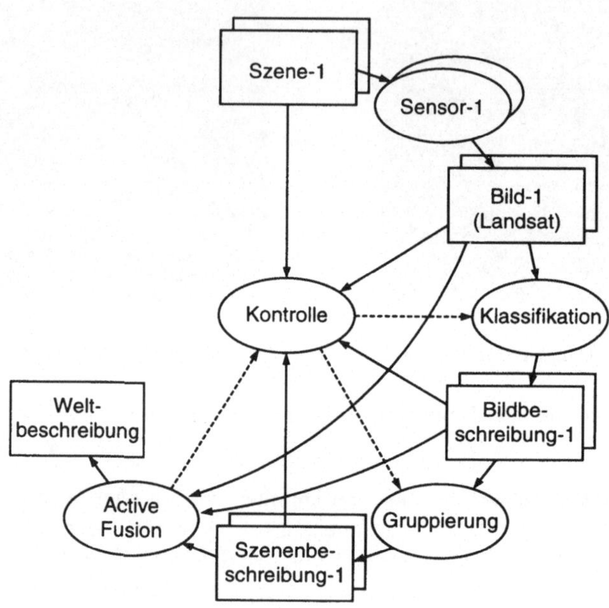

Abbildung 9.6: Fusion in der Fernerkundung

Anhang A

KBVision

Nahezu alle Abbildungen in diesem Buch sind mit dem *KBVision Softwaresystem* (eingetragenes Warenzeichen der Fa. Amerinex) erzeugt worden, was natürlich bedeutet, daß nahezu alle der besprochenen Verarbeitungen mit KBVision durchgeführt werden können. Auch die Laborübungen, die meine Vorlesung „Bildverstehen" an der TU Wien begleiten, werden unter KBVision abgehalten. An manchen Stellen im Buch finden sich auch Verweise und Anmerkungen zu verschiedenen KBVision tasks. Dennoch ist das gesamte Buch so verfaßt, daß es auch völlig ohne Zugang zu einem KBVision System gelesen und benutzt werden kann. Dieser Anhang soll solchen Lesern einen Eindruck der Fähigkeiten des Systems vermitteln.. Ich will hier nicht KBVision Handbücher erläutern, oder Anleitungen zur Bedienung des Systems geben, sondern Antworten auf folgende Fragen bieten:

- Was ist KBVision?

- Welche Module enthält es?

- Welche Datenstrukturen gibt es?

- Was kann man mit KBVision machen?

Das gesamte KBVision System stammt ursprünglich direkt vom VISIONS-System der University of Massachusetts ab [HR87]. Eine Gruppe von Mitarbeitern der UMass gründete die Firma Amerinex und begann das System kommerziell zu vermarkten. Wesentliche Teile – besonders die interaktiven Komponenten – wurden neu und benutzerfreundlicher gestaltet, die 'intermediate symbolic representation' ISR mit ihren tokens und tokensets und das Schema System wurden direkt übernommen.

KBVision ist ein Programmpaket für UNIX^{TM} Systeme, das aus einer großen Zahl (> 200) von einzelnen Programmen, sogenannten *tasks*, besteht. Alle diese Programme können direkt als UNIX Kommandos, oder auch aus anderen Programmen (z.B. Lisp) aufgerufen werden, es gibt aber für diesen Zweck auch das komfortablere interaktive „Execution Interface". Einige tasks sind interaktiv: Execution Interface, Image Examiner (Bildbetrachtung), Constraint System (Formulieren und Testen von constraints) und Knowledge Level Interface (Lisp Subsystem). Alle anderen tasks haben KBVision Datenstrukturen als Input- und Output-Schnittstelle.

KBVision wird in fünf verschiedene Module unterteilt, die auch separat erhältlich sind, und jeweils verschiedene Funktionalitätsbereiche abdecken:

1. KBView (Execution Interface, Image Examiner, grundlegende tasks),

2. Feature Module (intermediate symbolic representation ISR, Erzeugen von und Arbeiten mit tokensets),

3. Segmenter Module (verschiedene kantenbasierte und flächenbasierte Segmentationsverfahren),

4. Constraint Module (interaktives Constraint System, einige tasks zum Formulieren von constraints – Modul II in Abb. A.1) und

5. Knowledge Module (Lisp-basiertes Subsystem mit vielen Lisp Funktionen – Modul III in Abb. A.1).

Wirklich sinnvoll erscheint mir eine Aufteilung in einen „Basis-Modul" der die Module 1 bis 3 umfaßt (Modul I in Abb. A.1) mit zwei optionalen Zusatzmodulen (Module 4 und 5). Zu allen Modulen gibt es auch Programmierschnittstellen (C bzw. Lisp) und entsprechende Bibliotheken.

Die wesentlichsten KBVision *Datenstrukturen* sind *Bilder* (images) und *tokensets*. Es werden beliebige Bildformate unterstützt: Binär, Byte, Float, beliebige x- und y-Dimensionen, Multibilder (Farbe). Die Begriffe 'token' und 'tokenset' sind bereits in Kapitel 6.1 ausführlich erläutert worden. Diese *'intermediate symbolic representation (ISR)'* bietet vielfältige, datenbankähnliche Zugriffsmöglichkeiten auf tokens ('image events') und deren Merkmale.

Am schwierigsten dürfte die Frage nach der Funktionalität des Systems (*„Was* kann ich damit machen?") in wenigen Sätzen zu beantworten sein. Wir wollen daher exemplarisch einige Beispiele aus allen Funktionalitätsebenen geben.

Im Execution Interface kann man interaktiv auf tasks und Datenstrukturen zugreifen, tasks „programmieren" und ablaufen lassen. Die „Programmierung" einer task erfolgt dabei über das interaktive Setzen aller Parameter, die diese task benötigt (z.B. Glätten durch Faltung mit Gaußkern: Eingabebild, σ der Gaußverteilung, Ausgabebild). Wesentlich interessanter ist die Möglichkeit, sogenannte *'compound tasks'* zusammenzustellen, eine Art von batch-jobs, wo die Abfolge von einzelnen tasks festgelegt wird und die Schnittstellen zwischen den tasks angegeben werden. Compound tasks unterstützen

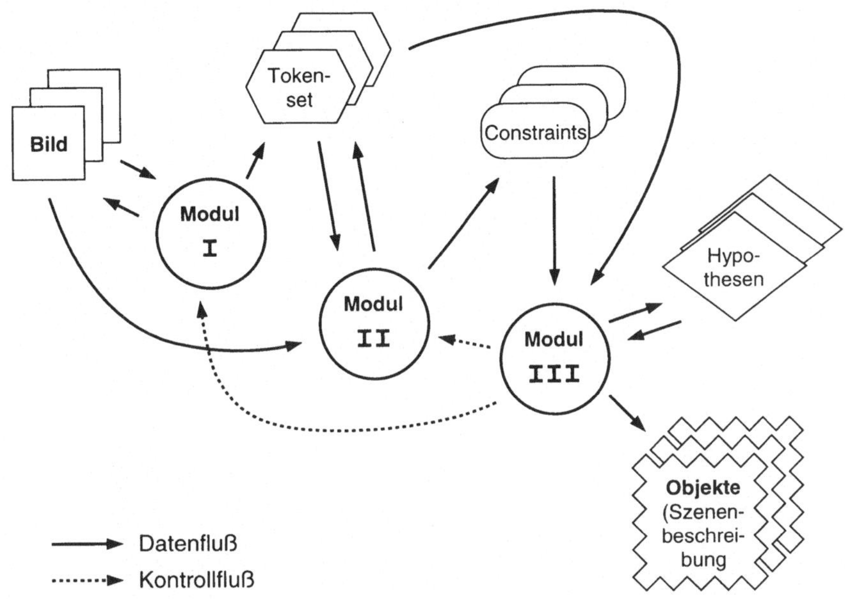

Abbildung A.1: Zusammenspiel der Komponenten des KBVision Systems

auch Parallelisierung (mehrere tasks laufen parallel), Schleifen (über Rekursion) und Schachtelung (compound tasks können andere compound tasks aufrufen).

Der *Image Examiner* ist ein wirklich universelles Werkzeug zum Betrachten und interaktiven Manipulieren von Bildern und tokensets. Neben Zoom und verschidenen Look-Up-Tabellen gibt es eine Vielzahl von sehr nützlichen Werkzeugen (z.B. 1D und 2D Histogramme, Profile, „dynamisches Einfärben" von bestimmten Merkmalen, Kopplung von mehreren Fenstern, Austausch von 'messages' zwischen Fenstern und vieles mehr).

Sind einmal tokensets erstellt und token Merkmale berechnet worden, so kann man mit dem *Constraint System* constraints auf diesen Merkmalen berechnen, ausprobieren und in einer weiteren, eigenen Datenstruktur abspeichern (vgl. Kapitel 7.1).

Für den *Knowledge Module* benötigt man zusätzlich zu den KBVision Modulen einen Lisp Interpreter, dessen Funktionalität dann erweitert wird. Tatsächlich ist der Knowledge Module nichts anderes als ein Lisp-image und man benötigt profunde Lisp Kenntnisse, um ihn sinnvoll bedienen zu können. Der Knowledge Module unterstützt neben dem Aufruf und der Kontrolle aller KBVision tasks auch noch Blackboards, Hypothesen und Schemas in der Art des Schema Systems [DCB+89].

Die Dokumentation des Systems in fünf Bänden umfaßt eine Einführung [Amed], ein Benutzerhandbuch [Amee], Dokumentation für C-Programmierung [Amec] und Anleitungen für Constraint- und Knowledge-Module [Amea, Ameb]. Abbildung A.1 gibt in stark vereinfachter Form einen Überblick über die verschiedenen Module und deren Zusammenspiel.

Literaturverzeichnis

[AG92]   M.A. Abidi und R.C. Gonzalez, Hrsg. *Data Fusion in Robotics and Machine Intelligence*. Academic Press, 1992.

[Ahn86]   P.K. Ahnelt. Das Mosaik der Netzhaut – Grundlage unserer Mustererkennung. In W.G. Kropatsch und P. Mandl, Hrsg., *Mustererkennung'86: Bildverarbeitung in den Geowissenschaften, Bildpyramiden*, Nr. 36 in OCG Schriftenreihe, p. 192–204. Oldenbourg, 1986.

[Alo90]   J. Aloimonos. Purposive and qualitative avtive vision. In *Proceedings of the DARPA Image Understanding Workshop*, p. 816–828. Morgan Kaufmann, 1990.

[Alo91]   J. Aloimonos. Purposive and qualitative active vision. *Artificial Intelligence and Computer Vision*, p. 455–464, 1991.

[Alo93]   J. Aloimonos, Hrsg. *Active Perception*. Advances in Computer Vision. Lawrence Erlbaum, 1993.

[Amea]   Amerinex Artificial Intelligence, Inc. *KBVision Constraint Module*.

[Ameb]   Amerinex Artificial Intelligence, Inc. *KBVision Knowledge Module*.

[Amec]   Amerinex Artificial Intelligence, Inc. *KBVision Programmer's Reference*.

[Amed]   Amerinex Artificial Intelligence, Inc. *KBVision Tutorial*.

[Amee]   Amerinex Artificial Intelligence, Inc. *KBVision User's Guide*.

[And88]   J.R. Anderson. *Kognitive Psychologie: Eine Einführung*. Spektrum der Wissenschaft, 1988.

[AR88]   J.A. Anderson und E. Rosenfeld, Hrsg. *Neurocomputing: Foundations of Research*, volume 1. MIT Press, 1988.

[AR90]   J.A. Anderson und E. Rosenfeld, Hrsg. *Neurocomputing 2: Directions of Research*, volume 2. MIT Press, 1990.

[AR91a]   Y. Aloimonos und A. Rosenfeld. Computer vision. *Science*, 253:1249–1254, 1991.

[AR91b]   Y. Aloimonos und A. Rosenfeld. A response to "Ignorance, myopia, and naiveté in computer vision systems" by R.C. Jain and T.O. Binford. *CVGIP Image Understanding*, 53(1):120–124, 1991.

[AS89a]   J. Aloimonos und D. Shulman. *Integration of Visual Modules. An Extension of the Marr Paradigm.* Academic Press, 1989.

[AS89b]   J. Aloimonos und D. Shulman. Learning early-vision computations. *Journal of the Optical Society of America A*, 6(6):908–919, 1989.

[AW92]   E.H. Adelson und J.Y.A. Wang. Single lens stereo with a plenoptic camera. *IEEE Transactions on Pattern Analysis and Machine Intelligence*, 14(2):99–106, 1992.

[AWB87]   J. Aloimonos, I. Weiss, und A. Bandyopadhyay. Active vision. In *Proc. 1st ICCV*, p. 35–54. IEEE Comp.Soc.Press, 1987.

[BA83]   P.J. Burt und E.H. Adelson. The Laplacian pyramid as a compact image code. *IEEE Transactions on Communications*, 31(4):532–540, April 1983.

[Bä85]   H. Bähr. *Digitale Bildverarbeitung.* Wichmann, 1985.

[Baj88a]   R. Bajcsy. Active perception. In *Proc. DARPA Image Understanding Workshop*, p. 279–288, 1988.

[Baj88b]   R. Bajcsy. Active perception. *Proceedings of the IEEE*, 76(8):996–1005, 1988.

[BB82]   D.H. Ballard und C.M. Brown. *Computer Vision.* Prentice Hall, 1982.

[BB91a]   H. Baessmann und P.W. Besslich. *Bildverarbeitung Ad Oculos.* Springer, 1991.

[BB91b]   B. Bhanu und W. Burger. A qualitative approach to dynamic scene understanding. *CVGIP Image Understanding*, 54(2):184–205, 1991.

[BB92]   W. Burger und B. Bhanu. *Qualitative Motion Understanding.* Kluwer Academic Publisher, 1992.

[BCZ93]   A. Blake, R. Curwen, und A. Zisserman. Affine-invariant tracking with automatic control of spatiotemporal scale. In *Proc. 4.ICCV, Int. Conf. on Computer Vision*, p. 66–75, 1993.

[BDG⁺88]   D. Bobrow, L. DeMichiel, R.P. Gabriel, G. Kiczales, und D.A. Moon. Common Lisp Object System Specification. Draft submitted to X3J13, 1988.

[BGMF91]   M. Barlaud, T. Gaidon, P. Mathieu, und J.C. Feauveau. Edge detection using recursive biorthogonal wavelet transform. In *Proc. ICASSP91, Int. Conf. Acoustics, Speech, and Signal Processing*, volume IV, p. 2553–2556, 1991.

[BHR81]   P.J. Burt, T.H. Hong, und A. Rosenfeld. Segmentation and estimation of image region properties through cooperative hierarchical computation. *IEEE Transactions on Systems Man and Cybernetics*, 11:802–809, 1981.

[Bie85]   I. Biederman. Human image understanding: Recent research and a theory. *Computer Vision, Graphics, and Image Processing*, 32:29–73, 1985.

[Bin71]   T.O. Binford. Visual perception by computer. In *Proc. IEEE Conf. Systems and Control*, Miami, Dezember 1971.

[BL92]   R. Bergevin und M.D. Levine. Part decomposition of objects from single view line drawings. *CVGIP Image Understanding*, 55(1):73–83, 1992.

[BLE92]   K. Brunnström, T. Lindeberg, und J.O. Eklundh. Active detection and classification of junctions by foveation with a head-eye system guided by the scale-space primal sketch. In Sandini [San92], p. 701–709.

[BO89]   V. Barker und D. O'Connor. Expert systems for configuration at digital: XCON and beyond. *Communications of the ACM*, 32(3):298–318, 1989.

[Bow92]   K. Bowyer. Workshop panel report: Why aspect graphs are not (yet) practical for computer vision. *CVGIP Image Understanding*, 55(2):212–218, 1992.

[BP90]   R. Bartl und A. Pinz. Allgemeines Konzept einer Ablaufsteuerung für ein bildverstehendes System. In G. Bernroider und A. Pinz, Hrsg., *Image Acquisition and Real-Time Visualization*, volume 56 von *OCG-Schriftenreihe*, p. 51–76. Oldenbourg, 1990.

[BP92a]   R. Bartl und A. Pinz. Information fusion in remote sensing: Land use classification. In *Multisource Data Integration in Remote Sensing for Land Inventory Applications, Proc Int.IAPR TC7 Workshop*, p. 9–17, 1992.

[BP92b]   R. Brunelli und T. Poggio. Face recognition through geometrical features. In Sandini [San92], p. 792–800.

[BPS93]   R. Bartl, A. Pinz, und W. Schneider. A framework for information fusion and an application to remote sensing data. In S.J. Pöppl und H. Handels, Hrsg., *Mustererkennung 1993*, Informatik aktuell, p. 313–320. Springer, 1993.

[BRD91]   F. Blais, M. Rioux, und J. Domey. Optical range image acquisition for the navigation of a mobile robot. In *Proceedings of the IEEE International Conference on Robotics and Automation*, p. 2574–2580. IEEE Comp.Soc.press, 1991.

[Bro83]   R.A. Brooks. Model-based three-dimensional interpretations of two-dimensional images. *IEEE Transactions on Pattern Analysis and Machine Intelligence*, 5(2):140–150, 1983.

[BSP92]   H. Bischof, W. Schneider, und A. Pinz. Multispectral classification of Landsat-images using neural networks. *IEEE Transactions on Geoscience and Remote Sensing*, 30(3):482–490, 1992.

[BSP93]   R. Bartl, W. Schneider, und A. Pinz. Information fusion in remote sensing: Combining Austromir data and Landsat data. In *Proceedings of the 25th ERIM Symposium, Graz*, volume II, p. 163–172, 1993.

[Bur88]   P.J. Burt. Attention mechanisms for vision in a dynamic world. In *9th ICPR*, volume II, p. 977–987. IEEE Comp.Soc.Press, 1988.

[BWBD86]   J. Babaud, A.P. Witkin, M. Baudin, und R.O. Duda. Uniqueness of the Gaussian kernel for Scale-Space filtering. *IEEE Transactions on Pattern Analysis and Machine Intelligence*, 8(1):26–33, 1986.

[Can86]   J. Canny. A computational approach to edge detection. *IEEE Transactions on Pattern Analysis and Machine Intelligence*, 8(6):679–698, 1986.

[CB92]   R. Cipolla und A. Blake. Surface orientation and time to contact from image divergence and deformation. In Sandini [San92], p. 187–202.

[CBM92]   J.L. Crowley, P. Bobet, und M. Mesrabi. Gaze control for a binocular camera head. In Sandini [San92], p. 588–596.

[CBZ92]   R. Curwen, A. Blake, und A. Zisserman. Real-time visual tracking for surveillance and path planning. In Sandini [San92], p. 879–883.

[CC93]   L.D. Cohen und I. Cohen. Finite-element methods for active contour models and balloons for 2-D and 3-D images. *IEEE Transactions on Pattern Analysis and Machine Intelligence*, 15(11):1131–1147, 1993.

[CM84]   W.F. Clocksin und C.S. Mellish. *Programming in Prolog*. Springer, 2nd edition, 1984.

[CM85]   E. Charniak und D. McDermott. *Introduction to Artificial Intelligence*. Addison Wesley, 1985.

[CS85a]   R. Chellapa und A. Sawchuk, Hrsg. *Digital Image Processing and Analysis*, volume I. IEEE Comp.Soc.Press, 1985.

[CS85b]   R. Chellapa und A. Sawchuk, Hrsg. *Digital Image Processing and Analysis*, volume II. IEEE Comp.Soc.Press, 1985.

[CS87]   J.L. Crowley und A.C. Sanderson. Multiple resolution representation and probabilistic matching of 2-D gray-scale shape. *IEEE Transactions on Pattern Analysis and Machine Intelligence*, 9(1):113–120, 1987.

[CT92]   S.M. Culhane und J.K. Tsotsos. An attentional prototype for early vision. In Sandini [San92], p. 551–560.

[CVG92]   Special Issue on Purposive, Qualitative, Active Vision. *CVGIP Image Understanding*, 56(1), 1992.

[CY90]   J.J. Clark und A.L. Yuille. *Data Fusion for Sensory Information Processing Systems*. Kluwer Academic Publishers, 1990.

[DBB+90]   B. Draper, J.R. Beveridge, J. Brolio, A.R. Hanson, R. Heller, und L. Williams. ISR2 user's guide. Technical Report COINS TR 90-52, Univ. of Massachusetts, Computer and Information Science, 1990.

[DBB+93]   E.D. Dickmanns, R. Behringer, C. Brüdigam, D. Dickmanns, F. Thomanek, und V. v. Holt. An all-transputer visual Autobahn-autopilot/copilot. In *Proceedings of the 4. ICCV, Int. Conf. on Computer Vision*, p. 608–615. IEEE Comp. Soc. Press, 1993.

[DCB+89]   B.A. Draper, R.T. Collins, J. Brolio, A.R. Hanson, und E.M. Riseman. The schema system. *International Journal of Computer Vision*, 2(3):209–250, 1989.

[DGG+92]   A.C.M. Dumay, R.J.v.d. Geest, J.J. Gerbrands, E. Jansen, und J.H.C. Reiber. Consistent inexact graph matching applied to labelling coronary segments in arteriograms. In *Proc. 11.ICPR, Intern. Conf. on Pattern Recognition*, volume III, p. 439–446, 1992.

[DGH79]   R. Duda, J. Gaschnik, und P. Hart. Model design in the Prospector consultant system for mineral exploration. In D. Michie, Hrsg., *Expert Systems in the Micro Electronic Age*. Edinburgh Univ. Press, 1979.

[DH73]   R.O. Duda und P.E. Hart. *Pattern Classification and Scene Analysis*. Wiley, 1973.

[DHR93]   B.A. Draper, A.R. Hanson, und E.M. Riseman. Learning blackboard-based scheduling algorithms for computer vision. *International Journal on Pattern Recognition and Artificial Intelligence*, 7(2), 1993.

[Dit76]   H. Ditfurth. *Der Geist fiel nicht vom Himmel*. Hoffmann und Campe, 1976.

[Dor88]   G. Dorffner. NETZSPRECH - another case for distributed 'rule' system. In G. Bower, Hrsg., *Proceedings of the 10th annual Conference of the Cognitive Science Society*, p. 573–579. Lawrence Erlbaum, 1988.

[Dor90]   G. Dorffner. *Konnektionismus: Von neuronalen Netzwerken zu einer natürlichen KI.* Teubner, 1990.

[DP92]   P. Datlinger und A. Pinz. Scanning laser ophthalmoscope and digital image analysis: Registration, blobs and curves. In *IXth Congress of Societas Ophthalmologica Europaea*, pp. 156, 1992.

[DPP+92]   P. Datlinger, A. Pinz, H. Plank, S. Binder, M. Velikay, U. Stolba, und A. Wedrich. Digitale Bildanalyse zur Darstellung des Fundus bei seniler Makuladegeneration. *Spektrum Augenheilkd*, 6(1):13–19, 1992.

[DPR92]   S.J. Dickinson, A.P. Pentland, und A. Rosenfeld. From volumes to views: An approach to 3-d object recognition. *CVGIP Image Understanding*, 55(2), 1992.

[DPS+92]   P. Datlinger, A. Pinz, U. Stolba, M. Velikay, A. Wedrich, und S. Binder. Scanning laser ophthalmoscope and digital image analysis in age-related macular degeneration: Features and registration. In *XVIIIth Meeting of the Club Jules Gonin*, p. 46–47, 1992.

[Dra93]   B.A. Draper. *Learning Object Recognition Strategies.* PhD thesis, UMass, Amherst, 1993.

[Ern82]   B. Ernst. *Der Zauberspiegel des M.C.Escher.* dtv Kunst, 1982.

[FA91]   W.T. Freeman und E.H. Adelson. The design and use of steerable filters. *IEEE Transactions on Pattern Analysis and Machine Intelligence*, 13(9):891–906, 1991.

[FB82]   J.A. Feldman und D.H. Ballard. Connectionist models and their properties. *Cognitive Science*, 6:205–254, 1982.

[FLW93]   F.P. Ferrie, J. Lagarde, und P. Whaite. Darboux frames, snakes and superquadrics: Geometry from the bottom up. *IEEE Transactions on Pattern Analysis and Machine Intelligence*, 15(8):771–784, 1993.

[Fri83]   J. Frisby. *Sehen.* Heinz Moos Verlag, 1983.

[FS89]   M.A. Fischler und T.M. Strat. Recognizing objects in a natural environment: A contextual vision system (CVS). In *Proc. DARPA Image Understanding Workshop*, p. 774–796, 1989.

[FS93]   J. Flusser und T. Suk. Pattern recognition by affine moment invariants. *Pattern Recognition*, 26(1):167–174, 1993.

[GCS91]   Z. Gigus, J. Canny, und R. Seidel. Efficiently computing ans representing aspect graphs of polyhedral objects. *IEEE Transactions on Pattern Analysis and Machine Intelligence*, 13(6):542–551, 1991.

[GFH90]   G. Gottlob, T. Frühwirth, und W. Horn, Hrsg. *Expertensysteme*. Springers Angewandte Informatik. Springer, 1990.

[GH85]   W.E.L. Grimson und E.C. Hildreth. Comments on "digital step edges from zero crossings of second directional derivatives". *IEEE Transactions on Pattern Analysis and Machine Intelligence*, 7(1):121–127, 1985.

[Gö93]   G. Görz, Hrsg. *Einführung in die künstliche Intelligenz*. Addison-Wesley, 1993.

[GW87]   R.C. Gonzalez und P. Wintz. *Digital Image Processing*. Addison-Wesley Publishing Company, 2nd edition, 1987.

[Hab91]   P. Haberaecker. *Digitale Bildverarbeitung - Grundlagen und Anwendungen*. Carl Hanser Verlag, 1991.

[Har79]   R.M. Haralick. Statistical and structural approaches to texture. *Proceedings of the IEEE*, 5:786–804, 1979.

[Heb49]   D.O. Hebb. *The organization of behavior*. Wiley, 1949.

[Hin89]   G. Hinton. Connectionist Learning Procedures. *Artificial Intelligence*, 40:185–234, 1989.

[HK85]   P. Harmon und D. King. *Expert Systems*. Wiley, 1985.

[HKP91]   J. Hertz, A. Krough, und R.G. Palmer. *Introduction to the Theory of Neural Computation*. Addison Wesley, 1991.

[HM83]   W. Havens und A. Mackworth. Representing knowledge of the visual world. *IEEE Computer*, p. 90–96, 1983.

[Hor84]   W. Horn. Expertensysteme: Wissensrepräsentation und Inferenzprozesse. In W.G. Kropatsch, Hrsg., *Mustererkennung 84*, Nr. 87 in IFB, p. 305–318. Springer, 1984.

[Hor86]   B.K.P. Horn. *Robot Vision*. MIT Press, 1986.

[Hou62]   P.V.C. Hough. A method and means for recognizing complex patterns. U.S. Patent 3,069,654, 1962.

[HP74]   S. L. Horowitz und T. Pavlidis. Picture segmentation by a directed split-and-merge procedure. In *Proc. 2nd Intern. Joint Conf. Pattern Recognition*, p. 424–433, 1974.

[HP76]   S.L. Horowitz und T. Pavlidis. Picture segmentation by a tree traversal algorithm. *Journal of the ACM*, 23:368–388, 1976.

[HR78a]   A.R. Hanson und E.M. Riseman, Hrsg. *Computer Vision Systems*. Academic Press, 1978.

[HR78b]   A.R. Hanson und E.M. Riseman. Visions: A computer system for interpreting scenes. In *Computer Vision Systems* [HR78a], p. 303–333.

[HR87]   A.R. Hanson und E.M. Riseman. The VISIONS image understanding system – 1986. In C. Brown, Hrsg., *Advances in Computer Vision*. L. Erlbaum, 1987.

[HRWL83]   F. Hayes-Roth, D.A. Waterman, und D.B. Lenat, Hrsg. *Building Expert Systems*. Addison Wesley, 1983.

[HS92]   R.M. Haralick und L.G. Shapiro. *Computer and Robot Vision*, volume I. Addison Wesley, 1992.

[HS93a]   R.M. Haralick und L.G. Shapiro. *Computer and Robot Vision*, volume II. Addison Wesley, 1993.

[HS93b]   Q. Huang und G.C. Stockman. Generalized tube model: Recognizing 3D elongated objects from 2D intensity images. In *Proceedings CVPR, Int. Conf. on Computer Vision and Pattern Recognition*, p. 104–109, 1993.

[Hub86]   D.H. Hubel. Das Gehirn. In M. Ritter, Hrsg., *Wahrnehmung und visuelles System*. Spektrum der Wissenschaft, 1986.

[HW86]   David H. Hubel und Torsten N. Wiesel. Die Verarbeitung visueller Information. In M. Ritter, Hrsg., *Wahrnehmung und visuelles System*, p. 36–47. Spektrum der Wissenschaft, 1986.

[IK88]   J. Illingworth und J. Kittler. A survey of the Hough treansform. *Computer Vision, Graphics, and Image Processing*, 44:87–116, 1988.

[IVC93]   Special issue: Understanding shape. Image and Vision Computing, Vol.11, No.6, 1993.

[Jae91]   B. Jaehne. *Digitale Bildverarbeitung*. Springer, 1991.

[JB91]   R.C. Jain und T.O. Binford. Ignorance, myopia, and naiveté in computer vision systems. *CVGIP Image Understanding*, 53(1):112–117, 1991.

[JK92]   H. Jeong und C.I. Kim. Adaptive determination of filter scales for edge detection. *IEEE Transactions on Pattern Analysis and Machine Intelligence*, 14(5):579–585, 1992.

[Kee89]   Sonya E. Keene. *Object-Oriented Programming in Common Lisp.* Addison Wesley, 1989.

[KHK90]   E. Krotkov, K. Henriksen, und R. Kories. Stereo ranging with verging cameras. *IEEE Transactions on Pattern Analysis and Machine Intelligence*, 12(12):1200– 1205, 1990.

[Kö90]   M. Köhle. *Neurale Netze.* Springers Angewandte Informatik. Springer, 1990.

[Koc93]   R. Koch. Dynamic 3d scene analysis through synthesis feedback control. *IEEE Transactions on Pattern Analysis and Machine Intelligence*, 15(6):556–568, 1993.

[Koh89]   T. Kohonen. *Self-Organization and Associative Memory.* Springer, 3rd edition, 1989.

[KOO93]   Y. Kuno, Y. Okamoto, und S. Okada. Robot vision using a feature search strategy generated from a 3-d object model. *IEEE Transactions on Pattern Analysis and Machine Intelligence*, 13(10):1085–1097, 1993.

[KP90]   D.J. Kriegman und J. Ponce. On recognizing and positioning curved 3-D objects from image contours. *IEEE Transactions on Pattern Analysis and Machine Intelligence*, 12(12):1127–1137, 1990.

[Kra90]   K. Kraus. *Fernerkundung, Auswertung photographischer und digitaler Bilder*, volume 2. Dümmler, 1990.

[Kro87]   W.G. Kropatsch. Curve representations in multiple resolutions. *Pattern Recognition Letters*, 6(3):179–184, August 1987.

[Kro90]   W.G. Kropatsch. Digitales Sehen mit Bildpyramiden. In H. Ernst, Hrsg., *Maschinelles Sehen*, p. 93–102. Europa Fachpresse Verlag, 1990.

[KS88]   K. Kraus und W. Schneider. *Fernerkundung, Physikalische Grundlagen und Aufnahmetechniken*, volume 1. Dümmler, 1988.

[Kun93]   A. Kunkel, Hrsg. *Gehirn und Geist.* Nr. Spezial 1. Spektrum der Wissenschaft, 1993.

[KWT87]   M. Kass, A. Witkin, und D. Terzopoulos. Snakes: Active contour models. In *Proceedings 1st Int. Conf. on Computer Vision*, p. 259–268. IEEE Comp.Soc.Press, 1987.

[LBG90]   R.S. Ledley, M. Buas, und T.J. Golab. Fundamentals of true-color image processing. In *Proceedings 10.ICPR Int. Conf. on Pattern Recognition*, volume I, p. 791–795, 1990.

[LC86]   Y. Le Cun. Learning processes in an assymetric threshold network. In Bienenstock, Fogelman Souli, und Weisbruch, Hrsg., *Disordered Systems and Biological Organization*. Springer, 1986.

[LE92]   T. Lindeberg und J.-O. Eklundh. Scale-space primal sketch: construction and experiments. *Image and Vision Computing*, 10(1):3–18, 1992.

[Leo93]   A. Leonardis. *Image Analysis Using Parametric Models*. PhD thesis, Univ. of Ljubljana, 1993.

[LGB90]   A. Leonardis, A. Gupta, und R. Bajcsy. Segmentation as the search for the best description of the image in terms of primitives. Technical Report MS-CIS-90-30 GRASP LAB 215, Univ. of Philadelphia, GRASP LAB, 1990.

[LJ89]   Y. Lu und R.C. Jain. Behavior of edges in scale space. *IEEE Transactions on Pattern Analysis and Machine Intelligence*, 11(4):337–356, 1989.

[LJ92]   Y. Lu und R.C. Jain. Reasoning about edges in scale space. *IEEE Transactions on Pattern Analysis and Machine Intelligence*, 14(4):450–468, 1992.

[LL93]   F. Leymarie und M.D. Levine. Tracking deformable objects in the plane using active contour models. *IEEE Transactions on Pattern Analysis and Machine Intelligence*, 15(6):617–634, 1993.

[LM91]   J.A. Lawless und M.M. Miller. *Understanding CLOS*. Digital Press, 1991.

[LMB+90] Y. Le Cun, O. Matan, B. Boser, J.S. Denker, D. Henderson, R.E. Howard, W. Hubbard, L.D. Jackel, und H.S. Baird. Handwritten ZIP Code Recognition with Multilayer Networks. In *Proc. of the 10.ICPR, Int. Conf. on Pattern Recognition*, p. 35–40, 1990.

[Low85]   D.G. Lowe. *Perceptual Organization and Visual Recognition*. Kluwer Academic Publishers, 1985.

[Low87]   D.G. Lowe. Three-dimensional object recognition from single two-dimensional images. *Artificial Intelligence*, 31:355–395, 1987.

[Low91]   D.G. Lowe. Fitting parameterized three-dimensional models to images. *IEEE Transactions on Pattern Analysis and Machine Intelligence*, 13(5):441–450, 1991.

[Mar78]   D. Marr. Representing visual information. In Hanson and Riseman [HR78a], p. 61–80.

[Mar82]   D. Marr. *Vision: A Computational Investigation into the Human Representation and Processing of Visual Information*. W.H. Freeman and Company, New York, 1982.

[Mat87]   T. Matsuyama. Knowledge-based aerial image understanding systems and expert systems for image processing. *IEEE Transactions on Geoscience and Remote Sensing*, 25(3):305–316, 1987.

[Mat88]   T. Matsuyama. Expert systems for image processing – knowledge based composition of image analysis processes. In *Proceedings 9. ICPR, Int. Conf. on Pattern Recognition*, p. 125–133. IEEE Comp.Soc.Press, 1988.

[Mec86]   L. Mecacci. *Das einzigartige Gehirn*. Campus, 1986.

[Men91]   Ch. Menard. Das Stereoaufnahmeverfahren, ein Verfahren zur bildhaften Erfassung von archäologischen Fundgegenständen. Master's thesis, TU Wien, 1991.

[MH80]   D. Marr und E. Hildreth. Theory of edge detection. In *Proceedings of the Royal Society London B 207*, volume B, p. 187–217, 1980.

[MH90]   T. Matsuyama und V. Hwang. *SIGMA a Knowledge-based Aerial Image Understanding System*. Plenum, 1990.

[MHM85]   D.M. McKeown, W.A. Harvey, und J. McDermott. Rule-based interpretation of aerial imagery. *IEEE Transactions on Pattern Analysis and Machine Intelligence*, 7(5):570–585, 1985.

[Min75]   M. Minsky. A framework for representing knowledge. In Patrick H. Winston, Hrsg., *The Psychology of Computer Vision*, chapter 8, p. 211–277. McGraw-Hill, 1975.

[MMMR90]   P. Meer, D. Mintz, A. Montanvert, und A. Rosenfeld. Consensus vision. In *Proceedings of the AAAI-90 Workshop on Qualitative Vision*, p. 111–115, 1990.

[Moi80]   J. Moik. *Digital processing of remotely sensed images*. Nr. SP 431. NASA, 1980.

[MR86]   J.A. McClelland und D.E. Rumelhart. *Parallel Distributed Processing: Psychological and Biological Models*, volume 2. MIT Press, 1986.

[MT93]   T. McInery und D. Terzopoulos. A finite element model for 3D shape reconstruction and nonrigid motion tracking. In *Proceedings 4th Int. Conf. on Computer Vision, 4.ICCV*, p. 518–523, 1993.

[Mü92]   C. Müller. *Verwendung von Bildauswertungsmethoden zur Erkennung und Lagebestimmung von generischen polyedrischen Objekten im Raum*. Nr. 2 in Diski. infix, 1992.

[MV90]   H.R. Maturana und F.J. Varela. *Der Baum der Erkenntnis*. Goldmann, 1990.

[MWS93]   R. Mohan, D. Weinshall, und R.R. Sarukkai. 3D object recognition by indexing structural invariants from multiple views. In *Proceedings 4th Intl.Conf. on Computer Vision, 4.ICCV*, p. 264–268. IEEE Comp.Soc. press, 1993.

[MZ92a]   St. Mallat und S. Zhong. Characterization of signals from multiscale edges. *IEEE Transactions on Pattern Analysis and Machine Intelligence*, 14(7):710–732, 1992.

[MZ92b]   J.L. Mundy und A. Zisserman, Hrsg. *Geometric Invariance in Computer Vision*. MIT press, 1992.

[Nas91]   J.E. Nasemann. Scanning-Laser-Ophthalmoskopie. Prinzip und klinische Anwendung. *Augenärztliche Fortbildung*, 14:14–19, 1991.

[NB86]   V.S. Nalwa und T.O. Binford. On detecting edges. *IEEE Transactions on Pattern Analysis and Machine Intelligence*, 8(6):699–714, 1986.

[NB87]   H. Niemann und H. Bunke. *Künstliche Intelligenz in Bild- und Sprachanalyse*. Teubner, 1987.

[Neu92]   M.A. Neuhauser. Diskrete Iterierte Funktionensysteme. Master's thesis, Techn. Univ. Wien, 1992.

[Nil82]   N.J. Nilsson. *Principles of Artificial Intelligence*. Springer, 1982.

[NM78]   M. Nagao und T. Matsuyama. Edge preserving smoothing. In *Proceedings: 4th Int. Joint Conf. Pattern Recognition*, p. 518–520, 1978.

[NM80]   M. Nagao und T. Matsuyama. *A Structural Analysis of Complex Aerial Photographs*. Plenum Press, 1980.

[Oli91]   J. Oliensis. Uniqueness in shape from shading. *Int. Journal of Computer Vision*, 6(2):75–104, 1991.

[PAM91a]   Special issue on interpretation of 3-d scenes — part I. IEEE Transactions on PAMI, Vol.13, No.10, 1991.

[PAM91b]   Special issue on physical modeling in computer vision. IEEE Transactions on PAMI, Vol.13, No.7, Juli 1991.

[PAM92]   Special issue on interpretation of 3-d scenes — part II. IEEE Transactions on PAMI, Vol.14, No.2, 1992.

[PAM93]   Special section on 3-d modeling in image analysis. IEEE Transactions on PAMI, Vol.15, No.6, 1993.

[Pao89]   Y.H. Pao. *Adaptive Pattern Recognition and Neural Networks*. Addison-Wesley, first edition, 1989.

[Par85]   D. B. Parker. Learning-logic. Technical report, Sloan school of management, MIT, Cambridge, MA, 1985.

[Pav92]   T. Pavlidis. Why progress in machine vision is so slow. *Pattern Recognition Letters*, 13(4):221–225, 1992.

[PB90]   A. Pinz und H. Bischof. Constructing a Neural Network for the Interpretation of the Species of Trees in Aerial Photographs. In *Proc.10.ICPR, Int. Conf. on Pattern Recognition*, p. 755–757. IEEE Computer Society, 1990.

[PB92a]   A. Pinz und R. Bartl. Information fusion in image understanding. In *Proceedings 11.ICPR, Int. Conf. on Pattern Recognition*, volume I, p. 366–370. IEEE Computer Society, 1992.

[PB92b]   A. Pinz und R. Bartl. Information fusion in image understanding: Landsat classification and ocular fundus images. In *SPIE Sensor Fusion V, Boston 92*, volume 1828, p. 276–287. SPIE, 1992.

[PB92c]   A. Pinz und H. Bischof. Neural network 'surgery': Transplantation of hidden units. In B. Neumann, Hrsg., *Proceedings ECAI'92*, p. 214–215. Wiley, 1992.

[PB92d]   A. Pinz und H. Bischof. Neural network 'surgery': Transplantation of hidden units. Technical Report PRIP-TR-15, PRIP, TU Wien, 1992.

[PCM89]   J. Ponce, D. Chelberg, und W.B. Mann. Invariant properties of straight homogeneous generalized cylinders and their contours. *IEEE Transactions on Pattern Analysis and Machine Intelligence*, 11(9):951–966, 1989.

[PD92a]   A. Pinz und P. Datlinger. Digital image analysis and scanning laser ophthalmoscope I: Superimposition of essential retinal features. In H. Bischof und W.G. Kropatsch, Hrsg., *Pattern Recognition 1992*, volume 62 von *OCG-Schriftenreihe*, p. 45–55. Oldenbourg, 1992.

[PD92b]   A. Pinz und P. Datlinger. Digital image analysis and scanning laser ophthalmoscope: Registration, blobs, curves and pyramids. In *Digital Image Processing in Medicine, Remote Sensing and Visualization of Information*, p. 105–117, 1992.

[PEF+90] A. Pentland, I. Essa, M. Freidmann, B. Horowitz, und S. Scarloff. The thingworld modeling system: Virtual sculpting by modal forces. *Computer Graphics*, 24(2):143–144, 1990.

[Pen86]   A. Pentland. Perceptual organization and representation of natural form. *Artificial Intelligence*, 28(3):293–331, 1986.

[Pen87]   A.P. Pentland. A new sense for depth of field. *IEEE Transactions on Pattern Analysis and Machine Intelligence*, 9(4):523–531, 1987.

[Pin86]   A. Pinz. Architektur und Anwendung des bildverstehenden Expertensystems VES. In C.R. Rollinger und W. Horn, Hrsg., *GWAI-86 und 2. Österreichische AI-Tagung*, volume 124 von *IFB*, p. 212–217. Springer, 1986.

[Pin88]   A. Pinz. *Ein bildverstehendes Expertensystem zur Erkennung von Bäumen auf Farb-Infrarot- Luftbildern.* PhD thesis, Technische Universität Wien, 1988.

[Pin89]   A. Pinz. Final Results of the Vision Expert System VES: Finding Trees in Aerial Photographs. In A. Pinz, Hrsg., *Wissensbasierte Mustererkennung*, volume 49 von *OCG-Schriftenreihe*, p. 90–111. Oldenbourg, 1989.

[Pin91]   A. Pinz. A Computer Vision System for the Recognition of Trees in Aerial Photographs. In J. Tilton, Hrsg., *Multisource Data Integration in Remote Sensing*, volume 3099 von *NASA Conference Publication*, p. 111–124. NASA, 1991.

[PL93]   A.R. Pope und D.G. Lowe. Learning object recognition models from images. In *Proceedings of the 4th ICCV, Int. Conf. on Computer Vision*, p. 296–301. IEEE Comp.Soc.Press, 1993.

[Pog86]   T. Poggio. Wie Computer und Menschen sehen. In M. Ritter, Hrsg., *Wahrnehmung und visuelles System*, p. 78–89. Spektrum der Wissenschaft: Verständliche Forschung, 1986.

[Pra78]   W.K. Pratt. *Digital Image Processing.* Wiley, 1978.

[Pra91]   W.K. Pratt. *Digital Image Processing.* Wiley, 2nd edition, 1991.

[PS91]   A. Pentland und S. Scarloff. Closed-form solutions for physically based shape modeling and recognition. *IEEE Transactions on Pattern Analysis and Machine Intelligence*, 13(7):715–729, 1991.

[Pur86]   W. Purgathofer. *Graphische Datenverarbeitung.* Springers Angewandte Informatik. Springer, 1986.

[PZB+93]   A. Pinz, M. B. Zaremba, H. Bischof, F.A. Gougeon, und M. Locas. Neuromorphic methods for recognition of compact image objects. *Machine Graphics and Vision*, 2(3):209–230, 1993.

[QS88]   N. Qian und T.J. Sejnowski. Predicting the Secondary Structure of Globular Proteins using Neural Network Models. *Journal of Molecular Biology*, 202:865–884, 1988.

[Rad93]   B. Radig, Hrsg. *Verarbeiten und Verstehen von Bildern*. Oldenbourg, 1993.

[RB92]   R.D. Rimey und Ch.M. Brown. Where to look next using a Bayes net: Incorporating geometric relations. In Sandini [San92], p. 542–550.

[Rei93]   T.H. Reiss. *Recognizing planar Objects Using Invariant Image Features*. Springer, 1993.

[RG77a]   B.R. Roberts und I.P. Goldstein. The FRL manual. MIT memo 409, 1977.

[RG77b]   B.R. Roberts und I.P. Goldstein. The FRL primer. MIT Memo 408, 1977.

[RHW86]   D.E. Rumelhart, G.E. Hinton, und R.J. Williams. Learning representations by back-propagating errors. *Nature*, 323:533–536, 1986.

[Ric84]   E. Rich. *Artificial Intelligence*. McGraw-Hill, 1984.

[Rit86]   M. Ritter, Hrsg. *Wahrnehmung und visuelles System*. Spektrum der Wissenschaft: Verständliche Forschung, 1986.

[RK82a]   A. Rosenfeld und A.C. Kak. *Digital Picture Processing*, volume I. Academic Press, Inc., 1982.

[RK82b]   A. Rosenfeld und A.C. Kak. *Digital Picture Processing*, volume II. Academic Press, 1982.

[RM86]   D.E. Rumelhart und J.A. McClelland. *Parallel Distributed Processing: Foundations*, volume 1. MIT Press, first edition, 1986.

[RM88]   D.E. Rumelhart und J.A. McClelland. *Parallel Distributed Processing*, volume 3. MIT Press, 1988.

[Roc85]   I. Rock. *Wahrnehmung: Vom visuellen Reiz zum Sehen und Erkennen*. Spektrum der Wissenschaft, 1985.

[Ros84]   A. Rosenfeld, Hrsg. *Multiresolution Image Processing and Analysis*. Springer, 1984.

[Sab91]   R. Sablatnig. Das Lichtschnittverfahren, ein Verfahren zur Erfassung von archäologischen Fundgegenständen. Master's thesis, TU Wien, 1991.

[Sam90]   H. Samet. *The Design and Analysis of Spatial Data Structures*. Addison Wesley, 1990.

[San92]   G. Sandini, Hrsg. *Computer Vision - ECCV'92*, volume 588 von *Lecture Notes in Computer Science*. Springer, 1992.

[SB90]   F. Solina und R. Bajcsy. Recovery of parametric models from range images: The case for superquadrics with global deformations. *IEEE Transactions on Pattern Analysis and Machine Intelligence*, 12(2):131–147, 1990.

[SC92]   J. Shen und S. Castan. An optimal linear operator for step edge detection. *CVGIP Graphical Models and Image Processing*, 54(2):112–133, 1992.

[Sch89]   W. Schneider. Verfahren, Möglichkeiten und Grenzen der Fernerkundung für die Inventur des Waldzustandes. FBVA Berichte, Schriftenreihe der Forstlichen Bundesversuchsanstalt, Wien, 1989. Sonderheft.

[SD87]   S.P. Springer und G. Deutsch. *Linkes-Rechtes Gehirn: Funktionelle Assymetrien*. Spektrum der Wissenschaft, 1987.

[SdW87]   Gehirn und Nervensystem. Spektrum der Wissenschaft: Verständliche Forschung, 1987.

[Ser82]   J. Serra. *Image Analysis and Mathematical Morphology*, volume 1. Academic Press, 1982.

[Ser88]   J. Serra, Hrsg. *Image Analysis and Mathematical Morphology*, volume II. Academic Press, 1988.

[Sha84]   L.G. Shapiro. Relational matching – problems, techniques, and applications. In W. Kropatsch, Hrsg., *Mustererkennung 1984*, volume IFB-87 von *Informatik Fachberichte*, p. 24–41. Springer, 1984.

[SHB93]   M. Sonka, V. Hlavac, und R. Boyle. *Image Processing, Analysis and Machine Vision*. Chapman & Hall, 1993.

[Shi87]   Y. Shirai. *Three-Dimensional Computer Vision*. Symbolic Computation. Springer, 1987.

[Sho76]   E.H. Shortcliffe. *Computer-Based Medical Consultations: MYCIN*. Elsevier, 1976.

[SL88]   T.J. Sejnowski S.R. Lehky. Network model of shape-from-shading: Neural functions araises from both the receptive and projective field. *Nature*, 333:452–454, 1988.

[Sny91]   M.A. Snyder. REPLY, a commentary on the paper by Jain and Binford. *CVGIP Image Understanding*, 53(1):118–119, 1991.

[SOI92]   Y. Sato, J Ohya, und K Ishii. Smoothed local generalized cones: An axial representation of 3D shapes. In *Proc. CVPR, Int. Conf. on Computer Vision and Pattern Recognition*, p. 56–62, 1992.

[SR86]   T.J. Sejnowski und C.R. Rosenberg. NETtalk: A parallel network that learns to read aloud. Technical Report JHU/EECS-86/01, John Hopkins University, Baltimore, MD, 1986.

[SS92]   S. Suzuki und J. Sklansky. Extracting nonrigid moving objects by temporal edges. In *Proc. 11.ICPR, Int. Conf. on Pattern Recognition*, volume I, p. 69–73. IEEE Comp.Soc. Press, 1992.

[Ste81]   M. Stefig. Planning with constraints, MOLGEN part 1; planning and meta-planning, MOLGEN part 2. *Artificial Intelligence*, 16:111–169, 1981.

[Ste87]   Ch.F. Stevens. Die Nervenzelle. In *Gehirn und Nervensystem*. Spektrum der Wissenschaft, 1987.

[Ste90]   G.L. Steele. *Common Lisp – The Language*. Digital Press, 2nd edition, 1990.

[SVS93]   J.B. Subirana-Vilanova und K.K. Sung. Ridge-detection for the perceptual organization without edges. In *Proceedings 4th ICCV, Int. Conf. on Computer Vision*, p. 57–64, 1993.

[Tan90]   S.L. Tanimoto. *The Elements of Artificial Intelligence*. Computer Science Press, 1990.

[TM91]   D. Terzopoulos und D. Metaxas. Dynamic 3D models with local and global deformation: Deformable superquadrics. *IEEE Transactions on Pattern Analysis and Machine Intelligence*, 13(7):703–714, 1991.

[TR89]   M.M. Trivedi und A. Rosenfeld. On making computers 'see'. *IEEE Transactions on Systems Man and Cybernetics*, 19(6):1333–1335, 1989.

[Tso87]   J.K. Tsotsos. A 'complexity level' analysis of vision. In *Proceedings of the 1. ICCV, Int. Conf. on Computer Vision*, p. 346–355. IEEE Comp. Soc. Press, 1987.

[Tso90]   J.K. Tsotsos. Analyzing vision at the complexity level. *Behavioral and Brain Sciences*, 13(3):423–469, 1990.

[Tso92]   J.K. Tsotsos. On the relative complexity of active vs. passive visual search. *International Journal of Computer Vision*, 7(2):127–141, 1992.

[UN90]   F. Ulupinar und R. Nevatia. Shape from contour: Straight homogeneous generalized cones. In *Proceedings 3rd Int. Conf. on Computer Vision, 3.ICCV*, p. 582–586, 1990.

[UN93]   F. Ulupinar und R. Nevatia. Perception of 3-D surfaces from 2-D contours. *IEEE Transactions on Pattern Analysis and Machine Intelligence*, 15(1):3–18, 1993.

[Var90]   F.M. Varela. *Kognitionswissenschaft - Kognitionstechnik – Eine Skizze aktueller Perspektiven*. Suhrkamp, 1990.

[VK91]   A.J. Vayda und A.C. Kak. A robot vision system for recognition of generic shaped objects. *CVGIP Image Understanding*, 54(1):1–46, 1991.

[VV90]   R.L. De Valois und K.K. De Valois. *Spatial Vision*. Oxford Science Publications, 1990.

[Wag91]   R. Wagner. Verfolgung von Siedlungsentwicklung mit Landsat-TM Bildern. Master's thesis, Universität für Bodenkultur, Wien, 1991.

[WAH93]   J.J. Weng, N. Ahuja, und T.S. Huang. Learning recognition and segmentation of 3-D objects from 2-D images. In *Proceedings of the 4th ICCV, Int. Conf. on Computer Vision*, p. 121–128. IEEE Comp.Soc.Press, 1993.

[WB92]   R. Wilson und A.H. Bhalerao. Kernel designs for efficient multiresolution edge detection and orientation estimation. *IEEE Transactions on Pattern Analysis and Machine Intelligence*, 14(3):384–390, 1992.

[Wec90]   H. Wechsler. *Computational Vision*. Academic Press, 1990.

[Wei93a]   D. Weinshall. Model-based invariants for 3-D vision. *International Journal of Computer Vision*, 10(1):27–42, 1993.

[Wei93b]   I. Weiss. Review: Geometric invariants and object recognition. *International Journal of Computer Vision*, 10(3):207–231, 1993.

[Wer74]   P.J. Werbos. *Beyond regression: New tools for prediction and analysis in the behavioral sciences*. PhD thesis, Harvard University, Cambridge, MA, 1974.

[WF91]   P. Whaite und F.P. Ferrie. From uncertainty to visual exploration. *IEEE Transactions on Pattern Analysis and Machine Intelligence*, 13(10):1038–1049, 1991.

[WH89]   P.H. Winston und B.K.P. Horn. *LISP*. Addison Wesley, 3rd edition, 1989.

[Wil91]   R.P. Wildes. Direct recovery of three-dimensional scene geometry from binocular stereo disparity. *IEEE Transactions on Pattern Analysis and Machine Intelligence*, 13(8):761–774, 1991.

[Win75]   P.H. Winston, Hrsg. *The Psychology of Computer Vision*. McGraw-Hill, 1975.

[Win84]   P.H. Winston. *Artificial Intelligence*. Addison Wesley, 1984.

[Win92]   P.H. Winston. *Artificial Intelligence*. Addison Wesley, 3rd edition, 1992.

[Wit83]   A.P. Witkin. Scale-space filtering. In *Proc. 8th Int. Joint Conf. on Artificial Intelligence, IJCAI*, p. 1019–1022, Karlsruhe, 1983.

[Wol91]   H.J. Wolfson. Generalizing the generalized Hough transform. *Pattern Recognition Letters*, 12(9):565–573, 1991.

[WS85]   B. Widrow und S.D. Stearns. *Adaptive Signal Processing*. Prentice-Hall, New York, 1985.

[YP86]   A.L. Yuille und T.A. Poggio. Scaling theorems for zero-crossings. *IEEE Transactions on Pattern Analysis and Machine Intelligence*, 8(1):15–25, 1986.

[Zam89]   P. Zamperoni. *Methoden der Digitalen Bildverarbeitung*. Vieweg, 1989.

[Zam91]   P. Zamperoni. *Methoden der Digitalen Bildverarbeitung*. Vieweg, 2nd edition, 1991.

[Zuc76]   S.W. Zucker. Region growing: childhood and adolescence. *Computer Graphics Image Processing*, 5:382–399, 1976.

Index